Diogenes Tas

be

W. Somerset Maugham

Damals und heute

Ein Machiavelli-Roman
Aus dem Englischen
von Hans Flesch und
Ann Mottier

Diogenes

Titel der 1946 erschienenen Originalausgabe:
›Then and Now‹
Copyright © by the Royal Literary Fund
Umschlagillustration: Santi di Tito,
›Niccolò Machiavelli‹
(Ausschnitt)

Alle deutschen Rechte vorbehalten
Copyright © 1975
Diogenes Verlag AG Zürich
40/99/8/6
ISBN 3 257 20164 8

Niemand kann ein Buch dieser Art aus dem Kopf schreiben. Was ich brauchte, habe ich genommen, wo ich es finden konnte. Meine Hauptquelle waren natürlich die Werke Machiavellis. Vieles fand ich in der Biographie von Tommasini und einiges in der von Villari. Auch Woodwards gründliches Werk Cesare Borgia habe ich benützt. Ich habe eine große Dankesschuld an Graf Carlo Beuf abzutragen, dem ich verbunden bin für seine fesselnde und genaue Biographie Cesares, für die Liebenswürdigkeit, mit der er mir Bücher lieh, von denen ich sonst nicht erfahren hätte, und für seine geduldige Beantwortung der vielen Fragen, die ich ihm gestellt habe.

I

Plus ça change, plus c'est la même chose

2

Biagio Buonaccorsi hatte einen arbeitsreichen Tag gehabt. Er war müde, aber als ein Mann von festen Gewohnheiten schrieb er vor dem Schlafengehen noch in sein Tagebuch. Seine Notiz war kurz. »Die Stadt hat einen Mann nach Imola gesandt, zum Herzog.« Vielleicht weil er es nicht für wichtig hielt, erwähnte er den Namen des Mannes nicht: es war Machiavelli. Der Herzog war Cesare Borgia.

Es war nicht nur ein arbeitsreicher, sondern auch ein langer Tag gewesen, denn Biagio war schon bei Tagesanbruch aus dem Haus gegangen. Ihn begleitete, auf einem kräftigen Pferdchen, sein Neffe, Piero Giacomini, den mitzunehmen Machiavelli sich bereit erklärt hatte. Es war zufällig Pieros achtzehnter Geburtstag, der 6. Oktober 1502, und daher der rechte Tag für ihn, zum erstenmal in die weite Welt hinauszuziehen. Er war ein gutgewachsener Jüngling, groß für sein Alter und von angenehmem Äußeren. Unter seines Oheims Leitung – seine Mutter war Witwe – hatte er eine gute Erziehung genossen; er schrieb eine schöne Hand und einen gewandten Stil, nicht nur auf italienisch, sondern auch auf lateinisch. Dem Rat Machiavellis folgend, der die alten Römer leidenschaftlich bewunderte, hatte er sich eine durchaus nicht oberflächliche Kenntnis ihrer Geschichte angeeignet. Machiavelli hegte die Überzeugung, daß die Menschen einander immer gleich sind und die gleichen Leidenschaften haben, so daß bei ähnlichen Umständen die gleichen Ursachen die gleichen Wirkungen herbeiführen müssen und daß daher Menschen späterer Tage klug und richtig handeln können, wenn sie sich nur vergegenwärtigen, wie sich die Römer in einer bestimmten Lage verhalten hatten. Es war der Wunsch Biagios und dessen Schwester gewesen, Piero in den Staatsdienst treten zu lassen, in dem Biagio selbst, unter seinem Freund Machiavelli, eine bescheidene Stelle einnahm. Die Sendung, mit der Machiavelli jetzt betraut war, schien eine gute Gelegenheit zu bieten, den Jungen etwas von Staatsgeschäften lernen zu lassen, und Biagio wußte, er könnte keinen besseren Mentor für ihn finden. Es war ein plötzlicher Entschluß gewesen, denn erst tags zuvor hatte Machiavelli sein Beglaubigungsschreiben an den Herzog und seinen Geleitbrief erhalten. Machiavelli war von liebenswürdiger Natur, seinen Freunden ein Freund, und als Biagio ihn bat, Piero mitzunehmen, willigte er sofort ein. Obschon die Mutter des Jungen sah, daß dies eine Gelegenheit war, die nicht versäumt werden durfte, war sie doch ein wenig beunruhigt. Piero war vorher nie von ihr getrennt gewesen, und er war noch zu jung, um in eine feindselige Welt hinauszugehen; er war überdies ein guter Junge, und sie hatte Angst, Machiavelli könnte ihn verderben, es war bekannt, daß Machiavelli ein munterer, loser Geselle war. Noch dazu schämte er sich dessen nicht im geringsten und erzählte gern unanständige Geschichten von seinen Abenteuern mit den Weibern der Stadt und den Mägden in Gasthöfen; Geschichten, bei denen eine tugendsame Frau erröten mußte. Und was viel ärger war: er erzählte sie so unterhaltend, daß man, obzwar entrüstet, nicht ernst bleiben konnte. Biagio redete ihr gut zu.

»Liebe Francesca, jetzt, da Niccolo verheiratet ist, wird er sein liederliches Leben aufgeben. Marietta ist eine gute Frau und liebt ihn. Warum sollte er so dumm sein, außer Haus Geld für etwas auszugeben, was er zu Hause umsonst haben kann?«

»Ein Weiberfreund wie Niccolo wird nie mit einer einzigen zufrieden sein«, sagte sie, »und schon gar nicht, wenn sie seine eigene Frau ist.«

Biagio dachte, daß diese Ansicht etwas für sich habe, wollte es aber nicht zugeben. Er zuckte die Achseln.

»Piero ist achtzehn. Wenn er seine Unschuld noch nicht verloren hat, dann ist es höchste Zeit. Bist du noch keusch, Neffe?«

»Ja«, antwortete Piero mit so großer Offenheit, daß ihm jeder geglaubt hätte.

»Es gibt nichts, was ich von meinem Sohn nicht weiß. Er ist nicht fähig, etwas zu tun, was ich nicht billigen würde.«

»In diesem Fall«, sagte Biagio, »gibt es keinen Grund zu zögern, ihn einem Mann anzuvertrauen, der ihm auf seiner Laufbahn behilflich sein kann und von dem er, wenn er Verstand hat, viel lernen kann, was ihm fürs ganze Leben wertvoll sein wird.«

Monna Francesca machte ihrem Bruder ein Gesicht.

»Du bist in diesen Menschen vernarrt. Du bist Wachs in seiner Hand. Und wie behandelt er dich? Er benützt dich; er macht sich über dich lustig. Warum sollte er in der Staatskanzlei dein Vorgesetzter sein? Warum gibst du dich zufrieden, sein Untergebener zu bleiben?«

Biagio war ungefähr gleich alt wie Machiavelli, der dreiunddreißig war; aber weil er die Tochter Marsilio Ficinos geheiratet hatte, eines berühmten Gelehrten und Schützlings der Medici, der ehemaligen Herren der Stadt, hatte er vor ihm eine Stelle bei der Regierung erlangt. Denn damals kam ein Mann ebenso durch Begünstigung zu einem Amt wie durch Verdienst. Biagio war von mittlerer Größe, dick, mit einem runden, roten Gesicht und der Miene größter Gutmütigkeit. Er war ein ehrlicher, arbeitsamer Mann, neidlos, kannte seine Grenzen und war zufrieden mit seiner bescheidenen Stellung. Er liebte ein angenehmes Leben und gute Gesellschaft, und er darf vielleicht, da er nicht mehr begehrte, als er bekommen konnte, als ein glücklicher Mensch bezeichnet werden. Er war nicht geistsprühend, aber auch nicht dumm. Wäre er es gewesen, hätte Machiavelli ihn nicht in seiner Umgebung geduldet.

»Niccolo ist der beste Kopf von allen, die heute in den Diensten der Signoria stehen«, sagte jetzt Biagio.

(Die Signoria war der Stadtrat von Florenz und, seit Vertreibung der Medici vor acht Jahren, Trägerin der höchsten Regierungsgewalt im Staate.)

»Unsinn!« rief Monna Francesca.

»Er hat eine Kenntnis von Menschen und Geschäften, um die ihn Männer, die doppelt so alt sind wie er, wahrhaftig beneiden könnten. Ich kann dir versichern, Schwester: er wird es weit bringen. Und noch eines kann ich dir versichern: er ist nicht der Mann, der seine Freunde im Stich läßt.«

»Ich würde ihm nicht über den Weg trauen. Er wird dich wegwerfen wie einen ausgedienten Schuh, wenn er dich nicht mehr braucht.«

Biagio lachte. »Bist du böse, Schwester, weil er dir nie den Hof gemacht hat? Selbst mit einem Sohn von achtzehn bist du bestimmt noch anziehend für Männer.«

»Er weiß sich was Besseres, als zu versuchen, mit einer anständigen Frau anzubändeln. Ich kenne seine Gepflogenheiten. Es ist eine Schande, daß die Signoria Dirnen erlaubt, sich so aufzuspielen in der Stadt, zum Ärgernis achtbarer Leute. Du hast ihn gern, weil er dich zum Lachen bringt und dir schlüpfrige Geschichten erzählt. Du bist genauso arg wie er.«

»Du darfst nicht vergessen, daß niemand eine schlüpfrige Geschichte besser erzählt.«

»Und ist das der Grund, weshalb du ihn für so ungeheuer gescheit hältst?«

Wieder lachte Biagio.

»Nein, nicht nur deshalb. Seine Mission in Frankreich war ein großer Erfolg, und seine Berichte waren Meisterwerke; selbst die Mitglieder der Signoria, die ihn persönlich nicht leiden können, mußten das zugeben.«

Monna Francesca zuckte ärgerlich die Achseln. Piero, vernünftiger junger Mann, der er war, verhielt sich still. Er sah ohne Begeisterung dem Antritt seiner Kanzleistelle entgegen, für die ihn Oheim und Mutter bestimmt hatten, aber die Vorstellung, auf eine Reise zu gehen, behagte ihm ausnehmend. Wie er vorausgesehen hatte, triumphierte die Weltklugheit seines Oheims über die ängstlichen Zweifel der Mutter, und so geschah es, daß Biagio ihn am nächsten Morgen abholte und die beiden gemeinsam, Biagio zu Fuß, Piero auf seinem Pferdchen, den kurzen Weg zum Hause Machiavellis zurücklegten.

3

Die Pferde standen bereits vor dem Haustor, eins für Machiavelli und zwei für die Knechte, die er mitnahm. Piero übergab sein Reittier einem der Knechte und folgte dem Oheim ins Haus. Machiavelli hatte sie mit Ungeduld erwartet. Er begrüßte sie kurz.

»Brechen wir also auf«, sagte er.

Marietta war in Tränen. Sie war eine junge, nicht gerade schöne Frau, aber Machiavelli hatte sie auch nicht wegen ihrer Schönheit geheiratet; er hatte sie geheiratet, und zwar in diesem Jahr, weil es sich für ihn gehörte, zu heiraten; sie stammte aus einer angesehenen Familie und brachte so viel an Mitgift ein, wie ein Mann seiner Mittel und Stellung erwarten durfte.

»Weine nicht, Liebste«, sagte er, »du weißt, ich gehe nur auf kurze Zeit.«

»Aber du solltest überhaupt nicht gehen«, schluchzte sie, und dann, zu Biagio gewandt: »Er ist nicht wohl genug, um so weit zu reiten. Er ist nicht gesund.«

»Was ist los mit dir, Niccolo?« fragte Biagio.

»Das alte Leiden. Mein Magen ist wieder einmal nicht in Ordnung. Da kann man nichts machen.«

Er nahm Marietta in die Arme. »Leb wohl, mein Herz!«

»Du wirst mir oft schreiben?«

»Oft!« Er lächelte.

Wenn er lächelte, verschwand von seinem Gesicht der scharfe Ausdruck, den es gewöhnlich trug, und es bekam etwas reizvoll Gewinnendes, das einen verstehen ließ, warum Marietta ihn liebte. Er küßte sie und tätschelte ihr die Wange.

»Gräm dich nicht, Liebste! Biagio wird sich um dich kümmern.«

Piero war beim Eintritt ins Zimmer in der Tür stehen geblieben. Niemand achtete auf ihn. Obwohl sein Oheim der intimste Freund Machiavellis war, hatte er ihn nur selten gesehen und im ganzen Leben mit ihm nur ein paar Worte gewechselt. Piero nahm die Gelegenheit wahr, sich den Mann gut einzuprägen, der von nun an sein Lehrmeister sein würde. Machiavelli war von mittlerer Größe, sah jedoch etwas größer aus, da er so mager war. Er hatte einen kleinen Kopf mit pechschwarzem, kurzgeschnittenem Haar, das am Schädel anlag wie eine Samtkappe. Seine dunklen Augen waren klein und unstet, seine Nase lang; seine Lippen waren dünn und, wenn er schwieg, so fest aufeinandergepreßt, daß der Mund beinahe nur wie ein spöttischer Strich aussah. In der Ruhe trug dieses fahle Gesicht einen Ausdruck, der zugleich wachsam, nachdenklich, streng und kalt war. Das war offensichtlich nicht der Mann, dem man einen Streich spielen konnte.

Vielleicht spürte Machiavelli, wie Piero ihn ängstlich anstarrte, denn er warf einen schnellen, fragenden Blick auf ihn.

»Das ist also Piero?« fragte er Biagio.

»Seine Mutter hofft, daß du auf ihn sehen und achtgeben wirst, daß er keinen Unfug macht.«

Machiavelli zog ein dünnes Lächeln auf.

»Durch Beobachtung der unglücklichen Folgen meiner Irrtümer wird er zweifellos zu der Erkenntnis gelangen, daß Tugend und Fleiß die Pfade sind zu Erfolg im Diesseits und Seligkeit im Jenseits.«

Sie machten sich auf den Weg. Sie ritten Schritt auf dem

Kopfsteinpflaster, bis sie zum Stadttor kamen, und verfielen dann auf offener Landstraße in gemächlichen Trab. Sie hatten eine lange Reise vor sich, und es war angezeigt, die Pferde zu schonen. Machiavelli und Piero ritten nebeneinander, die beiden Knechte folgten. Alle vier waren bewaffnet; denn Florenz lebte zwar mit seinen Nachbarstaaten in Frieden, doch das Land war unsicher; man wußte nie, ob man nicht auf plündernde Soldaten stoßen würde. Der Geleitbrief würde den Reisenden dann kaum helfen. Machiavelli sprach nicht, und Piero, zwar nicht schüchtern veranlagt, wurde trotzdem ein wenig eingeschüchtert durch dieses verbissene, unbewegliche Gesicht mit der leichten Falte zwischen den Brauen; er hielt es für vernünftig, zu warten, bis er angeredet würde. Der Morgen war schön, trotz einer herbstlichen Kühle, und Piero war guter Laune. Es war herrlich, einem solchen Abenteuer entgegenzuziehen, und schwer für ihn, zu schweigen, wo er doch vor Erregung überströmte. Es gab Hunderte von Fragen, die er gerne gestellt hätte. Aber sie ritten weiter und immer weiter. Bald stand die Sonne hell am Himmel, und ihre Wärme war angenehm. Machiavelli sprach kein Wort. Manchmal hob er die Hand, um anzudeuten, sie sollten die Pferde Schritt gehen lassen.

4

Machiavelli war mit seinen Gedanken beschäftigt. Man hatte ihn gegen seinen Willen mit dieser Gesandtschaft betraut, und er hatte getan, was ihm möglich war, damit irgendein anderer statt seiner geschickt würde. Vor allem fühlte er sich gar nicht wohl, und auch jetzt, beim Reiten, hatte er Magenschmerzen; außerdem hatte er gerade geheiratet und wollte wirklich nicht durch seine Abreise seiner Frau Schmerz bereiten. Er hatte ihr versprochen, seine Abwesenheit werde nur kurz sein, aber im geheimen wußte er, daß sich die Tage zu Wochen und die

Wochen zu Monaten ausdehnen könnten, bevor er die Erlaubnis zur Heimreise bekäme. Seine Mission in Frankreich hatte ihn gelehrt, wie lange sich diplomatische Verhandlungen hinziehen können.

Doch dies waren seine kleinsten Sorgen. Die Lage Italiens war verzweifelt. Ludwig XII., König von Frankreich, war der Oberherr des Landes. Er beherrschte einen großen Teil des Königreichs Neapel, allerdings nur unsicher, da ihm die Spanier in Sizilien und Kalabrien dauernd zusetzten; Mailand und seine Gebiete waren jedoch fest in seiner Hand; er hatte gute Beziehungen zu Venedig und hatte gegen Entgelt die Stadtstaaten Florenz, Siena und Bologna unter seinen Schutz genommen. Er hatte ein Bündnis mit dem Papst, der ihm im Dispenswege gestattet hatte, sich seiner unfruchtbaren und ängstlichen Gemahlin zu entledigen, um Anna von Bretagne zu heiraten, die Witwe Karls VIII.; als Gegenleistung hatte der König den Sohn des Papstes, Cesare Borgia, zum Herzog de Valentinois gemacht, hatte ihm Charlotte d'Albret, die Schwester des Königs von Navarra, zur Frau gegeben und ihm zugesagt, Streitkräfte zu entsenden, die ihm die Wiedereroberung der Ländereien, Herrschaften und Domänen der Kirche ermöglichen würden, deren Besitz sie eingebüßt hatte.

Cesare Borgia, nunmehr in ganz Italien unter dem Namen Il Valentino bekannt, nach dem Herzogtum, das ihm König Ludwig XII. verliehen hatte, war noch keine dreißig Jahre alt. Seine Söldnerführer, von denen die wichtigsten Pagolo Orsini, das Haupt des großen römischen Hauses, Gian Paolo Baglioni, Herr von Perugia, und Vitellozzo Vitelli, Herr von Città di Castello, waren, zählten zu den besten in Italien. Er selbst hatte sich als kühner und geschickter Feldherr erwiesen. Durch Waffengewalt, Verräterei und durch den Schrecken, den er verbreitete, hatte er sich zum Fürsten eines beträchtlichen Staates gemacht, und Italien war voll von seinen Taten. Bei einer günstigen Gelegenheit erpreßte er die Florentiner, und sie nahmen ihn mit seinen Schwerbewaffneten auf drei Jahre und um hohen Sold in ihre Dienste; nachdem sie sich jedoch den Schutz König Ludwigs durch eine weitere Zahlung in barem Gelde gesichert hatten, widerriefen sie Cesares Feldherrndienst und stellten seine Besoldung ein. Dies versetzte ihn in Zorn, und er rächte sich sogleich.

Im Juni des Jahres, in dem diese Erzählung spielt, erhob sich Arezzo, das Florenz untertan war, und erklärte sich unabhängig. Vitellozzo Vitelli, der fähigste von den Unterführern Il Valentinos, war ein erbitterter Feind der Florentiner, weil sie seinen Bruder Paolo hingerichtet hatten. Er und Baglioni, Herr von Perugia, kamen den rebellischen Bürgern zu Hilfe und schlugen die Streitmacht der Republik. Nur die Zitadelle konnte sich noch halten. Die Signoria wurde von Panik ergriffen und sandte Piero Soderini nach Mailand, um die Entsendung der vierhundert Reiter zu beschleunigen, die ihnen König Ludwig zugesagt hatte. Piero Soderini war ein einflußreicher Bürger und nahm als Gonfaloniere die Stellung des Präsidenten der Republik ein. Die Florentiner ließen ihre eigenen Streitkräfte, die lange Zeit hindurch Pisa zu bezwingen versucht hatten, von dort zum Entsatz heraneilen; doch die Zitadelle fiel noch vor deren Ankunft. An diesem Wendepunkt befand sich Il Valentino in Urbino, das er vor kurzem erobert hatte, und er verlangte aufs entschiedenste von der Signoria, einen diplomatischen Vertreter zu Besprechungen zu ihm zu entsenden. Die Signoria schickte den Bischof von Volterra, den Bruder Piero Soderinis, und Machiavelli begleitete ihn als Sekretär. Die Krise wurde beigelegt, denn der französische König sandte eine starke Streitmacht zur Erfüllung seiner Verpflichtung gegenüber Florenz, und Cesare Borgia, der vor dieser Drohung nachgab, berief seine Feldhauptleute zurück.

Diese Feldhauptleute waren jedoch selber Herren kleiner Staaten und mußten fürchten, er werde sie, sobald er ihre Dienste nicht mehr brauchte, genauso brutal zertreten, wie er die Herren anderer Staaten zertreten hatte. Sie erhielten

Nachricht, er habe mit Ludwig XII. ein Geheimabkommen getroffen, nach dessen Bestimmungen der König eine Streitmacht beizustellen hätte, um ihn zuerst bei der Eroberung von Bologna zu unterstützen und dann bei der Vernichtung jener Unterführer, deren Gebiete der Herzog seinen Landen einzuverleiben wünschte. Nach einigen Vorbesprechungen hatten die Unterführer an einem Ort namens La Magione, in der Nähe von Perugia, eine Zusammenkunft, um zu beraten, wie sie sich am besten schützen könnten. Vitellozzo, der krank war, ließ sich in einer Sänfte hinbringen. Pagolo Orsini kam in Begleitung seines Bruders, des Kardinals, und seines Neffen, des Herzogs von Gravina. Unter anderen waren noch zugegen: Ermek Bentivoglio, der Sohn des Herrn von Bologna, zwei Baglioni aus Perugia, der junge Oliverotto da Fermo und Antonio da Venafro, die rechte Hand Pandolfo Petruccis, des Herrn von Siena. Die Gefahr für sie war groß, und sie waren darin einig, daß sie, um sich zu retten, handeln müßten; aber der Herzog war ein gefährlicher Mann, und sie wußten, sie müßten mit Vorsicht handeln. Sie beschlossen, vorläufig mit ihm nicht offen zu brechen, sondern im geheimen Vorbereitungen zu treffen und erst anzugreifen, sobald sie dazu bereit waren. Sie hatten eine beträchtliche Streitmacht von Berittenen und Fußsoldaten in Sold, und Vitellozzos Artillerie war stark; sie sandten Leute aus, um mehrere tausend von den Söldnern anzuwerben, die damals Italien durchstreiften, und schickten gleichzeitig Unterhändler nach Florenz, um Unterstützung zu erbitten, denn der Ehrgeiz des Borgia war für die Republik genauso eine Bedrohung wie für sie selbst.

Es dauerte nicht lange, bis Cesare von der Verschwörung erfuhr; seinerseits forderte er von der Signoria, ihn mit den Streitkräften zu versehen, die sie ihm – so behauptete er – für den Notfall versprochen hätten, und ersuchte um Entsendung eines Beauftragten, der mit ihm zu verhandeln bevollmächtigt wäre. So kam es, daß Machiavelli jetzt auf dem Wege nach Imola war. Er ging mit bösen Ahnungen. Die Signoria hatte ihn geschickt, weil er ein Mann ohne offizielle Bedeutung war und ohne Vollmacht, ein Übereinkommen abzuschließen; der nur in Florenz rückfragen konnte und vor jedem Schritt die Anweisungen seiner Regierung abzuwarten hatte. Es war eine Schmach, einen solchen Unterhändler zu einem Manne zu schicken, der sich, obwohl ein Bastard des Papstes, in amtlichen Schriftstücken die Titel Herzog der Romagna, von Valence und Urbino, Fürst von Andria, Herr von Piombino, Gonfaloniere und Generalfeldhauptmann der Kirche beilegte. Machiavellis Auftrag war es, ihm mitzuteilen, die Signoria habe das Gesuch der Verschwörer auf Hilfe abgelehnt; wenn aber er Soldaten oder Geld wolle, solle er dies die Signoria wissen lassen und ihre Antwort abwarten. Machiavelli mußte also Zeit gewinnen, denn dies war die konsequente Politik der Republik. Die Signoria fand stets vortreffliche Gründe, nichts zu unternehmen. Wenn ihr das Wasser bis an den Hals stiege, würde sie die Schnüre ihrer Säckel lösen und mit so wenig Geld herausrücken, als gerade noch annehmbar wäre. Seine Aufgabe war es, die Ungeduld eines Mannes, der an Verzögerungspolitik nicht gewöhnt war, zu beschwichtigen und keine bindenden Versprechungen zu machen; einem mißtrauischen Manne mit schönen Worten um den Bart zu gehen, List gegen List anzuwenden, mit Trug gegen Trug zu kämpfen und die Geheimnisse dessen zu entdecken, der bekannt war für seine Verstellungskunst.

Obwohl Machiavelli ihn in Urbino nur kurz gesehen hatte, hatte er bei ihm einen tiefen Eindruck hinterlassen. Er hatte dort gehört, wie Herzog Guidobaldo von Montefeltre, voll Vertrauen auf Borgias Freundschaft, sein Land verloren hatte und nur mit dem nackten Leben entkommen war, und obwohl er sich sagte, daß Il Valentino mit schmählicher Niedertracht vorgegangen sei, mußte er doch die Tatkraft und kluge Voraussicht bewundern, mit der das Unternehmen durchgeführt worden war. Hier war ein Mann von hohen

Gaben, furchtlos, skrupellos, rücksichtslos und gescheit; nicht nur ein hervorragender Feldherr, sondern auch ein tüchtiger Organisator und schlauer Politiker. Ein spöttisches Lächeln spielte um Machiavellis dünne Lippen, und seine Augen leuchteten auf, denn die Aussicht, seinen Geist mit dem eines solchen Gegners zu messen, erregte ihn. Er begann sich daraufhin viel wohler zu fühlen und vergaß seinen kranken Magen; er vermochte sogar ohne Mißbehagen einem Imbiß in Scarperia entgegenzusehen, dem Ort auf halbem Wege zwischen Florenz und Imola, wo er Postpferde zu mieten beschlossen hatte. Sie waren so rasch wie möglich geritten, denn er wollte noch am selben Tag Imola erreichen; er konnte von den Pferden, die außer ihren Reitern auch eine ganze Menge Gepäck zu tragen hatten, kaum erwarten, so weit zu kommen, ohne Schaden zu nehmen, wenn ihnen nicht jetzt eine längere Rast gegönnt würde, als er ihnen zugestehen konnte. Er beschloß, mit Piero weiterzureiten und die beiden Knechte zurückzulassen, die dann am nächsten Tag mit ihren eigenen Pferden nachkommen sollten.

Sie hielten vor dem Albergo della Posta, und Machiavelli stieg ab, froh, sich ein wenig strecken zu können. Er erkundigte sich, was er zu essen bekommen könnte, ohne lange warten zu müssen, und freute sich, als er hörte, er könne Makkaroni haben, ein Gericht kleiner Vögel, Wurst aus Bologna und ein Schweinskotelett. Er war ein starker Esser und verzehrte das vorgesetzte Mahl mit Genuß. Er trank den starken Landwein dazu und fühlte sich nachher um so besser. Piero aß reichlich wie sein Lehrmeister, und als sie sich wieder in die Sättel schwangen und weiterritten, fühlte er sich zufrieden und glücklich, so glücklich, daß er eines von den Liedchen zu trällern begann, die damals überall in den Gassen von Florenz zu hören waren. Machiavelli spitzte die Ohren.

»Aber, Piero, dein Onkel hat mir ja nie gesagt, daß du eine so gute Stimme hast.«

Geschmeichelt legte Piero los und sang eine Tonleiter aufwärts.

»Ein hübscher Tenor«, sagte Machiavelli mit einem warmen, freundlichen Lächeln.

Er ließ sein Pferd Schritt gehen, und Piero, der dies als Aufforderung auffaßte, begann eine bekannte Melodie zu singen, der er jedoch Worte unterlegte, die Machiavelli selbst geschrieben hatte. Der war erfreut, konnte aber den Gedanken nicht unterdrücken, daß der Junge sie sang, um sich bei ihm beliebt zu machen. Es war ein netter Einfall, und er mißbilligte ihn nicht.

»Wie kommst du nur zu diesen Versen?«

»Onkel Biagio schrieb sie mir auf, und sie paßten zu der Melodie.«

Machiavelli gab keine Antwort und trieb sein Pferd wieder zu kurzem Galopp an. Es könnte vielleicht der Mühe wert sein, dachte er, diesen Jungen genauer kennenzulernen; er hatte ihn zwar mitgenommen, um seinem Freund Biagio einen Gefallen zu erweisen, beabsichtigte aber auch, ihn möglichst gut zu verwenden. An diese Erforschung machte sich also Machiavelli während des Rests ihrer Reise, wann immer sie durch hügeliges Gelände gezwungen wurden, die Pferde Schritt gehen zu lassen. Niemand konnte leutseliger, fesselnder und unterhaltender sein als er, wenn er wollte, aber auch so undurchsichtig; Piero hätte mehr Weltklugheit besitzen müssen, als es in seinem Alter möglich war, um dahinterzukommen, daß die freundlichen, nebenbei gestellten Fragen darauf abzielten, ihn sich bis auf die Haut enthüllen zu lassen. Piero war weder schüchtern noch gehemmt, er hatte vielmehr das Selbstbewußtsein der Jugend und gab offene, freimütige Antworten. Über sich selbst zu sprechen, schien ihm eine sehr angenehme Art zu sein, sich die Zeit zu vertreiben, die anfing, ihm lang zu werden. Marsilio Ficino, der berühmte alte Gelehrte, war erst vor drei Jahren gestorben; er war Biagios Schwiegervater gewesen und hatte das Studium des Jungen überwacht. Auf seinen Rat hatte Piero eine gute Kenntnis des Lateinischen erworben und, wiewohl gegen seinen Willen, auch eine Ahnung vom Griechischen.

»Es ist eins von den Versäumnissen meines Lebens, daß ich es niemals erlernt habe«, sagte Machiavelli. »Ich beneide dich, daß du die griechischen Autoren im Urtext gelesen hast.«

»Was wird mir das wohl nützen?«

»Es lehrt dich, daß Glücklichsein ein Gut ist, nach dem alle Menschen streben, und daß du, um es zu erreichen, nichts brauchst als gute Herkunft, gute Freunde, Glück, Gesundheit, Reichtum, Schönheit, Stärke, Ruhm, Ehre und Tugend.«

Piero brach in Gelächter aus.

»Es lehrt dich ferner, daß das Leben ungewiß und voller Prüfungen ist, woraus du schließen darfst, daß es nur vernünftig ist, so viele Freuden wie möglich zu erhaschen, solange du in einem Alter bist, sie zu genießen.«

»Um das zu wissen, brauchte ich nicht die Konjugationen der griechischen Zeitwörter zu lernen«, sagte Piero.

»Vielleicht nicht, aber es gibt einem ein Gefühl der Sicherheit, sich auf eine verläßliche Autorität berufen zu können, wenn man seinen natürlichen Trieben folgt.«

Durch wohlgezielte Fragen erfuhr Machiavelli, welche Freunde der Junge in Florenz gehabt und was für ein Leben er dort geführt hatte; durch das schmeichelhafte Gehör, das er Pieros Ansichten über einen und den anderen Gegenstand schenkte, nachdem er ihn zuerst auf geschickte Weise dahin gebracht hatte, eine Meinung zu äußern, gewann er sehr bald recht guten Einblick in Pieros Begabungen und Charakter. Piero war selbstverständlich unerfahren, doch von rascherer Auffassung als sein Oheim Biagio, der bei aller Güte und Ehrbarkeit doch nur über einen mittelmäßigen Verstand verfügte; er besaß die Heiterkeit der Jugend, ein abenteuerlustiges Gemüt und einen natürlichen Drang, sich zu unterhalten; er war zwar aufrichtig und auch in gewissem Sinn einfach, doch nicht allzu gewissenhaft, und das war ein Charakterzug, der in Machiavellis Augen keineswegs ein Nachteil war, denn es bedeutete, er würde nicht durch ein allzu zartes Gewissen behindert werden, wenn man von ihm etwas verlangte, das nicht ganz ehrenhaft wäre; er war kräftig und unternehmungslustig, und es war kaum anzunehmen, daß es ihm an Mut fehlte; seine offene, aufrichtige Miene und sein gewinnendes Wesen würden sich unter Umständen als wertvolle Gaben erweisen; es blieb noch festzustellen, ob er ein Geheimnis zu bewahren wußte und ob man ihm vertrauen konnte. Es würde nicht lange dauern, um das erstere herauszufinden, und was das letztere betraf, so hatte Machiavelli nicht die Absicht, ihm oder sonst jemand mehr zu vertrauen, als unbedingt nötig. Jedenfalls war der Junge klug genug, zu wissen, daß es ihm nur zum Vorteil gereichen konnte, sich die gute Meinung seines Vorgesetzten zu erwerben. Ein gutes Wort von Machiavelli konnte seine Zukunft sicherstellen; eine schlechte Auskunft würde seine Entlassung aus den Diensten der Republik zur Folge haben.

5

Sie näherten sich Imola. Der Ort lag an einem Fluß in einer fruchtbaren Ebene, und die Umgebung zeigte keinerlei Spuren der Kriegsverwüstungen, da Imola beim Heranrücken der Streitkräfte Cesares kapituliert hatte. Als unsere Gesandtschaft etwa zwei Meilen von der Stadt entfernt war, stieß sie auf sieben oder acht Reiter, und Machiavelli erkannte unter ihnen den ersten herzoglichen Sekretär Agapito da Amalia, dessen Bekanntschaft er in Urbino gemacht hatte. Der Sekretär begrüßte Machiavelli auf das wärmste; als er dessen Ziel und Auftrag erfahren hatte, machte er kehrt und begleitete ihn in die Stadt zurück. Die Signoria hatte tags zuvor einen Kurier geschickt, um ihren Vertreter am Hofe des Herzogs von der Ankunft des Gesandten zu verständigen, und dieser

Kurier erwartete Machiavelli am Stadttor. Es war ein langer Ritt gewesen, und Agapito fragte Machiavelli, ob er sich nicht erfrischen und erholen wolle, bevor er sein Beglaubigungsschreiben dem Herzog überreiche. Das Heer war zwar vor den Mauern gelagert, doch das Städtchen, jetzt die Hauptstadt Il Valentinos, war voll von den Mitgliedern seines Stabes und seines Hofes, von Geschäftsträgern anderer italienischer Staaten, Kaufleuten mit Bedarfsartikeln und Luxuswaren, Bittstellern, Schmeichlern und Spionen, Schauspielern, Poeten, liederlichen Weibern und all dem Gesindel, das einem siegreichen Condottiere nachfolgte, in der Hoffnung, auf anständige oder unanständige Weise Geld zu machen. Unterkunft war deshalb nur schwer zu finden. Die zwei bis drei Herbergen in der Stadt waren gestopft voll, und die Menschen schliefen zu dritt, viert oder fünft in einem Bett. Der Agent hatte jedoch für die Unterbringung Machiavellis und seiner Knechte in dem Dominikanerkloster vorgesorgt, und der Kurier erbot sich jetzt, sie hinzubringen. Machiavelli wandte sich an Agapito.

»Wenn Seine Exzellenz mich empfangen kann, würde ich lieber sogleich meine Aufwartung machen«, sagte er.

»Ich werde vorreiten und schauen, ob der Herzog frei ist. Der Offizier da wird Euch in den Palast führen.«

Agapito ließ den Bezeichneten zurück und trabte mit seinen übrigen Begleitern davon. Die andern ritten im Schritt durch die engen Gassen auf den Hauptplatz. Unterwegs erkundigte sich Machiavelli bei dem Offizier, welches der beste Gasthof der Stadt sei.

»Ich habe keine Lust auf das Essen bei den guten Klosterbrüdern, aber ich möchte auch nicht mit leerem Magen zu Bett gehen.«

»Der ›Goldene Löwe‹«, antwortete der Offizier.

Machiavelli wandte sich an den Kurier.

»Sobald du mich in den Palast gebracht hast, geh in den ›Goldenen Löwen‹ und sieh zu, daß für mich ein reichliches

Mahl bereitet werde.« Und dann zu Piero: »Kümmere dich um die Pferde. Der Kurier wird dir den Weg zum Kloster weisen. Überlaß die Satteltaschen Antonio« – Antonio war einer der Knechte – »und komm hernach mit dem Kurier zum Palast und warte auf mich.«

Der Palast, ein großes, aber anspruchsloses Gebäude (denn seine Erbauerin, Caterina Sforza, war eine sparsame Frau gewesen), nahm die eine Seite des Hauptplatzes ein, und hier wurden Machiavelli und der Offizier, nachdem sie abgestiegen waren, vom Wachtposten eingelassen. Der Offizier schickte einen Soldaten, um dem Ersten Sekretär ihre Ankunft zu melden. Ein paar Minuten später betrat der das Zimmer, in dem Machiavelli wartete. Agapito da Amalia war ein dunkelhäutiger Mann mit langem, schwarzem Haar, schwarzem Bärtchen und dunklen, klugen Augen. Er war ein Edelmann von guten Manieren, sanfter Rede und offenem Gehaben, was viele dazu veranlaßte, seine Fähigkeiten geringer einzuschätzen, als für sie gut war. Er war dem Herzog persönlich und beruflich tief ergeben, denn Il Valentino hatte die Gabe, Menschen an sich zu fesseln, deren Treue er brauchte. Agapito sagte Machiavelli, der Herzog werde ihn sofort empfangen. Sie stiegen eine prächtige Treppe hinauf, und Machiavelli wurde in ein schönes Zimmer geführt, dessen Wände mit Fresken bemalt waren; ein großer Steinkamin trug das Wappen der unerschrockenen, aber unglücklichen Caterina Sforza, die sich zur Zeit in Rom im Gewahrsam Cesare Borgias befand. Holzscheite brannten, und der Herzog stand mit dem Rücken zum Feuer. Sonst war im Zimmer nur noch Juan Borgia, Kardinal von Monreale, der stattliche, schlaue Neffe Papst Alexanders. Er saß in einem geschnitzten Sessel und wärmte sich die Füße am Feuer.

Machiavelli verbeugte sich vor dem Herzog und vor dem Kardinal, und der Herzog, der ihm freundlich entgegenkam, nahm ihn bei der Hand und führte ihn zu einem Stuhl.

»Euch muß kalt sein, und Ihr seid gewiß müde nach Eurer langen Reise, Sekretär«, sagte er. »Habt Ihr gegessen?«

»Jawohl, Exzellenz, ich habe unterwegs gegessen. Ich muß Euch um Vergebung bitten, daß ich in meinen Reisekleidern vor Euch erscheine, aber ich wollte nicht hinausschieben, Euch zu berichten, was ich im Namen der Republik zu sagen habe.«

Dann überreichte Machiavelli sein Beglaubigungsschreiben. Der Herzog warf einen kurzen Blick darauf und übergab es seinem Sekretär. Cesare Borgia war ein Mann von ausnehmender Schönheit, über den Durchschnitt groß, mit breiten Schultern, mächtigem Brustkasten und schmalen Hüften. Er trug Schwarz, wodurch sein frisches Gesicht besonders zur Geltung kam; außer einem Ring am Zeigefinger der rechten Hand war sein einziger Schmuck das Band des Michael-Ordens, den ihm König Ludwig verliehen hatte. Das üppige Haar, kastanienbraun und sorgfältig frisiert, reichte ihm bis auf die Schultern; er trug einen Schnurrbart und ein kurzgestutztes Spitzbärtchen. Seine Nase war gerade und fein geschnitten, und seine Augen, unter starken Brauen, waren schön und kühn; der wohlgeformte Mund war sinnlich, die Haut hell und leuchtend. Sein Gang war gemessen, doch voll Anmut, und über seinem ganzen Wesen lag eine gewisse Majestät. Machiavelli fragte sich, wie es wohl kam, daß dieser Jüngling, der Sohn einer Römerin aus dem Volke und eines feisten, hakennasigen spanischen Priesters, der sich den päpstlichen Stuhl durch schamlose Simonie erkauft hatte, das Benehmen eines großen Fürsten besaß.

»Ich habe Eure Regierung ersucht, mir einen Gesandten zu schicken, weil ich wissen möchte, wie ich mit der Republik eigentlich stehe«, sagte er überlegt und langsam.

Machiavelli hielt seine vorbereitete Rede; obwohl der Herzog zuhörte, mußte Machiavelli doch erkennen, daß die auf Befehl der Signoria geäußerten Beteuerungen des Wohlwollens für nicht mehr als schöne Phrasen genommen wurden.

Dann trat ein Schweigen ein. Der Herzog lehnte sich in seinem Stuhl zurück und spielte mit dem Ordensband an seiner Brust. Als er zu sprechen begann, geschah es mit einer gewissen Kühle.

»Meine Länder und Eure haben eine lange Grenze gemeinsam. Ich muß alle Maßnahmen zum Schutze meines Landes treffen. Ich weiß nur zu gut, daß Eure Stadt mir feindlich gesinnt ist. Ihr habt versucht, mich mit dem Papst und dem König von Frankreich in Streit zu verwickeln. Ihr hättet einen gemeinen Mörder nicht schlechter behandeln können. Jetzt müßt ihr euch entscheiden, ob ihr mich zum Freund oder zum Feind haben wollt.« Seine Stimme war wohlklingend, eher hell als tief, und hatte etwas zwar nicht Ätzendes, aber Schneidendes, das seinen Worten eine Überheblichkeit verlieh, die nicht leicht zu ertragen war. Es war, als spräche er zu einem Küchenjungen. Machiavelli war jedoch ein erfahrener Diplomat und wußte sich zu beherrschen.

»Ich kann Eurer Exzellenz versichern, daß es auf Erden nichts gibt, was meiner Regierung mehr erwünscht wäre als Eure Freundschaft«, antwortete er höflich. »Sie hat aber nicht vergessen, daß Ihr dem Vitellozzo gestattet habt, in unser Gebiet einzufallen; sie zweifelt also an ihrem Wert.«

»Ich hatte damit nichts zu schaffen. Vitellozzo hat auf eigene Faust gehandelt.«

»Er stand in Eurem Sold und unter Eurem Befehl.«

»Der Kriegszug wurde ohne mein Wissen begonnen und ohne meine Unterstützung fortgesetzt. Ich möchte nicht behaupten, daß ich ihn bedauert habe. Das habe ich nicht. Die Florentiner hatten ihr Wort gebrochen, und es war nur recht, daß sie dafür leiden sollten. Doch sobald ich fand, daß Florenz genug gestraft war, gab ich meinen Feldhauptleuten Befehl zum Rückzug. Das hat mir deren Feindschaft zugezogen, und sie verschwören sich jetzt zu meinem Sturz.«

Machiavelli hielt den Augenblick nicht für richtig, den Herzog daran zu erinnern, daß er seine Unterführer erst auf den dringlichen Befehl des Königs von Frankreich abberufen hatte.

»Daran seid ihr selbst schuld, genauso wie ihr schuld seid an Vitellozzos Einfall in euer Gebiet.«

»Wir?« rief Machiavelli mit ehrlichem Erstaunen.

»Das wäre alles nicht geschehen, wärt ihr nicht solche Narren gewesen, Paolo Vitelli zu foltern und hinzurichten. Ihr dürft euch kaum darüber wundern, daß sich sein Bruder Vitellozzo rächen will. Weil ich ihn daran gehindert habe, seine Rache bis ans Ende zu verfolgen, hat er sich gegen mich gewendet.«

Hier muß erklärt werden, was der Herzog damit meinte.

Die Florentiner waren lange Zeit in die Belagerung Pisas verwickelt gewesen, doch die Dinge hatten sich ungünstig entwickelt, und die Streitmacht der Republik hatte eine schwere Niederlage erlitten, die die Signoria der Unfähigkeit ihres Generalhauptmanns zuschrieb; sie warb also zwei Condottieri an, die damals im Dienst König Ludwigs standen, Paolo und Vitellozzo Vitelli, und übertrug den Oberbefehl auf Paolo, einen Führer von Ruf. Eine Schlacht wurde gewonnen, eine Bresche in die Mauern geschlagen, und das Heer war daran, die Stadt zu erstürmen, als plötzlich Paolo Vitelli den Befehl zum Rückzug gab. Obwohl er behauptete, er habe dies getan, um weitere Verluste zu vermeiden, da er überzeugt gewesen sei, die Stadt werde unter diesen Umständen kapitulieren, war die Signoria doch der Meinung, er habe sie hintergangen; sie sandte zwei Beauftragte, die angeblich Geld überbringen, in Wirklichkeit jedoch beide Generäle festnehmen sollten. Paolo Vitelli hatte sein Quartier eine Meile außerhalb von Cascina, und die Beauftragten ersuchten ihn, sich mit ihnen dort zu treffen, um die Kriegsführung zu besprechen. Sie bewirteten ihn, führten ihn dann in ein geheimes Zimmer und verhafteten ihn. Er wurde nach Florenz geschafft und enthauptet, obzwar er auch auf der Folter seine Schuld nicht zugegeben hatte.

»Paolo Vitelli war ein Verräter«, sagte Machiavelli. »Er wurde in einem ordentlichen Gerichtsverfahren schuldig befunden. Er erlitt die gerechte Strafe für sein Verbrechen.«

»Ob er unschuldig oder schuldig war, spielt keine Rolle. Ihn hinzurichten war ein schwerer Fehler.«

»Es war für unsere Ehre notwendig, gegen die Feinde der Republik energisch einzuschreiten. Es war notwendig, um so zu beweisen, daß Florenz den Mut hat, für seine Sicherheit zu sorgen.«

»Warum ließt ihr dann seinen Bruder am Leben?«

Machiavelli zuckte gereizt die Achseln. Dies war ein wunder Punkt.

»Männer wurden ausgeschickt, um Vitellozzo zu holen und nach Cascina zu bringen. Er ahnte eine Falle. Er lag krank im Bett. Er bat um Zeit, sich anzukleiden, und konnte irgendwie entkommen. Die ganze Sache wurde verpfuscht. Wie kann man sich immer gegen die Dummheit der Leute schützen, durch die man etwas ausführen lassen muß?«

Das Lachen des Herzogs klang leicht und fröhlich. Seine Augen blitzten vor guter Laune.

»Es ist ein Fehler, an einem Plan festzuhalten, wenn sich Umstände ergeben, die seine Durchführung unratsam erscheinen lassen. Als Vitellozzo euch durchs Netz schlüpfte, hättet ihr Paolo nach Florenz bringen und ihm, statt ihn ins Gefängnis zu werfen, die schönsten Räume im Palazzo Vecchio als Wohnung zuweisen sollen. Ihr hättet ihm den Prozeß machen und ihn freisprechen sollen, wie auch immer die Beweise ausfielen. Dann hättet ihr ihm sein Kommando wiedergeben, die Bezüge erhöhen und ihm die höchsten Auszeichnungen verleihen sollen, die die Republik zu vergeben hat. Ihr hättet ihn davon überzeugen müssen, daß ihr ihm voll vertraut.«

»Mit dem Ergebnis, daß er uns an unsere Feinde verraten hätte.«

»Das hätte er vielleicht beabsichtigt, jedoch eine Zeitlang so handeln müssen, daß euer Vertrauen auf ihn gerechtfertigt erschienen wäre. Diese Söldnerführer sind habgierig und tun für Geld alles. Ihr hättet dem Vitellozzo ein so schönes Angebot machen können, daß er es nicht über sich gebracht hätte, es abzulehnen; er wäre wieder zu seinem Bruder gestoßen, und sobald ihr dann beide in Sicherheit gewiegt hättet, hättet ihr mit ein wenig Scharfsinn schon eine passende Gelegenheit finden können, beide zu töten; schnell und ohne Prozeß.«

Machiavelli stieg das Blut in die Wangen. »Solcher Verrat wäre für ewige Zeiten ein Schandfleck gewesen auf dem reinen Namen von Florenz!« rief er aus.

»Gegen Verräter muß man mit Verrat vorgehen. Ein Staat wird nicht durch Übung christlicher Tugenden geleitet, er wird geleitet durch Klugheit, Kühnheit, Entschlossenheit und Rücksichtslosigkeit.«

In diesem Augenblick betrat ein Offizier den Raum und flüsterte Agapito da Amalia etwas zu. Il Valentino ärgerte sich über die Unterbrechung und trommelte mit ungeduldigen Fingern auf den Tisch.

»Seine Hoheit ist beschäftigt«, sagte Agapito. »Die müssen warten.«

»Was gibt es?« fragte der Herzog scharf.

»Zwei Gascogner Soldaten sind beim Plündern erwischt worden, Exzellenz. Man hat sie unter Bewachung mit ihrem Raubgut hergebracht.«

»Es wäre nicht recht, die Untertanen des Königs von Frankreich warten zu lassen«, sagte der Herzog mit leisem Lächeln. »Bringt sie herein!«

Der Offizier ging, und der Herzog wandte sich wieder liebenswürdig Machiavelli zu.

»Ihr werdet mir verzeihen, wenn ich eine kleine geschäftliche Angelegenheit erledige.«

»Meine Zeit steht Eurer Exzellenz zur Verfügung.«

»Ich hoffe, Ihr hattet keine Abenteuer unterwegs, Sekretär?«

Machiavelli ging auf den Ton des Herzogs ein.

»Nicht eines. Ich hatte das Glück, in Scarperia einen Gasthof zu finden, wo ich erträgliches Essen bekam.«

»Es ist mein Wunsch, daß man in meinen Ländern so sicher reisen kann, wie man angeblich im Römischen Reich zur Zeit der Antoninen gereist ist. Während Eures Aufenthaltes werdet Ihr Gelegenheit haben, mit eigenen Augen zu sehen, daß ich jetzt, da diese kleinen Tyrannen vertrieben sind, die der Fluch Italiens waren, durch weise Verwaltung viel getan habe, damit das Leben meines Volkes gesichert sei und gedeihe.«

Von draußen kam das Geräusch von schleppenden Schritten und Stimmengewirr, und dann wurden die hohen Türen des weiten Raumes aufgerissen, und eine Schar Menschen strömte herein. Zuerst kam der Offizier, der schon vorher dagewesen war; ihm folgten zwei Männer, aus deren reicher Kleidung Machiavelli schloß, sie müßten Würdenträger der Stadt sein. Dicht hinter ihnen kamen zwei Frauen, die eine alt, die andere in mittleren Jahren, und mit ihnen ein älterer Mann von achtbarem Aussehen. Dann kam ein Soldat mit einem Paar silberner Leuchter und ein anderer mit einem Zierbecher aus vergoldetem Silber und zwei Silberschüsseln. Die Soldaten trugen die rot-gelbe Uniform des herzoglichen Regiments. Dann traten, von Soldaten teils gestoßen, teils geschleppt, zwei Männer ein, die Hände auf dem Rücken gefesselt. Sie sahen in ihren abgerissenen Kleidern, wie sie so unter den Uniformierten des Herzogs standen, wie ein Paar schäbiger Raufbolde aus. Der eine war ein finsterer Bursche, vielleicht vierzig Jahre alt, stark gebaut, mit einem dichten schwarzen Bart und einer bläulichen Narbe auf der Stirn; der andere ein glattgesichtiger Junge von bleicher Hautfarbe und mit unsteten, verängstigten Augen.

»Vortreten!« befahl der Herzog.

Die beiden Männer wurden vorgeschoben.

»Wessen sind sie beschuldigt?«

Wie es schien, war man in das Haus der zwei Frauen eingebrochen, während sie bei der Messe waren, und hatte die Silbersachen gestohlen.

»Wie könnt ihr beweisen, daß diese Gegenstände euer Eigentum waren?«

»Monna Brigida ist meine Base, Eure Exzellenz«, sagte an ihrer Stelle der eine der beiden Stadtwürdenträger. »Ich kenne die Gegenstände genau. Sie waren ein Teil ihrer Mitgift.«

Der andere bestätigte dies. Der Herzog wandte sich an den älteren Mann, der zu den beiden Frauen zu gehören schien.

»Wer seid Ihr?«

»Giacomo Fabronio, Eure Exzellenz, Silberschmied. Die beiden Männer verkauften mir die Sachen. Sie behaupteten, sie hätten sie bei der Plünderung von Forli an sich genommen.«

»Und Ihr zweifelt nicht, daß dies die Männer sind?«

»Keineswegs, Exzellenz.«

»Wir nahmen Giacomo ins Lager der Gascogner mit«, sagte der Offizier, »und er erkannte sie, ohne zu zögern.«

Der Herzog sah den Silberschmied mit strengen Augen an. »Nun?«

»Als ich hörte, daß man in Monna Brigidas Haus eingebrochen war und ihre Leuchter und Schüsseln gestohlen hatte, wurde ich mißtrauisch«, antwortete der Mann mit zitternder Stimme und mit bleichem Gesicht. »Ich ging sofort zu Messer Bernardo und meldete ihm, daß mir zwei Gascogner Soldaten ein paar Silbersachen verkauft hatten.«

»Gingst du aus Angst oder aus Pflichtgefühl?«

Dem Silberschmied versagte einen Augenblick die Stimme. Er zitterte vor Schrecken.

»Messer Bernardo ist Stadtrichter, ich habe viel für ihn gearbeitet. Wenn die Sachen wirklich gestohlen waren, wollte ich sie nicht in Besitz haben.«

»Was er sagt, ist wahr«, sagte der Stadtrichter. »Ich ging die Sachen ansehen und erkannte sie sofort wieder.«

»Sie gehören mir, Exzellenz!« schrie die jüngere der beiden

Frauen leidenschaftlich. »Jeder kann Euch bestätigen, daß sie mir gehören.«

»Sei still!« Der Herzog faßte die beiden Gascogner ins Auge. »Gesteht ihr, diese Sachen gestohlen zu haben?«

»Nein, nein, nein!« schrie der Junge. »Es ist ein Irrtum. Ich schwöre bei der Seele meiner Mutter, daß ich sie nicht gestohlen habe. Der Silberschmied irrt sich. Ich habe ihn nie vorher gesehen.«

»Führt ihn ab! Ein paarmal durchziehen auf der Folter, und die Wahrheit wird schon herauskommen.«

Der Junge stieß einen durchdringenden Schrei aus.

»Nein, nicht foltern! Ich könnte das nicht ertragen!«

»Abführen!«

»Ich gestehe«, keuchte der Junge.

Der Herzog lachte kurz und wandte sich dem anderen zu.

»Und du?«

Der Ältere warf den Kopf trotzig zurück.

»Ich hab sie nicht gestohlen. Ich hab sie genommen. Es war unser Recht; wir haben die Stadt erobert.«

»Lüge! Ihr habt die Stadt nicht erobert. Sie hat kapituliert.«

Nach den damaligen italienischen Kriegsbräuchen durften die Soldaten plündern und alles behalten, was sie erwischen konnten, wenn die Stadt erstürmt wurde; wenn sie aber kapitulierte, dann wurden die Bürger zwar zur Bezahlung einer hohen Kontribution angehalten, zur Deckung der Auslagen, die die Condottieri gehabt hatten, um die Stadt zu übernehmen; die Leute kamen jedoch mit heiler Haut und ihrem Eigentum davon. Es war eine nützliche Regel, da sie die Bürger zur Kapitulation geneigt machte; es kam nicht oft vor, daß die Anhänglichkeit an ihren Fürsten sie bis in den Tod kämpfen ließ.

Der Herzog sprach das Urteil.

»Mein Befehl war, daß sich die Truppen außerhalb der Stadtwälle halten sollen und daß jeder Schaden an Leib und Leben oder Eigentum der Bürger mit dem Tode zu bestrafen ist.« Er wandte sich an den Offizier. »Laßt sie morgen früh auf dem Hauptplatz hängen. Laßt es im Lager ausrufen, was ihr Verbrechen und was ihre Strafe war. Laßt zwei Soldaten bis Mittag bei ihren Leichen Wache stehen, und laßt den Stadtbüttel in regelmäßigen Zeitabständen der Bevölkerung verkünden, sie könne sich auf die Gerechtigkeit ihres Fürsten verlassen.«

»Was sagt er?« fragte der erschrockene Junge seinen Kumpan, denn der Herzog hatte zu den beiden Gascognern französisch und zu dem Offizier italienisch gesprochen.

Der Mann gab keine Antwort, sondern sah den Herzog mit verbissenem Haß an. Der Herzog, der die Frage gehört hatte, wiederholte das Urteil auf französisch.

»Ihr werdet morgen früh gehängt, als ein warnendes Beispiel für andere.«

Der Junge stieß einen lauten Schmerzensschrei aus und fiel auf die Knie.

»Gnade, Gnade!« schrie er. »Ich bin zu jung, um zu sterben. Ich will nicht sterben. Ich habe Angst!«

»Führt sie ab!« befahl der Herzog.

Der Junge wurde auf die Beine gebracht, während er unzusammenhängende Worte hervorstieß und Tränen ihm aus den Augen strömten; der andere jedoch, das Gesicht von Wut entstellt, sammelte Speichel im Mund und spuckte ihm ins Gesicht. Der Herzog wandte sich an Agapito da Amalia.

»Seht zu, daß sie die Tröstungen der Religion empfangen. Es würde mein Gewissen belasten, müßten sie vor ihren Schöpfer treten, ohne Gelegenheit gehabt zu haben, ihre Sünden zu bereuen.«

Der Sekretär verließ mit einem leichten Lächeln das Zimmer. Der Herzog, offenbar in bester Laune, sagte zum Kardinal, seinem Vetter, und zugleich zu Machiavelli:

»Sie waren Dummköpfe, nicht nur Schurken. Es war eine unverzeihliche Dummheit, die Sachen in derselben Stadt zu verkaufen, wo sie sie gestohlen hatten. Sie hätten sie verstekken sollen, bis sie in eine größere Stadt kamen, zum Beispiel nach Bologna oder Florenz, da wären sie die Sachen unverdächtig losgeworden.«

Der Herzog bemerkte erst jetzt, daß sich der Silberschmied bei der Tür herumdrückte und offenbar noch etwas sagen wollte.

»Was treibst du da?«

»Wer wird mir mein Geld zurückgeben, Exzellenz? Ich bin ein armer Mann.«

»Hast du für die Sachen einen angemessenen Preis bezahlt?« fragte Il Valentino mit sanfter Stimme.

»Ich habe bezahlt, was sie wert waren. Der Betrag, den die Gauner verlangten, war lächerlich. Ich mußte ja meinen Profit machen.«

»Laß es dir eine Lehre sein. Das nächste Mal kauf nichts, wenn du nicht weißt, daß es ehrlich erworben ist.«

»Ich kann's mir nicht leisten, so viel Geld zu verlieren, Exzellenz.«

»Geh!« brüllte der Herzog in so wildem Ton, daß der Mann mit einem Schrei aus dem Zimmer stürzte wie ein erschrockenes Kaninchen. Il Valentino warf sich in seinen Stuhl zurück und lachte schallend. Dann wandte er sich höflich an Machiavelli.

»Ich muß Euch wegen der Unterbrechung um Entschuldigung bitten: ich halte es für wichtig, daß Recht unverzüglich vollstreckt wird, und ich möchte, daß die Leute in meinen Ländern lernen, zu mir zu kommen, wenn ihnen übel mitgespielt wird, und sich darauf verlassen können, in mir einen unparteiischen Richter zu finden.«

»Die klügste Politik für einen Fürsten, der sich die Herrschaft über Gebiete zu sichern wünscht, die er erst kürzlich erworben hat«, sagte der Kardinal.

»Die Menschen werden stets den Verlust ihrer politischen Freiheit verschmerzen, wenn man ihre persönliche Freiheit unangetastet läßt«, sagte der Herzog leichthin. »Solange ihre

Weiber nicht belästigt werden und ihr Eigentum sicher ist, werden sie mit ihrem Los halbwegs zufrieden sein.«

Machiavelli hatte den Zwischenfall in Ruhe, ja mit Belustigung verfolgt. Er hütete sich jedoch, sie zu zeigen; er war nämlich überzeugt, daß die ganze Geschichte eine abgekartete Komödie war. Er wußte sehr wohl, daß Il Valentino es niemals wagen würde, zwei Untertanen des Königs von Frankreich zu hängen. Aller Wahrscheinlichkeit nach waren sie schon jetzt freigelassen und mit einem Geldgeschenk für ihre Unannehmlichkeiten entschädigt; man würde sie am nächsten Tag wieder unter den Gascogner Truppen finden. Machiavelli vermutete, der Auftritt sei vorbereitet worden, damit er der Signoria berichte, wie trefflich der Herzog in seinen neu erworbenen Landen regiere; in erster Linie jedoch wegen der Anspielung am Schluß auf Florenz und Bologna. Die Bemerkung, daß die Soldaten auch in diese Städte kommen könnten, war eine zu deutliche Drohung, als daß sie einem so hellhörigen Mann wie Machiavelli hätte entgehen können.

Ein Schweigen trat ein. Der Herzog strich sich gemächlich den gepflegten Bart und blickte Machiavelli nachdenklich an. Machiavelli hatte das Gefühl, Cesare überlege, was für ein Mann das sei, den die Signoria ausgeschickt hatte, um mit ihm zu verhandeln; da er jedoch nicht in die forschenden, auf ihn gerichteten Augen sehen wollte, sah er auf seine Hände, als überlegte er, ob seine Nägel nicht zu lang seien und er sie sich schneiden sollte. Er war verwirrt und fühlte sich in seiner Verwirrung unbehaglich. Er selbst war es nämlich gewesen, der die Angelegenheit betrieben hatte, die zur Hinrichtung Paolo Vitellis führte. Von dessen Schuld überzeugt, hatte er seine ganze Überredungsgabe aufgewandt, um seine verschreckten und zaudernden Vorgesetzten davon zu überzeugen, man müsse unverzüglich handeln. Er war es gewesen, der den Beauftragten befohlen hatte, energisch vorzugehen. Er war es gewesen, der, trotz der Flucht Vitellozzos, auf Vollzug der Todesstrafe an Paolo gedrungen hatte. Seine Tätigkeit hatte sich jedoch hinter den Kulissen abgespielt, und er konnte sich nicht vorstellen, wie Il Valentino davon erfahren haben könnte. Der Gedanke fuhr ihm durch den Kopf, der Herzog habe sich über das unbefriedigende Ergebnis der Angelegenheit nur deshalb so verbreitet, um zu zeigen, er wisse, welche Rolle Machiavelli dabei gespielt hatte, und habe ein boshaftes Vergnügen daran gefunden, ihm nachweisen zu können, daß er die Sache ungeschickt geführt hatte. Aber der Mann da tat nichts ohne Grund. Es war unwahrscheinlich, daß er den Gesandten der Florentiner wissen lassen wollte, er werde über die Vorgänge in der Staatskanzlei der Republik auf dem laufenden gehalten; es war wahrscheinlicher, daß er nur das Selbstvertrauen Machiavellis erschüttern und ihn dadurch zugänglicher machen wollte. Dieser Gedanke ließ den Abglanz eines Lächelns auf Machiavellis Lippen erscheinen, und er sah den Herzog wieder an. Der Herzog hatte offenbar nur darauf gewartet, seinen Blick aufzufangen, bevor er sprach.

»Sekretär, ich möchte Euch ein Geheimnis anvertrauen, das ich bisher keinem lebenden Menschen gesagt habe.«

»Willst du, daß ich euch verlasse, Vetter?« fragte der Kardinal.

»Nein, ich vertraue deiner Verschwiegenheit ebenso wie der des Sekretärs.«

Machiavelli wartete mit zusammengebissenen Zähnen, den Blick starr auf den stattlichen Herzog gerichtet.

»Die Orsini haben mich geradezu auf den Knien angefleht, Florenz anzugreifen. Ich habe nichts gegen Eure Stadt, und ich habe es abgelehnt. Wenn die Herren Eurer Regierung sich mit mir aber einigen wollen, dann müssen sie das tun, bevor ich mich mit den Orsini wieder vertrage. Wir sind beide Freunde des Königs von Frankreich; es ist bestimmt ratsam, daß wir auch untereinander Freunde sind. Da unsere Länder aneinandergrenzen, können wir einander das Leben leicht oder auch schwer machen. Ihr hängt von Söldnertruppen unter unverläßlichen Hauptleuten ab; ich habe meine eigene Streitmacht, gut ausgebildet, gut bewaffnet, und meine Feldhauptleute sind die besten in Europa.«

»Aber nicht verläßlicher als unsere, Exzellenz«, bemerkte Machiavelli trocken.

»Ich habe andere, die verläßlich sind. Wer sind sie denn, diese Narren, die sich gegen mich verschworen haben? Pagolo Orsini, ein Dummkopf; Bentivoglio, der glaubt, ich führe etwas gegen Bologna im Schild; die Baglioni, die Angst um Perugia haben; Oliverotto da Fermo und dieser Vitellozzo, der durch die Französische Krankheit erledigt ist.«

»Sie sind mächtig und in Aufruhr.«

»Alle ihre Schritte sind mir bekannt, und wenn es soweit ist, werde ich handeln. Glaubt mir, der Boden brennt ihnen unter den Füßen, und um solchen Brand zu löschen, braucht es mehr Wasser, als Leute wie die daraufgießen können. Seid vernünftig, Sekretär! Mit Urbino in meinem Besitz beherrsche ich Mittelitalien. Guidobaldo di Montefeltro war mein Freund, und der Papst beabsichtigte, seine Nichte, Angela Borgia, dem Neffen und Erben Guidobaldos zur Frau zu geben. Ich hätte ihn niemals angegriffen, hätte ich nicht die strategische Bedeutung seines Landes erkannt. Ich brauchte Urbino, um meine Pläne durchzuführen, und ich konnte nicht zulassen, daß sich Gefühle in die Politik einmischten. Ich kann euch Schutz bieten gegen eure Feinde. Wenn wir uns zusammenschließen, ich mit meinen Streitkräften, ihr mit euren fruchtbaren Landen und eurem Reichtum, und mit der geistlichen Macht des Papstes hinter uns, dann können wir die stärkste Macht in Italien sein. Statt für die Gunst der Franzosen schweres Geld zahlen zu müssen, müßten sie mit uns als Ebenbürtigen verhandeln. Der Augenblick ist für euch gekommen, ein Bündnis mit mir zu schließen.«

Machiavelli war überrascht, antwortete aber mit unbeschwerter Liebenswürdigkeit.

»Ich anerkenne den Zwang Eurer Argumente, Exzellenz. Niemand hätte sie klarer oder überzeugender darlegen können. Man trifft selten einen Mann der Tat – und einen großen Feldherrn dazu, als den sich Eure Exzellenz bewiesen hat –, der einen so logischen Verstand und eine solche Gabe des Ausdrucks besitzt.«

Der Herzog machte mit leichtem Lächeln eine bescheidene Geste der Abwehr. Machiavelli war der Mut gesunken; was er zu sagen hatte, war nicht, was der Herzog hören wollte. Er erklärte ganz einfach: »Ich werde an die Signoria schreiben und den Herren berichten, was Ihr gesagt habt.«

»Was soll das heißen?« schrie Il Valentino. »Die Sache drängt und muß sofort geordnet werden.«

»Ich habe keine Vollmacht, einen Vertrag zu schließen.«

Der Herzog sprang auf.

»Wozu seid Ihr dann gekommen?«

In diesem Augenblick wurde die Tür geöffnet; es war bloß Agapito da Amalia, der nach Ausführung des herzoglichen Befehls zurückkam, doch es wirkte erschreckend. Machiavelli war kein ängstlicher Mensch, aber es überlief ihn sonderbar.

»Ich bin gekommen, weil Eure Exzellenz meine Regierung ersucht hatte, einen Gesandten zu Verhandlungen zu schicken.«

»Aber einen Gesandten mit allen Vollmachten zu verhandeln.«

Bis dahin hatte der Herzog Machiavelli mit annehmbarer Höflichkeit behandelt, jetzt aber pflanzte er sich mit blitzenden Augen vor ihm auf. Machiavelli erhob sich, und die beiden Männer standen einander gegenüber.

»Die Signoria hält mich zum Narren. Sie hat Euch gesandt, gerade weil Ihr keine Vollmacht habt, etwas zu entscheiden. Ihre ewige Unentschlossenheit reizt mich unerträglich. Wie lange glauben denn die, meine Geduld weiter auf die Probe stellen zu können?«

Der Kardinal, der schweigend dabeigesessen hatte, sagte jetzt etwas, um den Sturm zu beruhigen, doch der Herzog fuhr ihm über den Mund. Er begann im Zimmer auf und ab zu gehen und tobte; er stieß bittere, scharfe, brutale Worte hervor; er schien jegliche Selbstbeherrschung verloren zu haben. Machiavelli, unbewegt und keineswegs eingeschüchtert, beobachtete ihn mit Neugierde. Schließlich ließ sich der Herzog auf seinen Stuhl fallen.

»Meldet Eurer Regierung, daß ich schwer beleidigt bin.«

»Meine Regierung möchte alles eher, als Eure Exzellenz beleidigen. Sie hat mir aufgetragen, Euch mitzuteilen, daß die Rebellen sie um Hilfe gebeten haben und daß sie abgelehnt hat.«

»Um wie gewöhnlich abzuwarten, wie der Hase läuft, nehme ich an.«

Darin lag mehr Wahrheit, als Machiavelli hören wollte. Sein Gesicht blieb ruhig.

»Meine Regierung hat wenig übrig für die Orsini oder für Vitellozzo. Sie wünscht, mit Eurer Exzellenz in freundschaftlichen Beziehungen zu stehen, und ich bitte Euch dringend, Euch bestimmter zu fassen. Ich muß wenigstens in der Lage sein, der Signoria zu melden, was für eine Art von Abkommen Ihr wünscht.«

»Genug! Ihr zwingt mich zu einer Einigung mit den Rebellen. Ich kann sie schon morgen kleinkriegen, wenn ich auf den Vorschlag der Orsini eingehe, Florenz anzugreifen.«

»Florenz steht unter dem Schutz des Königs von Frankreich«, antwortete Machiavelli scharf. »Er hat uns vierhundert Lanzenreiter und eine starke Infanterie zugesagt, wann immer wir sie brauchen.«

»Die Franzosen versprechen viel als Gegenleistung für das Geld, das sie dauernd verlangen; wenn sie es aber bekommen haben, dann halten sie ihre Versprechungen nur selten.«

Machiavelli wußte, daß das richtig war. Die Florentiner hatten unter der Habgier und Hinterlist König Ludwigs viel gelitten. Er hatte sich mehr als einmal verpflichtet, ihnen gegen ein bestimmtes Entgelt Streitkräfte zur Unterstützung in einer schwierigen Lage zu senden, und hatte dann, nach Erhalt des Geldes, die Sache hinausgezogen und schließlich nur die Hälfte von dem geschickt, wofür man bezahlt hatte. Der Herzog hätte sich nicht klarer ausdrücken können. Die Florentiner mußten entweder das angebotene Bündnis annehmen (und in Italien wußte jeder, was für ein treuloser Freund er war), oder er würde die Unstimmigkeiten mit seinen unzufriedenen Feldhauptleuten beilegen und mit ihnen gemeinsam die Republik angreifen. Erpressung! Die Situation war beunruhigend, und Machiavelli wollte in seiner Bedrängnis noch einige Worte sagen, die wenigstens die Türe zu weiteren Verhandlungen offenließen; aber der Herzog hinderte ihn am Sprechen.

»Worauf wartet Ihr, Sekretär? Ihr könnt gehen.«

Er ließ sich nicht einmal herab, für Machiavellis tiefe Verneigung zu danken. Agapito da Amalia begleitete den Gesandten die Treppe hinab.

»Seine Exzellenz ist ein temperamentvoller Mann und Widerstand nicht gewohnt«, sagte er.

»Das ist eine Tatsache, die meiner Aufmerksamkeit nicht entgangen ist«, antwortete Machiavelli.

6

Piero und der Kurier hatten in der Wachstube gewartet. Nachdem das große Tor ordnungsgemäß entriegelt und aufgeschlossen worden war, traten alle drei auf den Platz hinaus. Seine Begleiter brachten Machiavelli zum ›Goldenen Löwen‹. Sie hatten bei der Bestellung des Mahles mit Nachdruck herausgestrichen, daß es für den florentinischen Gesandten bestimmt sei, und er aß gut und ausgiebig. Der Wein der Gegend war zwar nicht mit toskanischem zu vergleichen, aber stark, und er trank reichlich davon. Im Rückblick gelangte er zu dem Schluß, seine Besprechung mit dem Herzog sei eigentlich nicht so schlecht verlaufen. Dessen Ärger schien anzudeuten, daß er unruhig war, und sein Drängen auf ein unverzügliches Bündnis mit der Republik, daß er seine Lage als gefährlich erkannte. Machiavelli machte sich nichts daraus, mit so geringer Höflichkeit behandelt worden zu sein; er hatte schon bei der Übernahme seiner Sendung gewußt, daß er nicht damit rechnen konnte, besonderer Rücksichtnahme zu begegnen. Nachdem er gegessen und nach Herzenslust gerülpst hatte, ließ er sich vom Kurier den Weg zum Kloster weisen, wo er übernachten sollte. In Anbetracht seiner Stellung hatte man eine Zelle für ihn geräumt; Piero und der Bote aber mußten in einem Klostergang einen Strohsack miteinander teilen, in Gesellschaft einer Anzahl von Durchreisenden, die nur zu froh waren, ein Dach über dem Kopf zu haben. Noch vor dem Schlafengehen verfaßte Machiavelli einen Brief an die Signoria, worin er über die Ereignisse des Abends berichtete. Der Kurier würde ihn bei Morgengrauen nach Florenz mitnehmen.

»Du solltest an Biagio schreiben, damit er deiner Mutter sagen kann, daß du ohne Zwischenfall hier eingetroffen bist«, sagte er zu Piero. »Und bitte ihn, mir einen Plutarch zu schicken.«

Machiavelli hatte nebst seinem Dante nur die ›Annalen‹ des Livius mitgebracht. Plutarch bot nicht nur Unterhaltung, sondern auch Belehrung. Als Piero mit seinem Brief fertig war, griff Machiavelli ohne Umstände danach und überflog ihn. Er lächelte leise, als er las: »Messer Niccolo war den ganzen Morgen schweigsam, und da ich annahm, daß er mit gewichtigen Dingen beschäftigt sei, störte ich ihn nicht; nachdem er jedoch gespeist hatte, plauderte er mit so viel Witz, Klarheit und gesundem Menschenverstand, daß es mir, als wir in Imola ankamen, schien, wir hätten kaum erst Scarperia verlassen. Er meint, ich habe eine gute Stimme. Ich wollte, es wäre möglich gewesen, meine Laute mitzunehmen.«

»Ein sehr guter Brief«, sagte Machiavelli. »Die Botschaft, die du durch Biagio deiner Mutter bestellen läßt, erscheint mir sehr angemessen. Und nun wollen wir nach diesem langen Tag der wohlverdienten Ruhe pflegen.«

7

Machiavelli brauchte wenig Schlaf und erwachte bald nach Sonnenaufgang. Er rief Piero, ihm beim Anziehen zu helfen. Seine Reitkleider wurden in die Satteltaschen verpackt, und er legte das schlichte schwarze Gewand an, das er gewöhnlich trug. Er hatte nicht die Absicht, im Kloster zu bleiben, da er ein Quartier brauchte, wo er jemand nötigenfalls unbeobachtet empfangen konnte, und er wußte sehr wohl, daß im Kloster seine Besucher und sein eigenes Kommen und Gehen auffallen würden. Der Kurier war bereits auf dem Rückweg nach Florenz. Von Piero begleitet, machte sich Machiavelli nach dem ›Goldenen Löwen‹ auf. Imola war ein lebhaftes Städtchen, und nichts deutete darauf hin, daß es vor nicht langem seinen Herrn gewechselt hatte. Auf ihrem Weg durch die engen, gewundenen Gassen kamen sie an recht vielen Menschen vorbei, die ihren verschiedenen Geschäften nachgingen, und sie alle sahen zufrieden aus. Man gewann den Eindruck, daß ihre Lebensweise unverändert geblieben war. Bisweilen mußten die Fußgänger einem Reiter Platz machen oder einem Zug von Eseln mit Brennholz. Ein Mann führte einige Eselstuten, deren Milch schwangeren Frauen bekömmlich ist, und verkündete seine Anwesenheit mit dem üblichen Ruf; eine Alte streckte den Kopf aus einem Fenster und rief ihn herbei; er hielt an, und eine Minute später erschien sie mit einem Becher an der Türe. Ein Hausierer mit Nadeln, Garn und Bändern kam vorüber und pries mit heiserer Stimme seine Waren an. In der Straße, wo der ›Goldene Löwe‹ lag, befanden sich Kaufläden; beim Sattler war ein Kunde, beim Barbier ließ sich einer die Haare schneiden, und beim Schuhmacher probierte eine Frau ein Paar Schuhe. Über allem lag eine Atmosphäre, nicht von Reichtum, aber von erfreulichem Wohlstand. Kein Bettler belästigte einen.

Sie betraten den ›Goldenen Löwen‹, und Machiavelli bestellte für sich und Piero Brot und Wein. Sie tunkten das Brot in den Wein und machten es auf diese Weise schmackhaft; dann tranken sie, was vom Wein noch übrig war. So gestärkt, begaben sie sich zum Barbier, wo Machiavelli sich rasieren ließ; der Barbier spritzte ihm stark parfümiertes Wasser auf das kurze schwarze Haar und kämmte es. Piero strich sich gedankenvoll das glatte Kinn.

»Ich glaube, auch ich muß mich rasieren lassen, Messer Niccolo«, sagte er.

»Damit kannst du noch ein paar Wochen warten«, sagte Machiavelli mit einem dünnen Lächeln; und dann zum Barbier: »Tu etwas von deinem Parfüm auf sein Haar und kämme es ihm ein wenig.«

Nun waren sie beide fertig. Machiavelli erkundigte sich bei dem Barbier nach dem Hause eines gewissen Messer Bartolomeo Martelli, den er aufsuchen wollte. Der Barbier erklärte ihm den Weg, aber so umständlich, daß Machiavelli fragte, ob ihn nicht jemand hingeleiten könne. Der Barbier ging zur Ladentüre, rief einen Straßenjungen, der draußen spielte, und hieß ihn die Fremden führen. Es ging zuerst über den Hauptplatz, an dem der Palast des Herzogs lag; da Markttag war, war er voll von den Verkaufsständen der Bauern, die Obst und Gemüse, Geflügel, Fleisch und Käse in die Stadt gebracht hatten, und der Höker, die Messing und Eisenwaren, Stoffe, alte Kleider und Gott weiß was feilhielten. Eine große Menge feilschte, kaufte oder sah auch bloß zu, alles unter lautem Stimmengewirr. Es war ein fröhliches, lebhaftes Bild in der hellen Oktobersonne. Als Machiavelli und Piero den Platz betraten, vernahmen sie den Klang eines Messinghorns, und der Lärm legte sich ein wenig.

»Es ist der Ausrufer!« schrie der kleine Junge aufgeregt, ergriff Machiavellis Hand und begann zu laufen. »Ich hab ihn noch nicht gehört.«

Eine Anzahl von Menschen drängte vorwärts, und Machiavelli, der ihnen mit den Augen folgte, sah, daß am anderen Ende des Platzes ein Galgen errichtet war und zwei Männer daran hingen. Das war kein Anblick, an dem ihm lag, und mit einem Ruck entzog er dem Jungen die Hand. Der hatte seinen Auftrag vergessen und stürmte dem Mittelpunkt des Interesses zu. Der Ausrufer begann mit lauter Stimme zu reden, doch Machiavelli war zu weit entfernt, um ihn zu verstehen. Er wandte sich voll Ungeduld an eine dicke Frau, die ihren Verkaufsstand bewachte.

»Was ist geschehen?« fragte er sie. »Was sagt der Ausrufer?«

Sie zuckte die Achseln.

»Bloß zwei Diebe, die man gehängt hat. Auf Befehl des Herzogs kommt der Ausrufer bis Mittag jede halbe Stunde und ruft aus, sie sind gehängt worden, weil sie Eigentum von Bürgern gestohlen haben. Es sind französische Soldaten, sagt man.«

Machiavelli unterdrückte eine Bewegung des Erstaunens. Es durfte doch nicht sein, was er vermutete, aber er mußte sich mit eigenen Augen überzeugen. Er bahnte sich einen Weg durch die Menge, stoßend und gestoßen, den Blick stets auf die beiden baumelnden Körper gerichtet. Der Ausrufer war zu Ende mit dem, was er zu sagen hatte, stieg vom Hochgericht herab und schlenderte davon. Die Menge lichtete sich, und Machiavelli vermochte dicht heranzukommen. Obwohl ihre Gesichter durch den würgenden Strick grauenhaft verzerrt waren, gab es keinen Zweifel: dies waren die beiden Gascogner Soldaten – der Mann mit dem düsteren Blick und der Narbe und der Junge mit den unsteten Augen, die am vergangenen Abend zu Gericht und Urteil vor den Herzog gebracht worden waren. Es war also keine abgekartete Komödie gewesen. Machiavelli stand da wie ein Stock und starrte bestürzt hin. Sein kleiner Führer zupfte ihn am Arm.

»Ich wollte, ich wäre dabeigewesen, als man sie gehängt hat«, sagte er voll Bedauern. »Kein Mensch wußte etwas davon, bis alles vorüber war.«

»Das ist nichts für kleine Jungen«, sagte Machiavelli, ohne wirklich zu wissen, daß er sprach, denn er war mit seinen Gedanken beschäftigt.

»Es wäre nicht das erstemal.« Der Junge grinste. »Es macht Spaß zu sehen, wie sie in der Luft tanzen.«

»Piero!« Er sah sich nach ihm um.

»Hier bin ich, Messere.«

Und zu dem Jungen: »Vorwärts, führ uns zu Messer Bartolomeo!«

Den Rest des Weges legte Machiavelli schweigend zurück; er hatte die Stirne gerunzelt und die Lippen so hart aufeinandergepreßt, daß sein Mund nur ein scharfer Strich war. Er versuchte zu ergründen, was im Kopfe Il Valentinos vorgegangen war. Wozu hatte er zwei brauchbare Soldaten hängen lassen, nur weil sie ein paar Silbersachen gestohlen hatten, wo eine Tracht Prügel genug Strafe für das Verbrechen gewesen wäre? Es war wohl richtig, daß ihm ein Menschenleben nichts bedeutete; lag ihm aber wirklich so viel an der Gunst der Einwohner von Imola, daß er dafür die Erbitterung nicht nur des Anführers der Gascogner, sondern der ganzen Truppe in Kauf nahm? Machiavelli stand vor einem Rätsel. Er war überzeugt, daß seine Anwesenheit bei der gestrigen Szene dem Zweck des Herzogs irgendwie gedient hatte; sonst hätte der, selbst wenn er sich in der Sache persönlich bemühen wollte, wahrscheinlich gewartet, bis die wichtige Unterredung mit dem Gesandten von Florenz beendet gewesen wäre. Wollte er der Signoria zeigen, daß er von den Franzosen unabhängig und, trotz der Verschwörung seiner Feldhauptleute, stark genug war, ihren Unwillen auf sich zu nehmen, oder lag das Schwergewicht des Ganzen auf der kaum verhüllten Drohung, als er Machiavelli gegenüber geäußert hatte, die Soldaten hätten ihre Beutestücke ungefährdet in Florenz loswerden können? Doch wer vermochte zu sagen, wie dieses listenreiche, erbarmungslose Gehirn arbeitete?

»Dies ist das Haus, Messere«, unterbrach der Junge seine Gedanken.

Machiavelli gab ihm ein Geldstück, und der Junge verschwand mit einem Purzelbaum. Piero hob den bronzenen Türklopfer und ließ ihn herabfallen. Nach einer Pause klopfte Piero noch einmal. Machiavelli bemerkte, daß es ein hübsches Haus war, offenbar das Heim eines wohlhabenden Mannes; die Fenster im zweiten Stock, im *Piano Principale*, waren nicht aus Ölpapier, sondern aus Glas, was ebenfalls bewies, daß der Eigentümer über beträchtliche Mittel verfügte.

8

Machiavelli kannte Bartolomeo Martelli nicht, hatte jedoch die Weisung erhalten, mit ihm in Verbindung zu treten. Martelli war eine einflußreiche Persönlichkeit in der kleinen Stadt, Ratsherr und wohlhabend. Er besaß Ländereien in der Umgebung von Imola und mehrere Häuser in der Stadt selbst; sein Vater hatte durch Handel in der Levante ein Vermögen erworben, und er selbst hatte einige Jahre seiner Jugend in Smyrna verbracht. Da die Florentiner immer mit dem Nahen Osten Handel getrieben hatten und viele Florentiner Bürger dort in verschiedenen Städten angesiedelt waren, unterhielt er auch Verbindungen mit Florenz. Bartolomeos Vater hatte einen florentinischen Kaufmann aus guter Familie zum Partner gehabt und schließlich dessen Tochter geheiratet. Bartolomeo selbst war ein entfernter Verwandter Biagio Buonaccorsis, denn ihre längst verstorbenen Großmütter mütterlicherseits waren Schwestern gewesen; dies war in der Tat einer der Hauptgründe, mit denen Biagio Machiavelli dazu bewogen hatte, Piero auf die Reise mitzunehmen. Das verwandtschaftliche Band würde es Machiavelli leichter machen, sich mit dem nützlichen Manne auf guten Fuß zu stellen.

Und Bartolomeo konnte unter Umständen sehr nützlich sein. Er war nicht nur ein angesehener Mann in Imola, er war auch der Führer der Partei gewesen, die die kampflose Übergabe der Stadt durchgesetzt hatte. Der Herzog, stets freigebig mit anderer Leute Eigentum, hatte ihm als Belohnung ein Besitztum geschenkt, das mit dem Grafentitel verbunden war, ein Umstand, den Machiavelli von dem geschwätzigen Barbier erfahren hatte; er hatte auch gehört, daß Bartolomeo, obzwar er es nicht zugeben wollte, auf seinen neuen Rang über alle Maßen stolz war. Der Herzog vertraute ihm, denn er wußte, wie vorteilhaft es für Bartolomeo war, vertrauenswürdig zu sein, und hatte ihn für verschiedene Handelsgeschäfte verwendet, die er mit Erfolg erledigt hatte. Der Herzog war ein verschlossener Mann; Bartolomeo aber wußte von seinen Plänen wahrscheinlich auch nicht weniger als andere Vertraute, und Machiavelli war überzeugt, Bartolomeo im Verlauf der Zeit sein ganzes Wissen entlocken zu können; denn die Signoria hatte ihn in der Hand. Bartolomeo hatte von seiner Mutter in Florenz zwei Häuser geerbt, und wenn er sich nicht nach Wunsch benahm, konnte ein zufälliges Feuer leicht eins der beiden Häuser zerstören; und wenn das noch keine genügende Warnung wäre, dann ließen sich schon Mittel und Wege finden, um das Handelsunternehmen in der Levante zu schädigen, an dem er noch immer einen großen Anteil besaß.

›Es ist gut, Freunde zu haben‹, dachte Machiavelli, ›aber sie dürfen ruhig wissen, daß man zurückschlagen kann, wenn sie auf die Idee kommen, anders zu handeln, als es sich für Freunde gebührt.‹

Das Haustor wurde von einem Diener geöffnet. Als Machiavelli, nachdem er seinen Namen genannt hatte, nach dem Herrn des Hauses fragte, kam die Antwort: »Der Graf erwartet Euch.«

Der Diener führte sie in einen Hof, dann über eine Außentreppe hinauf und in ein Zimmer mittlerer Größe, das, wie ein Blick zeigte, vom Hausherrn als Geschäftsraum benützt wurde. Sie warteten ein, zwei Minuten, und Bartolomeo kam hereingestürmt. Er begrüßte seine Besucher mit geräuschvoller Herzlichkeit.

»Ich hörte von Eurer Ankunft, Messer Niccolo, und habe Euch mit Spannung erwartet.«

Er war ein großer, beleibter Mann von ungefähr vierzig Jahren, mit langem Haar, das vorne schütter wurde, und einem dichten schwarzen Bart; er hatte ein rotes Gesicht, das von Schweiß glänzte, ein Doppelkinn und einen recht eindrucksvollen Wanst. Machiavelli, selber dünn wie eine Latte, konnte dicke Menschen nicht leiden; er sagte gewöhnlich, kein Mensch in Italien könne dick werden, ohne »die Witwen und Waisen zu berauben und die Armen zu schinden«.

»Biagio Buonaccorsi hat mir geschrieben und Eure Ankunft angekündigt. Ein Kurier hat das Schreiben gestern gebracht.«

»Ja, ein Kurier ging ab, und Biagio hat sich seiner bedient. Dies hier ist Piero Giacomini, Sohn der Schwester unseres guten Biagio.«

Bartolomeo lachte schallend auf und schloß den Jungen in die Arme, drückte ihn an seinen Wanst und küßte ihn auf beide Wangen.

»Dann sind wir ja Vettern!« rief er mit lautem, dröhnendem Lachen.

»Vettern?« murmelte Machiavelli.

»Wußtet Ihr das nicht? Biagios Großmutter und meine Großmutter waren Schwestern. Beide waren sie Töchter Carlo Peruzzis.«

»Sonderbar, daß er es mir nie erzählt hat. Wußtest du es, Piero?«

»Meine Mutter hat's mir nie gesagt.«

Machiavelli leugnete die Kenntnis dieser Tatsache, mit der er natürlich bestens vertraut war, nur deshalb, weil es einer seiner Grundsätze war, niemals jemand ohne guten Grund wissen zu lassen, wieviel man selbst wußte. Zu seiner Freude bemerkte er, daß Piero ihn sogleich verstanden hatte, ohne auch nur einen Augenblick zu stocken. Ein tüchtiger Junge!

Bartolomeo forderte sie auf, Platz zu nehmen. Im Zimmer gab es zwar keinen Kamin, aber eine Heizpfanne mit glühender Holzkohle verbreitete angenehme Wärme. Bartolomeo fragte nach seinen Freunden in Florenz, die er häufig auf Geschäftsreisen besuchte, und Machiavelli gab ihm Auskunft, soweit er die Leute kannte. Sie schwatzten über dies und das, und das Gespräch wandte sich sehr bald Piero Soderini zu, der gerade auf Lebenszeit zum Gonfaloniere gewählt worden war.

»Er ist ein guter Freund von mir, ein äußerst angesehener und ehrenwerter Mann«, sagte Machiavelli. »Es geschah auf seinen besonderen Wunsch, daß ich jetzt nach Imola gekommen bin.«

Er hielt es für richtig, Bartolomeo zu verstehen zu geben, daß er das Vertrauen des Oberhauptes der Republik besitze.

»Ich bin sehr erfreut, Euch zu sehen, und Ihr könnt versichert sein, daß Ihr auf meine Hilfe zählen könnt. Ich bat Biagio, mir einen Ballen feinen Linnens zu schicken, doch unter den Umständen nehme ich an, daß Ihr keine Gelegenheit hattet, ihn mitzubringen.«

Biagio, der immer zu Gefälligkeiten bereit war, wurde beständig ersucht, für alle möglichen Leute Besorgungen zu machen, und niemand nützte ihn so unverschämt aus wie Machiavelli.

»Im Gegenteil«, antwortete er, »Biagio bestand darauf, daß ich das Linnen mitbringe, aber meine Diener haben es, und sie werden erst heute in Imola eintreffen.«

»Meine Frau will mir einige Hemden machen. Sie hat im Kloster sticken gelernt, und ich behaupte, daß es keine Frau in Imola gibt, die ihr darin gleichkommt. Sie ist eine Künstlerin.«

Machiavellis Kopf war an der Arbeit. Er versuchte, sich ein Urteil über den Mann zu bilden: derb und herzlich, vollblütig – was darauf schließen ließ, daß er es liebte, gut zu essen und viel zu trinken –, mit einem fetten Lachen und von dröhnender Geschwätzigkeit. Es war abzuwarten, ob sich hinter dem jovialen Gehaben und der offenen Vertraulichkeit ein listen- und ränkereicher Geist verbarg. Bartolomeo hatte den Ruf, ein guter Geschäftsmann zu sein, der sich auf einen scharfen Handel verstand. Machiavelli lenkte das Gespräch auf Imola und die Zustände daselbst. Bartolomeo verbreitete sich in beredtem Lob über den Herzog. Er habe sich gewissenhaft an die Kapitulationsbedingungen gehalten; die Summe, die er bei der Besetzung der Stadt eingetrieben habe, sei nicht übersetzt, und er habe die Absicht, viel aufzuwenden, um Imola zu einer schöneren, prächtigeren Stadt zu machen. Imola sei ja die Hauptstadt seines neuerworbenen Staates. Er lasse Pläne entwerfen für den Bau eines neuen Palastes für sich selbst, eines neuen Versammlungshauses für die Kaufmannschaft und eines Armenhospitals. In der Stadt herrsche Ordnung; Verbrechen hätten abgenommen, und die Rechtsprechung sei schnell und wohlfeil. Arm und reich seien gleich vor dem Gesetz. Der Handel blühe; Bestechung und Korruption hätten aufgehört. Der Herzog interessiere sich für die landwirtschaftliche Nutzung des Landes und habe Auftrag erteilt, alles nur Denkbare zu ihrer Förderung zu unternehmen. Die Truppen seien außerhalb der Stadt untergebracht, der dadurch die Kosten für deren Unterhalt erspart blieben. Kurz und gut, für Imola beginne eine Zeit des Wohlstandes, und alle und jeder seien zufrieden.

»Möge sie lange dauern!« sagte Machiavelli freundlich. »Aber was wird mit euch geschehen, wenn die Unterführer des Herzogs ihn stürzen und mit ihren Streitkräften in die Stadt einrücken?«

Bartolomeo brach in schallendes Gelächter aus und schlug sich auf die Schenkel.

»Die zählen nicht! Sie wissen, daß sie ohne den Herzog machtlos sind, und werden sich mit ihm einigen. Glaubt mir, es wird sich alles in Wohlgefallen auflösen.«

Machiavelli war sich nicht recht klar, ob Bartolomeo glaubte, was er sagte, glauben wollte, was er sagte, oder sagte, was er ihn glauben machen wollte. Machiavelli war sich auch noch nicht klar, ob der Mann dumm oder gescheit war. Diese Offenheit, diese Begeisterung, diese arglose Miene und die lächelnden, freundlichen Augen konnten alles mögliche verbergen. Er wechselte den Gegenstand des Gesprächs.

»Ihr wart so liebenswürdig zu sagen, Ihr würdet mir gerne einen Gefallen erweisen. Könnt Ihr mir sagen, wo ich mit Piero und den Dienern Unterkunft finden kann?«

»Ich wünschte, Ihr hättet mich alles andere gefragt!« Bartolomeo lachte laut. »Wir haben hier den Herzog mit seinem Hof und allem, was dazu gehört, den Dichtern, Malern, Architekten, Ingenieuren, gar nicht zu reden von den Leuten aus seinen anderen Ländern, die sich hier in Geschäften aufhalten, und von den Kaufleuten, von den Händlern mit diesem und jenem, die es hergezogen hat, weil man hier Geld machen kann. In der ganzen Stadt ist auch kein Plätzchen und kein Winkel mehr frei.«

»Ich möchte nicht länger hierbleiben als nötig, aber ich stehe im Dienst der Signoria. Ich kann meine Geschäfte nicht in einer Klosterzelle erledigen. Ich muß Unterkunft für Piero und meine Diener finden.«

»Ich will meine Schwiegermutter fragen. Sie kennt sich in solchen Sachen besser aus als ich. Ich werde sie rufen.«

Er verließ das Zimmer, und als er nach kurzer Zeit zurückkam, forderte er die Gäste auf, ihm zu folgen. Er führte sie in einen viel größeren Raum mit schön bemalten Wänden und einem Kamin. Die Damen saßen vor dem Feuer bei der Arbeit. Sie erhoben sich, als die Fremden eintraten, und erwiderten deren tiefe Verbeugung mit einem Knicks. Eine der Frauen war in mittleren Jahren und von angenehmem Aussehen.

»Meine Schwiegermutter, Monna Caterina Cappello«, sagte Bartolomeo. »Und das ist meine Frau.«

Sie war jung genug, um seine Tochter zu sein. Nach der Mode der Zeit waren ihre von Natur dunklen Haare hellblond gefärbt, und da die dunkle Haut italienischer Frauen dazu nicht paßt, waren Gesicht, Hals und Busen mit weißem Puder bedeckt. Der Gegensatz zwischen ihren goldfarbenen Haaren und den schönen schwarzen Augen war sehr eindrucksvoll. Ihre Augenbrauen waren bis auf einen dünnen Strich ausgezupft. Sie hatte eine kleine, gerade Nase und einen reizenden Mund. Sie war in helles Grau gekleidet, mit einem weiten Rock, gebauschten Ärmeln und einem Leibchen, das ihrer schlanken Gestalt eng angepaßt und im Viereck tief ausgeschnitten war, um den hellen Busen zu zeigen. Ihre Schönheit hatte einen jungfräulichen Zug und strahlte zugleich Reife aus – eine höchst anziehende Mischung. Obwohl sein Gesicht nichts davon andeutete, empfand Machiavelli ein sonderbares Gefühl an der Stelle, die er sein Herz zu nennen beliebte. ›Eine sehr hübsche junge Frau‹, sagte er sich. ›Ich würde gerne mit ihr zu Bett gehen.‹

Während die beiden Damen Stühle für die Gäste herbeibrachten, setzte Bartolomeo Monna Caterina die schwierige Lage auseinander, in der sich Machiavelli befand, und fügte hinzu, er habe in Piero einen noch nie gesehenen Vetter gefunden. Beide Frauen lächelten den Jungen an, als ihnen das Verwandtschaftsverhältnis erklärt wurde, und Machiavelli bemerkte mit Vergnügen, daß Bartolomeos Frau gute Zähne hatte, klein, ebenmäßig und weiß.

»Wollen die Herren nicht eine Erfrischung?« fragte Monna Caterina.

Sie war ähnlich gekleidet wie ihre Tochter, nur in dunklere Farben, und da es sich für eine ältere, ehrbare Frau nicht gehörte, die Haare zu färben oder die Wangen zu schminken, war sie, wie die Natur sie gemacht hatte; sie hatte aber die gleichen schönen schwarzen Augen wie ihre Tochter und mußte in ihrer Jugend ebenso schön gewesen sein. Machiavelli sagte, sie hätten bereits gefrühstückt, aber sein Gastgeber bestand darauf, sie sollten wenigstens einen Becher Wein trinken.

»Aurelia, geh und ruf Nina!« sagte er zu seiner Frau.

Die junge Frau ging. Er wiederholte seiner Schwiegermutter, was ihm Machiavelli von seinen Nöten erzählt hatte.

»Es ist unmöglich. In der ganzen Stadt gibt es kein Zimmer zu vermieten. Doch wartet! Da der Herr eine Person von Rang und dieser junge Mann Euer Vetter ist, würde Serafina sie vielleicht aufnehmen. Sie hat sich immer geweigert, Mieter zu nehmen; erst kürzlich sagte ich ihr, es sei jammerschade, das Zimmer leerstehen zu lassen, wenn Leute jeden Preis bezahlen, um nur ein Dach über dem Kopf zu haben.«

Bartolomeo erklärte, Serafina sei die Witwe eines seiner Vertreter in der Levante, und das von ihr bewohnte Haus gehöre ihm. Ihr ältester Sohn arbeite in seiner Niederlassung in Smyrna, und sie habe zwei Kinder, die bei ihr lebten, einen Jungen, der Priester werden solle, und ein vierzehnjähriges Mädchen. Ihretwegen – damit sie nicht den Gefahren schlechter Gesellschaft ausgesetzt seien – habe Serafina es stets abgelehnt, Fremde ins Haus zu nehmen.

»Sie könnte es Euch kaum verweigern, mein Sohn, wenn Ihr darauf besteht.«

Es war komisch, Monna Caterina diesen dicken Mann als ihren Sohn anreden zu hören; denn sie mochte nicht mehr als drei Jahre älter sein als er.

»Ich selbst will Euch hinbringen«, sagte Bartolomeo. »Ich bin überzeugt, es wird sich machen lassen.«

Aurelia kam zurück, und hinter ihr kam eine Dienerin, die

ein Tablett mit Gläsern, einer Flasche Wein und Süßigkeiten trug. Aurelia setzte sich und nahm ihre Arbeit wieder auf.

»Messer Niccolo hat dir das Linnen gebracht, Liebste«, sagte Bartolomeo. »Du kannst also mit der Arbeit an meinen Hemden beginnen.«

»Weiß Gott, Ihr braucht ein paar neue!« sagte Monna Caterina.

Aurelia lächelte, sagte aber nichts.

»Ich möchte Euch zeigen, wie wundervoll meine Frau stickt.«

Bartolomeo trat zu Aurelia und ergriff das Wäschestück, an dem sie arbeitete.

»Nein, Bartolomeo, das sind Weibersachen!«

»Wenn Messer Niccolo noch kein Damenhemd gesehen hat, dann ist es höchste Zeit für ihn.«

»Ich bin ein verheirateter Mann, Monna Aurelia«, sagte Machiavelli mit einem Lächeln, das sein hageres Gesicht gar nicht reizlos erscheinen ließ.

»Seht Euch doch an, wie fein ihre Arbeit ist und wie elegant ihr Entwurf!«

»Ist's möglich – sie entwirft das selbst?«

»Selbstverständlich. Sie ist eine Künstlerin.«

Machiavelli machte ein passendes Kompliment und reichte ihr das Wäschestück zurück. Sie dankte ihm mit einem Lächeln ihrer strahlenden Augen. Nachdem sie von den Süßigkeiten gegessen und einen Becher Wein getrunken hatten, schlug Bartolomeo vor, die Gäste zur Witwe Serafina zu bringen.

»Ihr Haus liegt unmittelbar hinter dem unseren«, sagte er.

Machiavelli und Piero folgten ihm die Treppe hinab und über einen kleinen Hof mit einem Ziehbrunnen mit gemeißelter Einfassung. An einem Kastanienbaum, dessen Blätter nach dem ersten Herbstfrost verstreut auf der Erde lagen, vorbei gelangten sie zu einer kleinen Pforte, die auf ein enges Gäßchen hinausführte.

»Hier sind wir«, sagte Bartolomeo.

Das einsame Gäßchen brachte Machiavelli auf den Gedanken, daß man ihn hier wahrscheinlich ohne gesehen zu werden aufsuchen könnte. Bartolomeo klopfte, und nach einem Augenblick wurde die Tür von einer mageren, großen Frau geöffnet. Sie hatte ein faltiges Gesicht, dunkle, blasse Haut, mürrische Augen und ergrautes Haar. Ihr mißtrauischer Blick änderte sich, als sie sah, wer geklopft hatte, und sie setzte eine Miene überschwenglichen Willkommens auf. Sie bat die drei, einzutreten.

»Dies ist Messer Niccolo Machiavelli, Erster Sekretär der Zweiten Staatskanzlei und Gesandter der florentinischen Republik an den Herzog, und dieser junge Mann ist mein Vetter Piero, Neffe meines guten Freundes und Verwandten Biagio Bounaccorsi.«

Monna Serafina führte sie in das Wohnzimmer, und Bartolomeo erklärte ihr den Zweck ihres Besuches. Monna Serafinas Gesicht verdüsterte sich.

»Oh, Messer Bartolomeo, Ihr wißt, ich habe alle abgewiesen! Bedenkt doch, mit zwei Kindern im Haus! Und Leute, die man nicht kennt!«

»Ich weiß, ich weiß, Serafina, aber dies hier sind Herren, für die ich einstehe. Piero ist mein Vetter; er wird Eurem Luigi ein guter Freund sein.«

Das Gespräch nahm seinen Verlauf. Bartolomeo verstand es, in seiner derben, offenen Art der widerstrebenden Frau vorzuhalten, daß das Haus ihm gehöre, daß er sie, wenn er wolle, auf die Straße setzen könne, und daß ihr ältester Sohn bei ihm angestellt sei; all dies brachte er jedoch auf so freundliche, schnurrige Weise vor, daß es Machiavellis Bewunderung erregte. Wie beschränkt dieser Mann auch aussah, war er doch kein Einfaltspinsel. Serafina war arm und konnte es sich nicht erlauben, Bartolomeo zu beleidigen. Mit einem verbissenen Lächeln sagte sie, sie würde sich freuen, ihm und seinen Freunden einen Gefallen zu erweisen. Es wurde festgesetzt, daß Machiavelli ein Zimmer haben könne und das Wohnzimmer benützen dürfe; Piero würde das Zimmer mit ihrem Sohn Luigi teilen müssen, während sie für die beiden Knechte in der Bodenkammer Matratzen auflegen wolle. Der Betrag, den sie für die Miete forderte, war hoch, und Bartolomeo machte eine diesbezügliche Bemerkung, doch Machiavelli hielt es für unter seiner Amtswürde, zu feilschen, und sagte, er bezahle ihn mit Vergnügen. Er wußte, daß man einen Menschen durch nichts besser für sich einnehmen kann, als daß man sich von ihm ein wenig übers Ohr hauen läßt. Die Fenster hatten natürlich kein Glas, doch gab es Fensterläden und auch Rahmen mit Ölpapier, die teilweise oder ganz zu öffnen waren, um Luft und Licht hereinzulassen. Die Küche hatte einen offenen Kamin, und das Wohnzimmer konnte durch eine Kohlenpfanne erwärmt werden. Serafina erklärte sich bereit, Machiavelli ihr eigenes Zimmer zu überlassen und mit ihrer Tochter in einen kleineren Raum im Erdgeschoß zu ziehen.

9

Nachdem die Frage der Unterkunft gelöst war, verabschiedete sich Bartolomeo, und Machiavelli und Piero begaben sich zum Mittagsmahl in den ›Goldenen Löwen‹ zurück. Als sie gerade fertig waren, trafen die beiden Knechte mit den Pferden und dem Gepäck aus Scarperia ein. Machiavelli befahl Piero, ihnen den Weg zum Kloster zu zeigen, damit sie die Satteltaschen holten, die sie dort gelassen hatten.

»Bring den Ballen Linnen in Messer Bartolomeos Haus und ersuche die Magd, ihn den Damen zu übergeben. Das Mädel sieht gar nicht übel aus; es wäre vielleicht der Mühe wert, wenn du mit ihr ein Gespräch anfingst. Geh dann zurück zu Serafina und warte auf mich!«

Er machte eine kurze Pause.

»Sie ist ein geschwätziges Weib und bestimmt eine Klatschbase. Setz dich zu ihr in die Küche. Sie wird froh sein, Gesellschaft zu haben. Laß sie über ihre Kinder reden, und erzähle du ihr von deiner Mutter. Versuch dann, über Bartolomeo, seine Frau und seine Schwiegermutter herauszukriegen, was du kannst. Serafina ist ihm zu sehr verpflichtet, um nicht irgendeinen Groll gegen ihn zu hegen. Du hast ein offenes, ehrliches Gesicht; bist noch ein Junge. Wenn du ihr Vertrauen gewinnen kannst, dann wird sie dir ihr Herz ausschütten. Es wird eine gute Übung für dich sein, zu lernen, wie man mit freundlichen Worten und schöner Rede jemanden dahin bringen kann, den Haß zu verraten, der ihm im Herzen sitzt.«

»Aber, Messer Niccolo, warum seid Ihr so überzeugt, daß sie ihn haßt?«

»Ich bin davon gar nicht überzeugt. Vielleicht ist sie nur ein dummes, schwatzhaftes Weib. Die Tatsache steht fest, daß sie arm und er reich ist und daß sie auf seine Großmut angewiesen ist; die Last der Dankbarkeit ist sehr schwer zu tragen. Glaub mir, es ist leichter, deinem Feind die Übeltaten zu vergeben, die er dir zufügt, als deinem Freund die Wohltaten, die er dir erweist.«

Er lächelte säuerlich und ging seines Weges. Er hatte mit dem florentinischen Agenten verabredet, sich mit ihm bei einem Landsmann, Giacomo Farinelli, zu treffen, der mit den Medici zusammen verbannt und, als geschickter Buchhalter, vom Herzog angestellt worden war. Farinelli sehnte sich jedoch, nach Florenz zurückzukehren und sein beschlagnahmtes Eigentum wiederzuerlangen, und so konnte man sich darauf verlassen, daß er sich nützlich machen werde. Er bestätigte, was Machiavelli von Bartolomeo gehört hatte. Des Herzogs neue Untertanen waren mit seiner Herrschaft zufrieden. Die Verwaltung war streng, aber gerecht. Das Volk, das unter der Tyrannei seiner kleinen Herrscher gestöhnt hatte, genoß die Erlösung von der Unterdrückung, unter der es ein Jahrhundert lang gelitten hatte. Der Herzog hatte sich durch Wehrpflicht – indem er von jedem Haushalt in seinen Besitzungen je einen Mann zum Militärdienst einzog – eine Streitmacht geschaffen, die weit verläßlicher war als die Söldner, aus denen damals allgemein die Heere bestanden. Die französischen Schweren Reiter und die Gascogner konnten jeden Augenblick von ihrem König zurückberufen werden; die Schweizer waren stets bereit, überzulaufen, wenn eine andere Macht es ihnen lohnend erscheinen ließ, und die Deutschen verwüsteten das Land, das sie durchzogen, und terrorisierten die Bevölkerung. Des Herzogs Soldaten waren stolz auf die rot-gelbe Uniform, in die er sie gesteckt hatte; sie waren gut besoldet, gut ausgebildet und gut bewaffnet, und es war ihm gelungen, in ihnen ein Gefühl der Treue zu wecken.

»Und wie steht's mit den Feldhauptleuten, mit Vitellozzo und mit den Orsini?« fragte Machiavelli.

Man habe von ihnen nichts Neues gehört. Kein Mensch wisse, was sie trieben.

»Wie ist die Stimmung im Palast?«

»Man könnte glauben, daß überhaupt nichts los ist«, sagte Farinelli. »Der Herzog hüllt sich in Schweigen und verläßt seine Gemächer nicht. Die Sekretäre deuten durch nichts an, daß ein Grund zur Besorgnis vorliege. Ich habe Messer Agapito niemals besser gelaunt gesehen.«

Machiavelli runzelte die Stirn. Er stand vor einem Rätsel. Es war klar, daß irgendein Sturm aufzog. Obwohl der Buchhalter bestimmt bereit war, alles auszuplaudern, mußte sich Machiavelli sagen, daß er am Schluß genauso gescheit war wie zuvor. Er kehrte in sein Quartier zurück, wo ihn Piero erwartete.

»Hast du das Linnen abgeliefert?« fragte er.

»Ja. Messer Bartolomeo war im Palast. Die Magd bat mich, zu warten, bis sie den Ballen den Damen gebracht hätte, und sagte mir dann, als sie zurückkam, sie wollten mir persönlich danken, und so ging ich hinauf.«

»Du hast dich also nicht mit dem Mädchen angefreundet, wie ich dir gesagt hatte?«

»Es war keine Gelegenheit dazu.«

»Du hättest sie tätscheln oder ihr wenigstens sagen können, daß sie hübsch ist. Dazu wäre wohl Gelegenheit gewesen.«

»Die Damen waren sehr liebenswürdig zu mir. Sie gaben mir Obst und Kuchen und Wein. Sie stellten eine Menge Fragen über Euch.«

»Was haben sie gefragt?«

»Sie wollten wissen, wie lange Ihr verheiratet seid, wen Ihr geheiratet habt und wie Monna Marietta aussieht.«

»Und hast du mit Serafina gesprochen?«

»Ihr habt recht gehabt, was sie betrifft. Wenn Ihr nicht gekommen wäret, würde sie noch jetzt plappern. Ich dachte, sie hört niemals auf.«

»Erzähl mir!«

Als Piero dann geendet hatte, lächelte Machiavelli ihn freundlich an.

»Das hast du sehr gut gemacht. Ich wußte, daß ich recht hatte; ich wußte, daß deine Jugend die alternde Frau rühren und dein offener, unschuldiger Blick es ihr leichter machen werde, sich auszusprechen.«

Piero hatte eine ganze Menge erfahren. Bartolomeo stand beim Herzog in hoher Gunst. Er war einer der ersten Männer der Stadt. Er war ehrbar, freundlich, freigebig und fromm. Dies war seine dritte Ehe. Seine erste Ehe war von seinen Eltern verabredet worden, und seine Frau war nach acht Jahren an der Cholera gestorben. Nach einer angemessenen Wartezeit hatte er nochmals geheiratet, aber elf Jahre später war auch seine zweite Frau gestorben. Beide Frauen hatten ihm hübsche Mitgiften gebracht, aber keine hatte ihm ein Kind geboren. Er war drei Jahre lang Witwer geblieben und hatte dann plötzlich Aurelia geheiratet. Sie stammte aus Sinigaglia, einer Hafenstadt an der Adria, und ihr Vater war Eigentümer und Kapitän eines Küstenschiffs gewesen, das Waren in die dalmatinischen Häfen brachte. Bei einem Sturm war er mit dem Schiff untergegangen, und seine Witwe war in solche Armut geraten, daß sie sich als Näherin ihren Lebensunterhalt verdienen mußte. Sie hatte drei Töchter – ein Sohn war mit dem Vater ertrunken –, und zwei der Töchter waren verheiratet. Aurelia war sechzehn gewesen, als Bartolomeo durch einen Zufall auf sie aufmerksam geworden war. Ihre jungfräuliche Schönheit hatte tiefen Eindruck auf ihn gemacht, aber Aurelia war weder nach Familie noch Vermögen die richtige Partie für einen Mann seiner Stellung gewesen; trotz ihrer Jugend hatte sie allerdings eine gewisse Reife, die Fruchtbarkeit andeutete, und das war ausschlaggebend für Bartolomeo; denn es gab auf Erden nichts, was er so sehr begehrte wie einen Sohn. Zu Lebzeiten seiner beiden Frauen hatte er sich zu diesem Zweck Weiber niederen Standes gehalten, doch keins dieser außerehelichen Verhältnisse hatte ihm einen Sprößling beschert. Der Umstand, daß Monna Caterina sechs Kinder gehabt hatte (zwei waren in jungen Jahren gestorben), bewies, daß ihr Stamm fruchtbar war, und durch vorsichtige Erkundigungen hatte er herausbekommen, daß Aurelias ältere Schwestern bereits je drei oder vier Kinder hatten. Sie hatten in der Tat in jedem Jahr einmal geboren, mit der Regelmäßigkeit, wie sie sich für gesunde junge Personen weiblichen Geschlechtes schickte. Aber Bartolomeo war vorsichtig. Er hatte schon zweimal unfruchtbare Frauen geheiratet und wollte es nicht ein drittes Mal tun. Durch einen Mittelsmann machte er Monna Caterina den Vorschlag, sie und ihre Tochter, mit reichlichem Taschengeld versehen, in einer seiner Villen außerhalb Imolas unterzubringen, und versprach, ein Kind, das geboren würde, anzuerkennen. Er ging so weit, dem Mittelsmann zu gestatten, die Möglichkeit einer Heirat anzudeuten, falls es ein Knabe wäre. Monna Caterina wies jedoch, sei es aus religiösen Bedenken, sei es aus gesundem Menschenverstand, das Angebot empört zurück. Ihr verstorbener Gatte sei zwar nicht mehr als Kapitän eines kleinen Küstenschiffes, jedoch ein ehrenhafter Mann gewesen, und ihre beiden Töchter seien anständig, wenn auch nicht reich verheiratet. Bevor sie ihr geliebtes Kind als die ausgehaltene Mätresse eines Kaufmanns sähe, wolle sie sie lieber in ein Kloster stecken. Bartolomeo ließ die heiratsfähigen jungen Frauen von Imola im Geiste an sich vorüberziehen; es fiel ihm aber keine ein, die ihn so anzog wie Aurelia oder ihm eher den ersehnten Sohn zu versprechen schien. Er war ein Geschäftsmann – und ein vernünftiger Geschäftsmann. Er wußte, wenn man etwas unbedingt haben wollte und es nicht zum gebotenen Preis bekam, konnte man nur eines tun, und zwar, den dafür verlangten Preis bezahlen. Wohl oder übel machte er einen Heiratsantrag – und er wurde sogleich angenommen.

Bartolomeo war nicht nur ein Geschäftsmann, sondern auch ein schlauer Mann. Aurelia war zwanzig Jahre jünger als er; er fand es ratsam, daß sie jemanden um sich hätte, der sie im Auge behielte. Er forderte Monna Caterina auf, bei ihm und seiner jungen Frau zu leben.

Hier hatte Serafina gekichert.

»Der alte Narr traut ihr. Aber man sehe sie sich doch an; das ist nicht die Frau, die ihrem Manne treu war. Man kann so was gleich sehen. Während ihr Mann auf dem Meer herumgefahren ist, ist sie gewiß nicht immer so schrecklich tugendhaft gewesen.«

»Sie kann offensichtlich Monna Caterina nicht leiden«, sagte Machiavelli. »Ich frage mich, warum. – Vielleicht wollte sie selbst Bartolomeo heiraten und ihre Kinder von ihm adoptieren lassen. Vielleicht ist's nur Neid. Es ist vermutlich ganz unwichtig, aber es kann nicht schaden, das zu wissen.«

Die Ehe war glücklich, und Bartolomeo war entzückt von seiner jungen Frau. Er schenkte ihr elegante Kleider und schönen Schmuck. Sie war gehorsam, ehrerbietig, unterwürfig, kurz alles, was eine Frau sein soll; aber obwohl sie drei Jahre verheiratet waren, hatte sie noch kein Kind gehabt und zeigte auch keine Anzeichen, eins zu bekommen.

Das war das große Kreuz im Leben Bartolomeos; und jetzt, da er einen Adelstitel zu vererben hatte, wünschte er sich einen Sohn mehr denn je.

»Ließ Monna Serafina eine Andeutung fallen, daß die schöne Aurelia ihrem alten Mann vielleicht untreu ist?« fragte Machiavelli mit einem Lächeln.

»Nein. Sie geht selten aus, außer zur Messe, und dann auch nur in Begleitung ihrer Mutter oder einer Magd. Monna Serafina sagt, sie sei sehr fromm. Sie würde es für eine Todsünde halten, ihren Mann zu betrügen.«

Machiavelli dachte nach.

»Als du mit den Damen über mich sprachst, da hast du zufällig erwähnt, daß Monna Marietta schwanger ist?« Der Junge errötete.

»Ich dachte, das mache nichts.«

»Gar nichts. Ich bin froh, daß sie es wissen.«

Machiavelli lächelte bedeutsam, aber Piero verstand die Bedeutung dieses Lächelns nicht. Wie erwähnt, hatte Machiavelli Marietta nicht aus Liebe geheiratet. Er achtete sie, er schätzte ihre guten Eigenschaften, und es gefiel ihm, daß sie ihm ergeben war. Sie war eine sparsame Hausfrau – ein wichtiger Umstand für jemand wie ihn mit seinen geringen Mitteln – und verschwendete auch nicht einen Groschen; sie würde die Mutter seiner Kinder sein, und eine gute Mutter dazu; alle Gründe sprachen dafür, ihr mit Nachsicht und Neigung zu begegnen, aber es war ihm nie eingefallen, daß er ihr treu bleiben müßte. Aurelias Schönheit hatte ihm den Atem verschlagen, doch es war nicht ihre Schönheit allein, die ihn so bewegt hatte: er konnte sich auch keiner Frau erinnern, die seine Sinnlichkeit so augenblicklich und ungeheuer erregt hätte. Er hatte geradezu Magenschmerzen von der Stärke seiner Begierde.

›Ich werde diese Frau besitzen, und wenn ich dafür sterben müßte‹, sagte er sich.

Er kannte sich recht gut aus bei Frauen, und es geschah nur

selten, daß er abgewiesen wurde. Er machte sich über sein Äußeres nichts vor; er wußte, daß andere Männer schöner waren als er und daß viele ihn an Reichtum und Stellung übertrafen. Doch er vertraute seiner Anziehungskraft. Er konnte die Frauen unterhalten, er verstand so richtig, ihnen zu schmeicheln, er hatte die Gabe, eine Atmosphäre der Zwanglosigkeit um sich zu verbreiten, und vor allem begehrte er sie; das wußten sie ganz genau, und das erregte sie.

»Wenn eine Frau mit allen Nerven ihres Leibes empfindet, daß du sie haben willst, dann kann sie dir nur widerstehen, wenn sie in einen andern leidenschaftlich verliebt ist«, hatte er einmal zu Biagio gesagt.

Es war unmöglich, anzunehmen, daß Aurelia ihren dicken Gatten liebte, einen um so viele Jahre älteren Mann, mit dem ihre Mutter sie verheiratet hatte, weil es ein gutes Geschäft war. Aber Bartolomeo mußte doch wissen, daß es in der Stadt junge Männer gab, zügellose Gesellen vom Hofe des Herzogs, denen Aurelias Schönheit aufgefallen war, und er war gewiß auf der Hut. Der Diener hatte mißtrauische Augen unter den buschigen Brauen und war ein mürrischer Geselle mit einer großen, knochigen Nase und einem grausamen Mund; wohl möglich, daß er den Auftrag hatte, seiner jungen Herrin nachzuschnüffeln. Und dann war noch die Mutter da. Serafina hatte gesagt, Monna Caterina sei in ihrer Jugend ein leichtes Tuch gewesen, und das konnte schon stimmen. Sie besaß die kühnen, schweifenden Augen einer Frau, die Abenteuer gehabt hat, und obwohl sich ihre Tugendhaftigkeit vielleicht nicht empören würde, wenn sich ihre Tochter einen Geliebten nähme, war es doch ein Wagnis. Machiavelli war zu dem Schluß gelangt, daß Bartolomeo ein eitler Mann war, und er wußte, daß niemand so rachsüchtig sein konnte wie ein eitler Mensch, der entdeckt hat, daß er zum Narren gehalten worden ist. Machiavelli nahm sich keine leichte Aufgabe vor, aber das störte ihn nicht; er hatte Selbstvertrauen, und die Schwierigkeiten machten die Sache nur noch fesselnder. Es war klar, er mußte Bartolomeo um den Bart streichen und ihn in Sicherheit wiegen, und es war ratsam, sich mit Monna Caterina gutzustellen. Serafina durch Piero ausfragen zu lassen, war ein vernünftiger Einfall gewesen; damit hatte er eine Vorstellung von der Lage gewonnen. Aber er mußte mehr erfahren, und dann könnte vielleicht sein erfinderischer Geist irgendeinen Plan aushecken. Er wußte, daß es sinnlos war, sich den Kopf zu zerbrechen. Er mußte auf einen Einfall warten.

»Gehen wir abendessen!« forderte er Piero auf.

Sie gingen in den ›Goldenen Löwen‹ und kehrten nach dem Essen in ihr Quartier zurück. Serafina hatte die Kinder zu Bett gebracht und saß in der Küche, wo sie ein Paar Strümpfe stopfte. Machiavelli schickte Piero ins Zimmer hinauf, das der mit ihrem Sohn teilte, und setzte sich zu ihr, nachdem er sie vorher höflich gefragt hatte, ob er sich an ihrem Feuer wärmen dürfe. Er hatte das Gefühl, daß Monna Caterina sehr bald herüberkommen werde, um Serafina über ihn auszuholen, und er wollte, daß sie gut über ihn reden sollte. Er konnte sehr bezaubernd sein, wenn er wollte, und jetzt wollte er. Er erzählte ihr von seiner Sendung an den Hof des französischen Königs, teils weil er wußte, es würde sie interessieren, aber noch mehr, um sie auf seine eigene Wichtigkeit aufmerksam zu machen; er sprach vom König und von dessen Minister, dem Kardinal, als stünde er mit ihnen auf vertrautem Fuß, und er erzählte ihr erheiternde Skandalgeschichten von den galanten Abenteuern großer Damen. Dann wechselte er das Thema; er erzählte ihr von Marietta und wie schwer es gewesen sei, sie in ihrer Schwangerschaft allein zu lassen, und wie sehr er sich danach sehne, nach Florenz und in sein glückliches Heim zurückzukehren. Serafina hätte schon eine sehr gescheite Frau sein müssen, um daran zu zweifeln, daß er wirklich der gute, aufopfernde Gatte, der aufrechte, ehrliche Mann war, für den er sich ausgab. Er hörte dann mit mitfühlender Teilnahme zu, als sie ihm von Krankheit und Tod ihres

Mannes erzählte, von besseren Zeiten, die sie erlebt hatte, und von der Verantwortung, zwei noch halbwüchsige Kinder zu haben und für die Welt vorzubereiten. Selbstverständlich hielt sie ihn für einen entzückenden, vornehmen und freundlichen Mann. Als er ihr erzählte, er sei von zarter Gesundheit, habe eine Verdauung, die die Plage seines Lebens sei, und könne das Essen im ›Goldenen Löwen‹ nicht vertragen, da er an die Hausmannskost Monna Mariettas gewöhnt sei, ergab es sich für Serafina ganz von selbst, zu sagen, sie werde gerne für ihn und Piero kochen, wenn er nicht zu stolz sei, die Mahlzeiten zusammen mit ihr und den Kindern einzunehmen. Das paßte ihm ausgezeichnet; so würde er Geld sparen, und es würde auch sonst bequemer sein. Er verließ sie, nachdem er den beabsichtigten Eindruck gemacht hatte, begab sich ins Zimmer hinauf und las beim Kerzenlicht seinen Livius, bis ihn der Schlaf überkam.

10

Machiavelli blieb am nächsten Morgen lange im Bett. Er las einen Gesang des ›Inferno‹. Obwohl er das edle Gedicht fast auswendig kannte, versetzte es ihn wie stets in gehobene Stimmung; er konnte es nie lesen, ohne von der Schönheit der Sprache begeistert zu sein; im Hintergrund seiner Gedanken schwebte jedoch das Bild Aurelias, wie sie sittsam über ihre Stickerei gebeugt dasaß, und bisweilen ließ er das Buch sinken, um einigermaßen unzüchtigen Vorstellungen nachzuhängen. Er fragte sich, wie er es um alles in der Welt bewerkstelligen könnte, sie wiederzusehen. Natürlich war es möglich, daß sie ihm bei einem Wiedersehen nicht mehr so begehrenswert erschiene, und in einer gewissen Beziehung wäre das ein Segen, denn er hatte genug zu tun, ohne sich noch auf Liebeshändel einzulassen. Andererseits wäre es eine angenehme Ablenkung von seinen politischen Aufgaben. Diese Betrachtungen wurden durch seinen Knecht Antonio unterbrochen, der ihm sagte, Messer Bartolomeo warte unten und wünsche ihn zu sprechen. Machiavelli ließ ihm sagen, er werde sogleich kommen, zog sich rasch an und ging hinunter.

»Verzeiht, daß ich Euch warten ließ, Graf, aber ich beendigte gerade ein Schreiben an die Signoria«, log er ungezwungen.

Bartolomeo wehrte mit einer leichten Gebärde die Anrede mit dem Grafentitel ab, als wollte er damit sagen, das sei eine Kleinigkeit ohne jede Bedeutung. Trotzdem war er offenbar geschmeichelt. Bartolomeo brachte Neuigkeiten. Die stärkste Festung in der Provinz Urbino war San Leo; sie war auf einem steilen, abseits stehenden Felsen gelegen und galt als uneinnehmbar. Es ergab sich, daß die Festung ausgebessert wurde, und eine Anzahl bewaffneter Bauern, die sich das zu Nutzen machten, stürmte das Tor und metzelte die Garnison Il Valentinos nieder. Die Nachricht verbreitete sich mit Windeseile, und auch andere Orte erhoben sich. Il Valentino hatte einen Wutanfall, als man ihm die Meldung überbrachte; offenbar war der Aufstand durch die Verschwörer von La Magione veranlaßt worden, und das konnte nur bedeuten, daß sie beschlossen hatten, den Herzog anzugreifen. Der Palast war in einem Zustand wilder Geschäftigkeit.

»Über welche Streitkräfte kann der Herzog gegenwärtig verfügen?« unterbrach Machiavelli.

»Ihr kommt am besten mit und seht mit eigenen Augen.«

»Ich weiß nicht, ob Seine Exzellenz mir das gestatten würde.«

»Kommt mit mir! Ich gehe jetzt ins Lager. Ich nehme Euch mit.«

Wie ein Blitz fuhr es Machiavelli durch den Kopf, Bartolomeo sei kaum als Freund gekommen, um ihm eine Mitteilung zu machen, die ohnehin nicht lange geheimgehalten werden konnte; er war vielmehr ausdrücklich vom Herzog gesandt worden, diese Einladung vorzubringen. Wie ein Jäger, der im

Wald ein Rascheln im Unterholz hört, war Machiavelli plötzlich auf der Hut; er lächelte jedoch liebenswürdig.

»Ihr müßt ein mächtiger Mann sein, Freund, wenn Ihr im Lager kommen und gehen könnt, wie es Euch beliebt.«

»Nein, das ist nicht der Grund«, widersprach Bartolomeo mit scheinbarer Bescheidenheit. »Der Herzog hat mich an die Spitze derjenigen Bürger gestellt, die mit der Verpflegung der Truppen beauftragt sind.«

»Ihr müßt dabei ein schönes Stück Geld machen«, bemerkte Machiavelli verschlagen.

Bartolomeo brach in ein fettes Lachen aus.

»Einen knappen Nutzen, wenn überhaupt einen. Der Herzog ist nicht der Mann, mit dem man scherzen darf. In Urbino waren die Soldaten nahe daran, zu meutern ob ihrer Verpflegung; als dem Herzog die Angelegenheit vorgebracht wurde und er die Berechtigung der Beschwerden erkannte, ließ er die drei Beauftragten hängen.«

»Ich verstehe wohl, daß Euch das vorsichtig macht.«

Sie ritten ins Lager hinaus, das sich drei Meilen von der Stadt befand. Dort kampierten drei Schwadronen zu je fünfzig Reitern unter spanischen Hauptleuten und weitere hundert Reiter, römische Edelleute, die sich der Heeresmacht des Herzogs aus Abenteuerlust und Ruhmbegierde angeschlossen hatten. Jeder einzelne von ihnen hatte sein eigenes Pferd und als Begleiter einen berittenen Reitknecht und einen Fußsoldaten. Dort lagerten auch zweitausendfünfhundert Söldner, und die zwangsweise eingezogenen Soldaten des Herzogs, sechstausend an Zahl, wurden in zwei Tagen erwartet. Er hatte einen Agenten nach Mailand gesandt, um fünfhundert von den in der Lombardei herumschweifenden Gascogner Abenteurern aufzutreiben, und einen zweiten, um fünfzehnhundert Schweizer anzuwerben. Seine Artillerie war gewaltig und in gutem Zustand. Machiavelli interessierte sich für militärische Angelegenheiten, in denen er bei der erfolglosen Belagerung von Pisa einige Erfahrungen erworben hatte, und tat sich auf seine Kenntnisse etwas zugute. Er hielt die Augen offen. Er stellte eine Menge Fragen an Offiziere und Soldaten und kam durch Prüfung der Antworten – wobei er gelten ließ, was wahrscheinlich klang, und verwarf, was unwahrscheinlich erschien – zu dem Schluß, daß die Streitmacht des Herzogs alles andere als unbedeutend war.

In die Stadt zurückgekehrt, fand er dort eine Botschaft von Agapito da Amalia vor, daß der Herzog ihn um acht Uhr abends zu sprechen wünsche. Nach dem Essen schickte Machiavelli Piero in Bartolomeos Haus, um ihm zu bestellen, er werde an diesem Abend eine Audienz beim Herzog haben; wenn ihn Bartolomeo vielleicht später im ›Goldenen Löwen‹ treffen wolle, könnten sie einen Becher Wein miteinander trinken. Wahrscheinlich würde er doch nur durch ihren Mann mit Aurelia in Verbindung kommen, und er mußte sich deshalb mit ihm anfreunden. Bartolomeo war ein vertrauensseliger Mensch, der gute Stimmung und gute Gesellschaft liebte, und ein solcher Freundschaftsbeweis seitens des Gesandten der Republik konnte nicht verfehlen, seiner Eitelkeit zu schmeicheln.

Machiavelli ging auf sein Zimmer und hielt ein Mittagsschläfchen; er fand es der Mühe wert, sich nochmals mit Serafina zu unterhalten. Er hatte das Gefühl, er könnte aus ihr mehr herausbekommen als Piero. Sie hatte vielleicht aus Vorsicht nur Gutes über Bartolomeo gesprochen; wenn er sich nur einigermaßen auf die menschliche Natur verstand, mußte sie nicht so sehr für die Wohltaten, die ihr der Dickwanst erwiesen hatte, dankbar sein, als ärgerlich über die, die er ihr versagte. Machiavelli hielt sich für gescheit genug, sie dahin zu bringen, ihre wahren Gefühle zu enthüllen.

Nachdem er aufgewacht war, schlenderte er hinunter, als wollte er ins Wohnzimmer; dabei trällerte er ein wenig lauter als notwendig den Refrain eines Florentiner Gassenhauers.

»Seid Ihr da, Monna Serafina?« fragte er, als er an der Küchentür vorbeikam. »Ich dachte, Ihr seiet ausgegangen.«

»Ihr habt eine schöne Stimme, Messere«, sagte sie.

»Tausend Dank. Darf ich einen Augenblick lang eintreten?«

»Mein älterer Sohn hat eine wundervolle Stimme; Messer Bartolomeo hat ihn früher häufig kommen lassen, und dann sangen sie zusammen. Messer Bartolomeo singt Baß. Es ist sonderbar, daß ein so großer und starker Mann eine so schwache Stimme hat.«

Machiavelli spitzte die Ohren.

»Mein Freund Biagio Buonaccorsi, der Vetter Messer Bartolomeos, und ich singen gerne zusammen. Schade, daß ich nicht meine Laute mitbringen konnte! Es wäre mir ein Vergnügen gewesen, Euch ein paar Lieder vorzusingen.«

»Aber mein Sohn hat seine Laute hiergelassen. Er wollte sie mitnehmen, aber sie ist ein wertvolles Instrument, das seinem Vater, meinem armen Gatten, von einem Herrn geschenkt worden war, dem er einen Dienst erwiesen hatte, und ich wollte sie ihm nicht mitgeben.«

»Würdet Ihr sie mich sehen lassen?«

»Drei Jahre lang hat sie jetzt niemand angerührt. Ich befürchte, ein paar Saiten sind gesprungen.«

Doch sie holte die Laute und reichte sie Machiavelli. Es war ein reizendes Instrument aus Zedernholz, mit Elfenbein eingelegt. Er stimmte die Saiten und begann mit leiser Stimme zu singen. Er liebte die Musik nicht nur, er war auch in ihr geübt und hatte zu einigen Liedern die Worte verfaßt und sie selber gesetzt. Als er geendet hatte, bemerkte er Tränen in Serafinas Augen. Er legte die Laute weg und blickte sie freundlich an.

»Ich wollte Euch nicht zum Weinen bringen.«

»Es erinnert mich an meinen Jungen, der jetzt so weit fort und so vielen Gefahren bei diesen Heiden ausgesetzt ist.«

»Es wird für ihn eine gute Schule sein, unter dem Schutze Messer Bartolomeos hat er eine gesicherte Zukunft.«

Sie sah ihn bedrückt an. »Lazarus muß für die Brosamen

dankbar sein, die vom Tische des reichen Mannes für ihn abfallen.«

Ihre bittere Bemerkung bestätigte ihm, daß er mit seinen Vermutungen nicht so unrecht gehabt hatte.

»Die Heilige Schrift versichert uns, daß es im Himmel umgekehrt sein wird«, antwortete er.

Sie lachte auf, aber es tönte eher wie ein Schnauben.

»Er würde die Hälfte seiner Reichtümer dafür geben, meine Kinder zu haben.«

»Es ist seltsam, daß keine von seinen drei Frauen Kinder kriegen konnte.«

»Ihr Männer, Ihr glaubt immer, es sei die Schuld der Frau. Monna Caterina hat einen ganz vernünftigen Kopf auf ihren Schultern sitzen; sie weiß, daß es für beide schiefgehen wird, wenn Aurelia nicht bald ein Kind kriegt. Dann gibt's keine schönen Kleider mehr. Keine Ringe und Armbänder. Ich habe Bartolomeo sein ganzes Leben lang gekannt. Für nichts und wieder nichts gibt er nicht viel her. Monna Caterina weiß schon, warum sie sich Sorgen macht. Sie gibt Fra Timoteo Geld, damit er darum bete, daß Aurelia schwanger werde.«

»Und wer ist Fra Timoteo?« fragte Machiavelli.

»Ihr Beichtvater. Bartolomeo hat gelobt, eine Jungfrau mit Kind zu spenden, wenn Aurelia einen Sohn bekommt. Fra Timoteo nimmt ihnen hübsche Summen ab. Er wickelt sie alle um den Finger und weiß dabei genausogut wie ich, daß der arme Bartolomeo impotent ist.«

Machiavelli hatte mehr erfahren, als er gehofft hatte: ein schöner, einfacher Plan blitzte in seinem Kopfe auf; er hielt es jetzt für richtig, das Gespräch zu beenden, und klimperte lässig auf den Saiten der Laute.

»Ihr habt recht, es ist ein schönes Instrument. Es ist ein Vergnügen, darauf zu spielen. Ich wundere mich nicht, daß Ihr Eurem Sohn nicht erlaubt habt, es in die Fremde mitzunehmen.«

»Ihr seid zu gütig, Messere«, sagte sie. »Wenn es Euch Vergnügen macht, darauf zu spielen, will ich es Euch leihen, solange Ihr hier seid. Ich weiß, Ihr werdet darauf achthaben.«

Machiavelli hatte nicht gewußt, wie er sie zu einem solchen Angebot veranlassen könnte; nun ersparte sie ihm alle weitere Sorge darum. Kein Zweifel – er erreichte immer etwas bei Frauen; es war nur schade, daß die da alt, gelb und hager war; sonst hätte er sich mit ihr einen kleinen Spaß erlaubt. Er dankte ihr auf das wärmste.

»Es wird für mich ein Trost sein, die kleinen Lieder zu singen, die meine Frau so gern hat. Ich bin mit ihr noch nicht lange verheiratet, und sie ist schwanger; es fiel mir schwer, sie zu verlassen. Was konnte ich dagegen tun? Ich bin ein Diener der Republik und muß meiner Pflicht den Vorrang geben vor meiner Neigung.«

Als sich Machiavelli dann empfahl, hatte er Serafina überzeugt, daß er nicht nur eine Persönlichkeit von Rang, sondern auch ein guter Gatte, ein aufrichtiger Freund und ein ehrlicher, bezaubernder und verläßlicher Mensch war.

II

Zur vereinbarten Stunde erschien, von Fackelträgern begleitet, einer der Sekretäre des Herzogs, um ihn zu holen, und Machiavelli machte sich mit einem seiner Diener auf den Weg zum Palast. Der Herzog empfing ihn mit großer Herzlichkeit, was um so überraschender war, als er ihn zwei Abende zuvor zornig entlassen hatte. Jetzt schien er guter Laune zu sein. Er erwähnte den Sturz der Festung von San Leo so nebenbei und zweifelte anscheinend nicht daran, daß er mit den Unruhen in Urbino leicht fertig würde.

Dann sagte er ihm auf eine vertraut-vertrauliche Art, die Machiavelli geschmeichelt hätte, wäre er Schmeicheleien zugänglich gewesen, er habe ihn kommen lassen, um ihm Neuigkeiten zu berichten, die für die Herren der Signoria von

Interesse wären. Er zog ein Schreiben hervor, das er soeben vom Bischof von Arles, dem päpstlichen Legaten in Frankreich, erhalten hatte, worin ihm der Bischof mitteilte, der König und der Kardinal, sein Minister, wollten ihm gefällig sein und hätten – da sie wüßten, er brauche Soldaten für seinen Angriff auf Bologna – Monsieur de Chaumont in Mailand Befehl gegeben, ihm dreihundert Reiter unter Monsieur de Lancres zu senden, und falls der Herzog es wünsche, sollte er mit weiteren dreihundert Reitern selber gegen Parma marschieren. Der Herzog zeigte Machiavelli das Schreiben, damit der dessen Echtheit feststellen könne.

Der Grund für des Herzogs gute Laune lag auf der Hand. Wenn er nach der Einnahme von Urbino nicht gegen Florenz gezogen war, so war dies nur geschehen, weil die Franzosen eine Streitmacht zum Schutze von Florenz geschickt hatten und er daraus nur den einzigen Schluß ziehen konnte, daß er selbst mit ihrer Unterstützung nicht mehr rechnen durfte. Diese Gewißheit war es auch gewesen, die die Feldhauptleute zum Aufstand ermutigt hatte. Wenn die Franzosen aber, aus Gründen, über die man nur mutmaßen konnte, wieder bereit waren, ihm zu helfen, dann hatte sich seine Lage wesentlich gebessert.

»Nun hört mich an, Sekretär«, sagte er. »Dieses Schreiben kam als Antwort auf meine Bitte um Unterstützung für meinen Angriff auf Bologna. Ihr könnt mit eigenen Augen sehen, daß es mir nicht an Kräften fehlen wird, um es mit diesen Schurken aufzunehmen. Sie hätten keinen günstigeren Zeitpunkt wählen können, um die Maske fallen zu lassen. Ich weiß jetzt, gegen wen ich mich zu schützen habe und wer meine Freunde sind. Ich sage Euch dies, damit Ihr Euren Herren schreiben und ihnen erklären könnt, daß ich mich nicht vor dem Sturme beuge. Ich habe gute Freunde, und ich möchte zu ihnen auch die Signoria zählen – wenn sie willens ist, sich bald mit mir zu einigen; wenn aber nicht, dann bin ich mit ihr ein für allemal fertig, und selbst wenn mir das Wasser bis zum Mund reichen sollte, würde ich nicht wieder von Freundschaft sprechen.«

Obwohl das drohende Worte waren, brachte er sie auf so gelassene und freundliche Weise vor, daß sie kaum verletzend klangen. Machiavelli sagte, er werde der Signoria sogleich mitteilen, was ihm der Herzog erklärt habe. Der Herzog wünschte ihm ein herzliches ›Gute Nacht‹.

Als Machiavelli im Gasthof eintraf, fand er dort Bartolomeo, der auf ihn wartete. Sie bestellten Glühwein. Machiavelli bat Bartolomeo um Verschwiegenheit, um das, was er zu sagen hatte, wichtiger erscheinen zu lassen, obwohl er vermutete, daß Bartolomeo es bald erfahren würde, wenn er es nicht gar schon wußte; dann erzählte er ihm, was er vom Herzog gehört hatte. Es schien ihm angemessen, einiges hinzuzudichten; er erzählte Bartolomeo, der Herzog hätte sehr gefällig von ihm gesprochen, und als der Dicke den genauen Wortlaut wissen wollte, fiel es Machiavelli nicht schwer, Einzelheiten zum besten zu geben. Bartolomeo strahlte.

»Ihr seid in Imola bereits der wichtigste Mann, Messer Bartolomeo; wenn der Papst am Leben bleibt und die Sache des Herzogs gedeiht, dann werdet Ihr wohl bald zu den Ersten Italiens zählen.«

»Ich bin nichts weiter als ein Kaufmann. Ich stecke mir nicht so hohe Ziele.«

»Cosimo de Medici war nichts weiter als ein Kaufmann und wurde doch Herr von Florenz, und sein Sohn, Lorenzo der Prächtige, verhandelte als Gleichgestellter mit Königen und Fürsten.«

Der Ausdruck auf Bartolomeos Gesicht bewies, daß der Pfeil getroffen hatte.

»Ist es wahr, daß Euer Weib schwanger geht, Messere?« fragte jetzt Bartolomeo.

»Es ist eine große Freude für mich. Sie rechnet mit der Entbindung irgendwann nach Neujahr.«

»Ihr habt mehr Glück als ich«, seufzte Bartolomeo. »Ich

habe drei Frauen gehabt, und nicht eine hat mir ein Kind geboren.«

»Monna Aurelia ist ein starkes und gesundes junges Weib. Es ist doch kaum möglich, daß sie unfruchtbar ist.«

»Wie kann man es sonst erklären? Wir sind drei Jahre verheiratet.«

»Vielleicht, wenn Ihr sie in die Bäder bringen würdet...«

»Ich bin mit ihr in den Bädern gewesen, und als das nichts half, unternahmen wir eine Pilgerfahrt nach Santa Maria della Misericordia in Alvanio, wo ein wundertätiges Bildnis der Madonna steht, das unfruchtbaren Frauen zur Empfängnis verhilft. Es war vergebens. Ihr könnt Euch vorstellen, was für eine Demütigung es für mich ist. Meine Feinde sagen, ich sei impotent. Das ist ja lächerlich. Wenige Männer sind männlicher als ich. Weiß Gott, ich habe uneheliche Kinder in jedem Dorf in einem Umkreis von zehn Meilen um Imola.«

Machiavelli wußte, daß das eine Lüge war.

»Könnt Ihr Euch vorstellen, daß jemand das Pech hat, drei unfruchtbare Frauen zu heiraten?«

»Ihr dürft nicht verzweifeln, mein Freund. Ein Wunder ist immer möglich, und Ihr habt Euch bestimmt um unsere heilige Kirche sehr verdient gemacht.«

»Das sagt auch Fra Timoteo. Er betet täglich für mich.«

»Fra Timoteo?« fragte Machiavelli, als sagte ihm der Name nichts.

»Unser Beichtvater. Er sagt mir, ich soll nur in Gott vertrauen.«

Machiavelli bestellte mehr Wein. Durch kluge Schmeichelei, indem er nämlich Bartolomeos Rat erbat, wie er sich bei den schwierigen Verhandlungen mit dem Herzog verhalten solle, versetzte er ihn bald in bessere Laune. Dann erzählte der Florentiner eine Reihe recht unanständiger Geschichten, deren er einen großen Vorrat hatte und die er wirkungsvoll vortrug. Bartolomeo lachte schallend; als es zum Aufbrechen kam, war er überzeugt, noch nie einen unterhaltenderen

Menschen getroffen zu haben. Machiavelli hinwieder dachte, er habe diesen Abend ersprießlich verbracht. Er trank mäßig, vertrug aber eine Menge; der Wein, der Bartolomeo ein wenig zu Kopf gestiegen war, hatte auf ihn überhaupt nicht gewirkt. Als er in sein Zimmer zurückkehrte, machte er sich daran, ein langes Schreiben an die Signoria zu verfassen, worin er ihr von seiner Unterredung mit dem Herzog berichtete und meldete, welche Streitkräfte ihm zur Verfügung oder in nächster Bereitschaft standen. Er schrieb fließend und ohne Verbesserungen. Dann überlas er das Geschriebene. Es war ein guter Brief.

12

Il Valentino hatte die Gewohnheit, bis tief in die Nacht hinein zu arbeiten, und er stand daher nicht sehr zeitig auf am Morgen. Seine Sekretäre, die jeweils auch sehr lange beschäftigt waren, machten sich das zunutze, um auch auszuschlafen; darum beschloß Machiavelli am nächsten Morgen, es sich behaglich sein zu lassen, da er nach Absendung seines Schreibens an die Signoria erst nach dem Mittagessen etwas vorhatte. Er las im Livius und schrieb dann ein paar von den Gedanken auf, die ihm bei der Lektüre gekommen waren; dann griff er zum Zeitvertreib nach der Laute, die er sich geliehen hatte. Sie hatte einen schönen, vollen und trotzdem süßen Ton, und er hatte gleich bei den ersten Akkorden bemerkt, daß sie gut zu seinem hellen Bariton paßte. Es war ein sonniger Tag. Er saß am offenen Fenster und genoß die wohltuende Wärme. Irgendwo, nicht allzu ferne, wurde Holz verbrannt, und der Geruch davon war ihm angenehm. Das Gäßchen, das Serafinas Haus von dem Messer Bartolomeos trennte, war so eng, daß ein Esel mit Tragkörben sich kaum hätte hindurchzwängen können, und von seinem Fenster blickte Machiavelli in den kleinen Hof mit der Zisterne und dem Kastanienbaum hinab. Er begann zu singen. Er war an diesem Morgen gut bei Stimme und sang weiter, da ihm der Klang gefiel. Dann bemerkte er, daß das Fenster eines Zimmers gegenüber geöffnet wurde, konnte jedoch nicht sehen, von wem; ja, er konnte nicht einmal die Hand wahrnehmen, die den Rahmen mit Ölpapier festmachte. Aber ein plötzlicher Freudenschauer durchdrang ihn, da er sich einbildete, die unsichtbare Person könne niemand sonst sein als Aurelia. Er sang zwei Lieder, die er besonders gern hatte, beides Liebeslieder, und er war gerade mitten in einem dritten, da wurde das Fenster plötzlich geschlossen, als wäre jemand ins Zimmer gekommen. Das brachte ihn ein wenig aus dem Konzept, und der Verdacht stieg in ihm auf, es könnte die Magd gewesen sein, die von ihrer Herrin nicht dabei ertappt werden wollte, daß sie ihre Arbeit vernachlässigte, um einem Fremden zuzuhören, der im Nachbarhaus sang. Beim Mittagessen brachte er durch ein klug gelenktes Gespräch jedoch heraus, daß das Fenster, das man geöffnet hatte, zu dem ehelichen Schlafzimmer Bartolomeos und seiner jungen Frau gehörte.

Später ging er in den Palast, vermochte aber weder den Herzog noch einen seiner Sekretäre zu sprechen. Er begann eine Unterhaltung mit verschiedenen Menschen, die herumstanden und offensichtlich nichts zu tun hatten, und fragte sie nach Neuigkeiten. Sie wußten nichts; er gewann jedoch den Eindruck, daß sie mindestens wußten, es sei etwas vorgefallen. Was immer es auch war, man machte ein Geheimnis daraus. Er stieß auch bald auf Bartolomeo, der ihm sagte, er sei mit dem Herzog verabredet, der jedoch zu beschäftigt sei, ihn zu empfangen.

»Wir vergeuden hier beide unsere Zeit«, sagte Machiavelli mit seiner üblichen Liebenswürdigkeit. »Gehn wir in den Gasthof auf ein Glas Wein. Wir könnten auch Karten spielen oder, wenn Ihr wollt, eine Partie Schach.«

»Ich liebe Schach.«

Auf dem Wege zum ›Goldenen Löwen‹ fragte Machiavelli, warum denn heute alle im Palast so geschäftig gewesen seien.

»Ich habe keine Ahnung. Ich kann von niemandem etwas erfahren.«

Die leichte Gereiztheit im Tone Bartolomeos ließ Machiavelli vermuten, daß er die Wahrheit sprach. Bartolomeo bildete sich auf seine eigene Bedeutung nicht wenig ein, und die Entdeckung, daß er nicht das volle Vertrauen des Herzogs genoß, demütigte ihn.

»Ich habe gehört, daß nicht einmal die Nächsten etwas erfahren, wenn der Herzog etwas geheimhalten will«, sagte Machiavelli.

»Er war den ganzen Tag mit seinen Sekretären. Ein Bote nach dem andern wurde weggeschickt.«

»Es ist klar, daß etwas geschehen ist.«

»Ich weiß, daß heute früh ein Kurier aus Perugia eingetroffen ist.«

»Ein Kurier oder jemand als Kurier verkleidet?«

Bartolomeo sah ihn rasch an.

»Ich weiß nicht. Was vermutet Ihr denn?«

»Nichts. Ich habe nur gefragt.«

Der Weg zum Gasthof war kurz. Sie bestellten eine große Flasche Wein und verlangten Schachfiguren. Machiavelli war ein guter Spieler, und er brauchte nicht lange, um herauszubekommen, daß Bartolomeo ihm nicht gewachsen war; aber es belustigte ihn, ihm die Partie schwerzumachen und sich zuletzt matt setzen zu lassen. Bartolomeo war von Stolz ganz aufgeblasen und erklärte dann beim Wein genau, welche Fehler Machiavelli begangen hatte und welche Züge er hätte machen sollen, um den Angriff des Gegners zu parieren. Machiavelli warf sich laut seinen Mangel an Voraussicht vor. Auf dem Heimweg bemerkte Bartolomeo:

»Meine Schwiegermutter sagt, sie habe heute früh jemanden in Eurem Hause singen gehört. Eine sehr hübsche Stimme. Wart Ihr das oder mein junger Vetter Piero?«

»Piero hat eine bessere Stimme als ich, aber ich habe gesungen. Ich fühle mich geschmeichelt, daß meine Bemühungen Monna Caterina nicht allzusehr mißfallen haben. Biagio und ich und ein bis zwei andere pflegten uns oft die Zeit mit Singen zu vertreiben.«

»Ich habe selbst einen sehr guten Baß.«

»Piero singt Tenor. Das paßt ja ausgezeichnet zusammen. Wenn Ihr an meiner schlichten Behausung nicht Anstoß nehmt, würde es mir eine große Freude machen, wenn Ihr kämt, sobald Ihr einmal nichts Besseres zu tun habt; wir könnten dann unserer guten Freundin Serafina ein kleines Konzert geben.«

Würde der Fisch den Köder schlucken, der so geschickt ausgeworfen war? Es war nichts davon zu merken.

»Das wollen wir gewiß tun. Es wird mir meine Jugend zurückrufen. Als ich ein junger Kerl in Smyrna war, haben wir Italiener die ganze Zeit gesungen.«

›Geduld!‹ sagte sich Machiavelli. ›Geduld!‹

Er kam nach Hause, nahm ein fettiges Spiel Karten zur Hand und begann eine Patience zu legen; dabei überlegte er sich, was ihm Bartolomeo erzählt und was er von Serafina erfahren hatte. Er hatte einen Plan, und es war ein guter Plan, aber ihn auszuführen, brauchte er Scharfsinn. Je mehr er an Aurelia dachte, desto mehr erregte sie seine Phantasie, und die Vorstellung, er würde Bartolomeo zu dem Kind – wenn nicht gar zu dem Sohn – verhelfen, das er sich so sehr wünschte, machte ihm einen Heidenspaß.

›Es geschieht nicht häufig‹, dachte er, ›daß man eine gute Tat tun kann, die einem gleichzeitig so viel Vergnügen macht.‹

Es war klar, daß er sich bei Monna Caterina einschmeicheln mußte, denn ohne sie konnte er nichts unternehmen; die Schwierigkeit war nur, sich mit ihr auf genügend vertrauten Fuß zu stellen, um ihrer Unterstützung gewiß sein zu können. Sie sah sinnlich aus, und es kam ihm der Gedanke, er könnte vielleicht Piero überreden, mit ihr zu schlafen. Piero war jung. In ihrem Alter mußte sie für so etwas dankbar sein. Er ließ den Gedanken jedoch wieder fallen; es würde seinen Zwecken besser dienen, wenn Piero der Geliebte der Magd würde. Man sagte, Monna Caterina sei in ihrer Jugend leichtsinnig gewesen. Wenn Machiavelli von etwas überzeugt war, dann davon, daß eine Kupplerin in dem Augenblick geboren wird, da eine Frau aufhört, begehrenswert zu sein. Seiner Ansicht nach besaßen Frauen einen natürlichen Instinkt, durch andere die Freuden zu genießen, die ihrem Alter nicht mehr anstanden. Und was läge ihr schon an Bartolomeos Ehre? Es war in ihrem Interesse, daß Aurelia ein Kind bekäme.

Und wie stand es mit diesem Fra Timoteo? Er war ihr Beichtvater; er war ein Freund des Hauses. Es würde sich vielleicht lohnen, ihn aufzusuchen und zu sehen, was für ein Mensch er war. Vielleicht konnte man ihn ausnützen. Machiavellis Überlegungen wurden plötzlich durch ein Klopfen am Fensterladen gestört. Er blickte auf, rührte sich aber nicht; das Klopfen, leise und vorsichtig, wiederholte sich. Er ging zum Fenster und öffnete den Laden ein wenig. Ein Name wurde gemurmelt.

»Farinelli.«

»Wartet.«

»Seid Ihr allein?«

»Ich bin allein.«

Er ging in den Vorraum und öffnete die Türe. Er konnte in der Dunkelheit nichts sehen, nur, daß draußen jemand stand. Es sei daran erinnert, daß Farinelli der Buchhalter aus Florenz war, mit dem Machiavelli am Tage nach seiner Ankunft Fühlung aufgenommen hatte. In einen Mantel gehüllt, mit einem Schal vor dem Gesicht, um seine Züge zu verbergen, so huschte er herein und folgte Machiavelli ins Wohnzimmer, das von einer einzigen Kerze erhellt war. Er setzte sich an den Tisch, dicht neben Machiavelli, so daß er die Stimme kaum über ein Flüstern erheben mußte.

»Ich habe Euch etwas Wichtiges zu sagen.«

»Sprecht!«

»Kann ich auf die Großzügigkeit der Signoria rechnen, wenn ihr das, was ich melde, von Nutzen ist?«

»Ohne Zweifel.«

»Ein Eilbote ist heute im Palast eingetroffen. Die Aufständischen haben endlich die Vertragsartikel unterzeichnet. Sie haben sich verpflichtet, Bentivoglio bei der Verteidigung von Bologna beizustehen, die vertriebenen Herren in ihre Besitztümer wieder einzusetzen und mit dem Herzog keine Sondervereinbarungen zu treffen. Sie haben beschlossen, siebenhundert Schwere Reiter, hundert Leichte und neuntausend Fußsoldaten aufzubringen. Bentivoglio hat Imola anzugreifen, und Vitellozzo und die Orsini sollen auf Urbino marschieren.«

»Das sind wahrhaftig Neuigkeiten!« sagte Machiavelli.

Er war angenehm erregt. Bewegte Ereignisse stimmten ihn heiter, und mit der Erwartung eines Zuschauers im Theater freute er sich, zu sehen, wie der Herzog mit der Gefahr fertig würde, die sich vor ihm erhob.

»Und noch etwas. Vitellozzo hat dem Herzog zu verstehen gegeben, daß er sich ihm wieder anschließen wolle, wenn er feste Zusagen erhielte, daß nichts unternommen würde, um ihn seines eigenen Staates Castello zu berauben.«

»Woher wißt Ihr das?«

»Es ist genug, daß ich es weiß.«

Machiavelli war verblüfft. Er kannte Vitellozzo, einen mürrischen, mißtrauischen, launenhaften Mann, der wilden Wutausbrüchen und Anfällen tiefer Niedergeschlagenheit unterworfen war. Die Syphilis, an der er litt, hatte ihn so weit gebracht, daß er manchmal kaum bei Verstand war. Wer vermochte zu sagen, was für verruchte Pläne sich dieses gepeinigte Hirn aussann? Machiavelli entließ den Buchhalter.

»Ich kann auf Eure Verschwiegenheit zählen, Messer Niccolo? Ich hätte ein kurzes Leben, wenn man dahinterkäme, daß ich Euch all das erzählt habe.«

»Ich weiß. Aber ich bin nicht einer, der die Gans schlachtet, die goldene Eier legt.«

13

Von nun an überstürzten sich die Ereignisse. Als der Herzog vom Aufstand in der Provinz Urbino erfuhr, hatte er zwei seiner Unterführer entsandt, beide Spanier, Don Ugo da Moncada und Don Michele da Corella, ihn niederzuwerfen. Sie machten Pergola und Fossombrone zu ihrer Operationsbasis, verwüsteten die Umgebung, plünderten die Städte und töteten die Mehrzahl der Einwohner. In Fossombrone stürzten sich Frauen mit ihren Kindern in den Fluß, um dem Wüten der Soldaten zu entgehen. Der Herzog ließ Machiavelli kommen und erzählte ihm von diesen Heldentaten in fröhlichster Stimmung.

»Es sieht aus, als sei die Zeit nicht sehr günstig für Rebellen«, sagte er mit einem grimmigen Lächeln.

Er hatte soeben von einem päpstlichen Abgesandten aus Perugia Nachricht erhalten, daß bei seiner Ankunft die Orsini gekommen seien, um ihn ihrer Anhänglichkeit an den Heiligen Vater zu versichern und sich für ihr Vorgehen zu entschuldigen. Machiavelli erinnerte sich, was ihm Farinelli über Vitellozzo erzählt hatte.

»Es ist schwer zu verstehen, warum sie das getan haben«, sagte er.

»Gebraucht doch Euren Verstand, Sekretär. Es kann nur bedeuten, daß sie noch nicht gerüstet sind und Zeit gewinnen möchten; dabei tun sie so, als wäre eine gütliche Beilegung noch möglich.«

Ein paar Tage später erstürmte Vitellozzo die Stadt Urbino, und der Herzog ließ Machiavelli nochmals kommen.

Machiavelli erwartete, der Herzog werde durch die schlechte Nachricht aus der Fassung gebracht sein, doch er erwähnte sie nicht einmal.

»Ich möchte wie gewöhnlich Angelegenheiten mit Euch besprechen, die Eure Regierung und unsre gemeinsamen Interessen betreffen«, sagte er. »Ich habe diesen Brief von jemandem erhalten, den ich nach Siena gesandt habe.«

Er las das Schreiben vor. Es kam vom Chevalier Orsini, einem unehelichen Sohn dieses adligen und mächtigen Hauses, der im Dienste des Herzogs stand. Er hatte mit den Führern der Verschwörung gesprochen, und sie hatten den Wunsch geäußert, sich mit dem Herzog gutzustellen. Sie erklärten sich bereit, wieder in seinen Dienst zu treten, falls er seinen Angriff auf Bologna aufgeben und sich statt dessen mit ihnen zum Angriff auf die florentinischen Gebiete vereinigen wollte.

»Ihr seht, welches Vertrauen ich zu Euch habe«, fügte er hinzu, als er mit dem Vorlesen des Briefes zu Ende war, »und wie ich mich auf die guten Absichten Eurer Regierung verlasse. Als Gegenleistung sollte sie auch mir mehr vertrauen, als sie es bisher getan hat; sie kann dann versichert sein, daß ich sie nicht im Stich lassen werde.«

Machiavelli wußte nicht, wieviel er davon glauben sollte. Die Orsini waren die bittersten Feinde von Florenz und würden die Gelegenheit wahrnehmen, die vertriebenen Medici wieder zur Macht zu bringen. Machiavelli konnte nur vermuten, daß der Herzog nicht auf das Angebot eingegangen war, aus Furcht, die Franzosen zu ärgern, und die ganze Angelegenheit jetzt nur enthüllte, um sich die Republik so sehr zu verpflichten, daß die Signoria sich bereit erklären würde, ihm die einträgliche *Condotta* wieder zuzusprechen, die er ihr nicht lange zuvor mit Gewalt abgerungen hatte. Sobald die Gefahr vorbei war, hatte Florenz sie ihm zu seinem Ärger wieder entzogen. Eine *Condotta* nannte man den zeitlich begrenzten Dienstvertrag mit einem Söldnerführer, der daher *Condottiere* genannt wurde. Von seinen Bezügen, auf die man sich nach langem, beiderseitigem Feilschen schließlich einigte, bezahlte der Condottiere seine Leute und machte noch einen guten Schnitt für sich selbst.

Zwei Tage später griffen die Streitkräfte der Rebellen das herzogliche Heer, das unter dem gemeinsamen Befehl der beiden Spanier stand, an und schlugen es. Don Ugo da Moncada wurde gefangengenommen, Don Michele da Corella floh verwundet in die Festung Fossombrone. Es war mehr als ein Rückschlag, es war eine Katastrophe. Die Nachricht wurde in Imola geheimgehalten; denn am Hofe des Herzogs wurde – wie Machiavelli der Signoria schrieb – von Nachrichten, die nicht verbreitet werden durften, auch nicht gesprochen; der Florentiner jedoch hatte Mittel und Wege, um alles herauszufinden, was für ihn wichtig war, und sobald ihm ein Ereignis zu Ohren kam, begab er sich in den Palast und bat um eine Audienz.

Machiavelli trat, von lebhafter Neugierde erfüllt, vor den Herzog. Er hatte sich gefragt, in welchem Zustand er den Herzog, der bisher selbstbewußt und unerschütterlich gewesen war, jetzt, da ihm das Unheil ins Antlitz starrte, antreffen würde. Il Valentino mußte doch wissen, daß er von seinen Feinden keine Gnade erwarten durfte. Aber er war ruhig und sogar heiter. Er sprach von den Aufständischen mit Verachtung.

»Ich möchte nicht prahlen«, sagte er, »aber ich glaube, daß das Ende, wie auch immer es ausfallen mag, beweisen wird, aus welchem Holze sie geschnitzt sind und aus welchem ich. Ich kenne sie gut, diese ganze Bande; ich halte nichts von ihnen. Vitellozzo hat einen großen Namen; aber ich kann Euch nur sagen, daß er meines Wissens noch nie etwas getan hat, das Mut erfordert. Seine Ausrede ist die Französische Krankheit. Tatsache ist, daß er zu nichts anderem gut ist, als wehrlose Länder zu verwüsten und diejenigen auszurauben, die zu feig sind, ihm die Stirn zu bieten. Ein falscher Freund und ein hinterlistiger Gegner.«

Machiavelli konnte nicht umhin, diesen Mann zu bewundern, der der Vernichtung mit solch unbezwingbarem Mut ins Auge sah. Seine Lage war verzweifelt. Die Bentivogli, die Herren von Bologna, standen an seiner Nordgrenze; Vitellozzo und die Orsini mußten siegestrunken vom Süden her im Anmarsch sein. Gleichzeitig an zwei Fronten von überlegenen Kräften angegriffen, konnte er der Vernichtung nicht entgehen. Il Valentino war kein Freund von Florenz, und sein Fall und Tod wären für die Republik eine Erlösung gewesen; doch Machiavelli fühlte gegen seinen Willen den Wunsch, daß es dem Herzog gelingen möchte, sich aus der Schlinge zu ziehen, in der er sich augenblicklich befand.

»Ich habe Briefe aus Frankreich erhalten«, sagte der Herzog nach einer Pause, »denen ich entnehme, daß der König Eurer Regierung aufgetragen hat, mir jede mögliche Unterstützung zu gewähren.«

»Ich habe davon nichts gehört«, sagte Machiavelli.

»Dem ist aber so. Ihr werdet an Eure Herren schreiben und ihnen sagen, sie sollen mir zehn Schwadronen Reiter schikken, und Ihr könnt hinzufügen, daß ich bereit bin, mit ihnen ein festes und unauflösliches Bündnis zu schließen, das ihnen alle Vorteile bringen wird, die von meiner Hilfe und meinem Glück zu erwarten sind.«

»Ich werde den Auftrag Eurer Exzellenz selbstverständlich ausführen.«

Der Herzog war nicht allein. Agapito da Amalia und sein Vetter, der Bischof von Elna, sowie ein zweiter Sekretär befanden sich bei ihm. Ein unheilschwangeres Schweigen trat ein. Der Herzog starrte den florentinischen Gesandten gedankenvoll an. Das Schweigen und diese starrenden Augen wären für jeden, der reizbarer als Machiavelli war, schwer erträglich gewesen, und sogar er mußte einige Selbstbeherrschung aufwenden, um Haltung zu bewahren.

»Ich habe von verschiedenen Seiten gehört«, sagte der Herzog endlich, »daß Eure Regierung die Herren von Bologna dazu drängt, mir den Krieg zu erklären, und zwar weil sie mich entweder vernichten oder mit mir einen Pakt zu günstigeren Bedingungen abschließen will.«

Machiavelli brachte es zustande, so liebenswürdig zu lächeln, als es seine kalte und verhaltene Miene gestattete.

»Ich glaube das keinen Augenblick, Exzellenz«, gab er zur Antwort. »Die Briefe, die ich von der Signoria erhalte, sind stets erfüllt von Freundschaftsbeteuerungen für den Heiligen Vater und für Euch.«

»Ich glaube es auch nicht; doch Freundschaftsbeteuerungen sind überzeugender, wenn sie von Taten begleitet sind.«

»Ich bin gewiß, daß meine Regierung alles in ihrer Macht Stehende tun wird, um die Aufrichtigkeit ihrer Absichten zu beweisen.«

»Wenn sie so klug wie langsam ist, bin ich überzeugt, daß sie es tun wird.«

Machiavelli schauderte im Innersten. Niemals hatte er in eines Menschen Stimme so eisige Grausamkeit gehört.

14

Nach diesem Vorfall bemühte sich Machiavelli einige Tage lang, durch seine Agenten und durch Bartolomeo, Farinelli und Leute aus dem Gefolge des Herzogs Erkundigungen einzuziehen. Er konnte sich auf niemand völlig verlassen und wußte, daß die Vertrauten Il Valentinos ihm nur sagten, was sie ihm sagen wollten. Die erstaunlichste Tatsache war jedoch die Untätigkeit der aufständischen Führer. Die Streitkräfte des Herzogs, die er überall anwarb, wo es Soldaten zu dingen gab, waren noch nicht in Imola eingetroffen, und obwohl er noch einige Festungen in den Aufstandsgebieten hielt, konnte man unmöglich annehmen, daß er einem entschlossenen Angriff Widerstand leisten könnte. Jetzt war für sie die Zeit zum Angriff, jetzt. Doch sie unternahmen nichts. Machiavelli war am Ende seiner Weisheit angelangt; er konnte um alles in der Welt nicht begreifen, warum sie zögerten. Dann geschah etwas, das seine Verwirrung nochmals steigerte: ein Abgesandter der Orsini traf am Hof des Herzogs ein; er kam eines Abends und reiste am nächsten Tage wieder ab. Machiavelli vermochte trotz seiner Bemühungen nicht den Zweck dieses Besuches zu erfahren.

Er hatte inzwischen die Antwort der Signoria auf das Ansuchen des Herzogs um Waffenhilfe erhalten und bat um eine Audienz, in der Hoffnung, irgendeine Andeutung über die gegenwärtigen Ereignisse zu hören. Nicht ohne Bangen begab er sich in den Palast, denn er hatte dem Herzog zu vermelden, daß die Florentiner keine Streitkräfte senden konnten und nichts weiter zu bieten hatten als Beteuerungen ihres Wohlwollens. Machiavelli hatte Il Valentino schon im Zorn gesehen und wußte, daß er da fürchterlich war; er raffte seine Kräfte zusammen, um den Sturm standhaft zu ertragen. Aber zu seinem größten Erstaunen nahm der Herzog die Nachricht mit Gleichgültigkeit entgegen.

»Ich habe Euch mehrere Male gesagt, und ich wiederhole es heute abend, daß es mir nicht an Hilfsquellen fehlt. Die französischen Reiter und auch das Schweizer Fußvolk werden bald eintreffen. Ihr könnt doch selbst sehen, daß ich jeden Tag Soldaten anwerbe. Dem Papst mangelt es nicht an Geld und dem König nicht an Leuten. Es kann wohl sein, daß meine Feinde ihre Verräterei bereuen werden.«

Er lächelte, und sein Lächeln war grausam und listig.

»Würde es Euch überraschen, zu hören, daß sie bereits ein Friedensangebot gemacht haben?«

Machiavelli unterdrückte eine Gebärde des Erstaunens.

»Messer Antonio da Venafro kam in ihrem Namen.«

Das war offenbar der geheimnisvolle Besucher, von dem

Machiavelli gehört hatte. Er war der Vertraute und geheime Berater Pandolfo Petruccis, des Herrn von Siena, der nach übereinstimmenden Meldungen die Seele der Verschwörung war.

»Er machte den Vorschlag, wir sollten die Regierung von Florenz stürzen, doch ich antwortete, Euer Staat habe mich niemals beleidigt und ich stünde vor dem Abschluß eines Vertrages mit Euch. ›Unterzeichnet auf keinen Fall‹, sagte er. ›Laßt mich zurückkehren und wiederkommen, und wir werden dann etwas unternehmen, das die Mühe lohnt.‹ Worauf ich die Antwort gab: ›Wir sind so weit gegangen, daß es unmöglich ist, etwas zurückzunehmen.‹ Und ich sage Euch noch einmal, daß ich zwar bereit bin, diesen Leuten zuzuhören und ihnen Sand in die Augen zu streuen, daß ich aber nichts gegen Eure Republik unternehmen werde, wenn sie mich nicht dazu zwingt.«

Als sich Machiavelli verabschiedete, machte der Herzog ganz nebenbei eine Bemerkung, die den Gesandten der Republik noch mehr überraschte, und das hatte der Herzog wahrscheinlich auch beabsichtigt.

»Ich erwarte jeden Augenblick Pagolo Orsini«, sagte er.

Piero hatte Machiavelli in den Palast begleitet und wartete auf ihn in der Wachstube mit einer Laterne, um ihm nach Hause zu leuchten. Der Junge hatte gelernt, in den Zügen seines Herrn zu lesen, und sah auf den ersten Blick, daß er nicht zum Reden gelaunt war. Sie gingen schweigend heim. Nachdem dann Machiavelli Mantel und Kopfbedeckung abgelegt hatte, ließ er sich von Piero Tinte, Federkiele und Papier bringen und machte sich daran, an die Signoria zu schreiben.

»Ich gehe zu Bett«, sagte Piero.

»Nein, warte!« sagte Machiavelli und lehnte sich in seinem Stuhl zurück. »Ich möchte mit dir sprechen.«

Er wußte nicht, wieviel er von dem glauben sollte, was ihm der Herzog gesagt hatte; er hoffte, es würde ihm für seinen Brief helfen, wenn er seine Gedanken vorher in Worte faßte.

»Ich bin verwirrt durch diese Arglist, diese Lügen und die Verstellung eines jeden, mit dem ich zu tun habe.«

In knappen Worten wiederholte er Piero, was ihm der Herzog gesagt hatte.

»Wie ist es dem Herzog möglich, bei seinem Geist, seinem Glück und seinem großen Ehrgeiz die Handlungen von Männern zu verzeihen, die ihn nicht nur daran gehindert haben, ein Land zu erobern, auf das er ein Auge hat, sondern ihn auch einen Staat verlieren ließen, den er bereits erobert hatte? Die Feldhauptleute erhoben sich gegen ihn, weil sie ihn vernichten wollten, bevor er sie vernichten konnte. Warum haben sie den Angriff hinausgeschoben, als er ihnen ausgeliefert war?«

Machiavelli blickte Piero mit zornigen Augen an, doch Piero nahm vernünftigerweise an, daß es eine rhetorische Frage gewesen war, und versuchte gar nicht, zu antworten.

»Jetzt hat er seine Festungen verstärkt und wichtige Orte mit Garnisonen versehen. Jeden Tag treffen mehr Streitkräfte ein. Er bekommt Geld vom Papst und Soldaten von den Franzosen. Und er hat den großen Vorteil, daß er niemand zu Rate ziehen muß als sich selbst. Die Feldhauptleute sind sich nur in ihrem Haß und ihrer Furcht vor dem Herzog einig. Bündnisse sind zerbrechliches Gut, weil den betreffenden Parteien stets ihre eigenen Interessen mehr am Herzen liegen als ihr gemeinsamer Vorteil. Verbündete können nicht rasch handeln, weil jeder Schritt vorher besprochen werden muß und Torheit, Mangel an Vorbereitung oder Unfähigkeit eines einzigen das Unheil aller herbeiführen kann. Sie sind zwangsläufig eifersüchtig, da keiner von ihnen möchte, daß einer von den andern zu so großer Macht gelange, daß er später gefährlich werden könnte. Die Feldhauptleute müssen doch wissen, daß Kuriere hin- und hergehen – du kannst dich darauf verlassen, daß Il Valentino schon dafür sorgt –, und jeder muß im Grunde seines Herzens vom Verdacht geplagt sein, daß er über Bord geworfen werden soll.«

Machiavelli nagte nervös an seinem Daumennagel.

»Je länger ich es mir überlege, desto mehr neige ich zu der Ansicht, daß die Rebellen dem Herzog nicht mehr viel Schaden zufügen können; sie haben die günstigste Gelegenheit verpaßt und halten es daher vielleicht für vorteilhafter, eine Versöhnung anzustreben.«

Machiavelli sah den Jungen ärgerlich an, wozu gar keine Veranlassung vorlag, da dieser den Mund nicht aufgemacht hatte.

»Weißt du, was das bedeutet?«

»Nein.«

»Es bedeutet, daß der Herzog, wenn sich die aufständischen Truppen ihm erst einmal angeschlossen haben, über eine gewaltige Streitmacht gebieten wird; und es ist unvermeidlich, daß sie auch eingesetzt wird. Niemand kann es sich leisten, Streitkräfte fürs Herumlungern zu besolden. Wie aber werden sie verwendet werden? Gegen wen? Vermutlich wird dies bei den Besprechungen zwischen Il Valentino und Pagolo Orsini entschieden werden.«

15

Da niemand in Italien töricht genug war, einem anderen weiter zu trauen, als seine Nase reichte, und ein sicheres Geleit nicht mehr wert war als das Papier, auf dem es geschrieben stand, begab sich erst einmal Kardinal Borgia, der Neffe des Papstes, als Geisel zu den Orsini, und zwei Tage später traf Pagolo Orsini, das Familienoberhaupt, als Kurier verkleidet, in Imola ein. Er war ein eitler, geschwätziger, weichlicher und dummer Mensch mittleren Alters, dicklich und mit dem Anflug einer Glatze, einem runden, glatten Gesicht und einem umständlichen, vertraulichen Gehaben. Il Valentino behandelte ihn mit besonderer Würde und gab ihm zu Ehren ein großes Bankett, an das sich eine Vorstellung der ›Menaechmi‹

des Plautus schloß. Die beiden Führer hatten lange Besprechungen; was sie aber erörterten, konnte Machiavelli um keinen Preis der Welt herausbekommen. Diejenigen Sekretäre des Herzogs, die ihm anscheinend freundlich gesinnt gewesen waren, wichen ihm absichtlich aus. Er konnte sich auf nichts anderes stützen als eine von Agapito da Amalia lächelnd geäußerte Bemerkung, mit den Verhandlungen sei nur beabsichtigt, den Feind am Losschlagen zu hindern. Tatsächlich rührte sich keines der beiden Heere, ja, die Streitkräfte der Bologneser räumten sogar Ortschaften im Gebiet des Herzogs, die sie besetzt gehalten hatten. Die Spannung wurde bald unerträglich für Machiavelli, und er bat um einen Empfang beim Herzog. Als Vorwand gebrauchte er ein soeben aus Florenz eingetroffenes Schreiben. Il Valentino empfing ihn im Bett. Er hörte sich in seiner üblichen guten Laune die Freundschaftsbeteuerungen der Signoria an und wechselte dann zum Thema über, das Machiavelli so am Herzen lag.

»Ich glaube, ich werde mit denen zu einem Übereinkommen gelangen«, sagte er. »Sie wollen nicht mehr von mir, als daß ihnen der Besitz ihrer Staaten zugesichert werde, und wir haben jetzt nur zu entscheiden, wie das gemacht werden kann. Kardinal Orsini verfaßt einen Vertragsentwurf, und wir müssen abwarten und sehen, wie der ausfällt. Was Euch betrifft, so könnt Ihr versichert bleiben, daß nichts unternommen wird, was den Interessen Eurer Herren widerspricht. Ich würde niemals zugeben, daß ihnen auch nur der geringste Schaden zugefügt werde.«

Er machte eine Pause; als er dann wieder sprach, tat er es mit der lächelnden Nachsicht, mit der man etwa von den Launen einer verwöhnten Frau spricht.

»Der arme Pagolo ärgert sich ungemein über Ramiro de Lorqua. Er beschuldigt ihn der Bedrückung des Volkes, der Unterschlagung und der Mißhandlung mehrerer Personen, die unter dem Schutz der Orsini stehen.«

Ramiro de Lorqua war der zuverlässigste unter den Feldhauptleuten des Herzogs. Es war der Mann, der den Rückzug der geschlagenen Streitkräfte nach der Schlacht bei Fossombrone angeordnet und sie so vor einem Weiterkämpfen bewahrt hatte. Il Valentino lachte in sich hinein.

»Es scheint, daß bei irgendwelcher Gelegenheit ein Page Ramiro Wein gebracht und ein wenig davon verschüttet hat; Ramiro bekam einen Wutanfall und ließ ihn ins Feuer werfen und lebendigen Leibes verbrennen. Aus irgendeinem Grund interessierte sich Pagolo für den Jungen. Ich habe versprochen, der Beschuldigung nachzugehen und, wenn sie sich als berechtigt erweist, Pagolo Genugtuung zu verschaffen.«

Bald aber traf eine Nachricht ein, die darauf schließen ließ, daß die aufständischen Heerführer von einer Einigung untereinander noch weit entfernt waren; obwohl die Vernünftigeren von ihnen bereit waren, Frieden zu schließen, waren die Unternehmungslustigeren noch immer entschlossen, Krieg zu führen. Vitellozzo besetzte des Herzogs Festung Fossombrone, und zwei Tage später erstürmte Oliverotto da Fermo Camerino. Damit hatte Il Valentino die ganzen Gebiete eingebüßt, die er durch seine letzten Feldzüge gewonnen hatte. Es sah aus, als hätten die Raufbolde die bewußte Absicht, die Unterhandlungen in Imola zu vereiteln. Pagolo Orsini war wütend, doch der Herzog behielt seinen Gleichmut. Bentivoglio und die Orsini waren die mächtigsten seiner Feinde, und er wußte, wenn er sich mit diesen einigen könnte, würden auch die anderen nicht mehr aus der Reihe tanzen. Pagolo begab sich nach Bologna. Nach seiner Rückkehr erfuhr Machiavelli von Agapito da Amalia, daß eine Einigung erzielt worden sei und das Abkommen nur noch der Zustimmung des Kardinals, des Bruders Pagolos, bedürfe.

Machiavelli war von Besorgnis erfüllt. Wenn dies stimmte, wenn Il Valentino bereit war, den Rebellen den ihm zugefügten Schaden zu verzeihen, und sie bereit waren, die Angst zu vergessen, die sie veranlaßt hatte, die Waffen zu ergreifen, so konnte das nur den einen Grund haben, daß sie sich geeinigt hatten, gemeinsam einen Dritten anzugreifen, und dieser Dritte konnte nur Florenz oder Venedig sein. Venedig war stark, und Florenz war schwach. Sein einziger Schutz war die Macht Frankreichs; Florenz hatte sich diesen Schirmherrn aber mit Gold erkauft, und der Staatssäckel der Republik war jetzt leer. Was würde Frankreich tun, wenn es sich der brutalen Tatsache gegenübersähe, daß Cesare Borgia mit seinen versöhnten Unterführern in die Lande von Florenz eingefallen war und dessen wehrlose Städte eroberte?

Machiavelli hielt nicht viel von den Franzosen. Erfahrung hatte ihn gelehrt, daß sie sich mehr um augenblicklichen Verlust und augenblicklichen Gewinn kümmerten als um zukünftiges Wohl und zukünftiges Wehe. Wenn sie um eine Dienstleistung gebeten wurden, war ihr erster Gedanke, wie ihnen selbst daraus Nutzen erwachsen könnte, und sie hielten Treue nur so lange, als es ihren Zwecken dienlich war. Das Jubeljahr des Papstes hatte die Schatzkammern des Vatikans mit ungeheuren Geldmengen gefüllt; durch sein etwas willkürliches Vorgehen, beim Ableben eines Kardinals dessen Besitz zu beschlagnahmen, wurden dem Heiligen Vater ständig neue Summen zugeführt; denn die Sterblichkeit unter diesen Kirchenfürsten war hoch; ja, boshafte Zungen munkelten, daß es Seine Heiligkeit gelegentlich bequem fand, einer zögernden Vorsehung umsichtig nachzuhelfen. Der Papst hatte also genügende Geldmittel zur Verfügung, um damit den Unwillen König Ludwigs zu besänftigen, falls der es übelnehmen sollte, daß seine Befehle nicht befolgt würden. Il Valentino verfügte über eine gut ausgerüstete und gut ausgebildete Streitmacht; der König würde vielleicht zögern, seine Kräfte mit denen eines Mannes zu messen, der schließlich ein Lehensmann und ein Freund war. Je länger Machiavelli darüber nachdachte, desto wahrscheinlicher erschien es ihm, daß der listenreiche Ludwig die Lage hinnehmen würde, in der der Vorteil greifbar war und die Gefahr – daß Cesare Borgia zu mächtig würde – in weiter Ferne lag. Machiavelli hatte allen Grund zu fürchten, daß sein Florenz, das er mit ganzem Herzen liebte, dem Untergang geweiht war.

16

Machiavelli war aber nicht nur ein eifriger und gewissenhafter Diener der Republik, sondern auch ein Mann, den sinnliche Begierde verzehrte, und während er mit Aufmerksamkeit die Briefe studierte, die er von der Signoria erhielt, und fast täglich sorgfältige und genaue Berichte abfaßte, während er in Serafinas Haus, manchmal offen, manchmal geheim, Boten, Spitzel und Agenten empfing, während er sich hierhin und dorthin begab, in den Palast, auf den Marktplatz, in Häuser, in denen er sich mit Bekannten besprach und beriet, während er jede kleinste Neuigkeit sammelte, jedes Gerücht, jedes bißchen Klatsch, um daraus Schlüsse ziehen zu können, die zum mindesten wahrscheinlich wären - fand er doch noch Zeit, den Plan zu verfolgen, den er sich ausgesonnen hatte, um Aurelia zu verführen. Dieser Plan brachte jedoch Geldausgaben mit sich, und Geld war gerade, was er nicht hatte. Die florentinische Regierung war knauserig, seine Bezüge waren schändlich, und er hatte bereits viel von dem Betrag ausgegeben, den er bei der Abreise aus Florenz bekommen hatte. Er war verschwenderisch und liebte es, gut zu leben. Er mußte die Boten, die seine Depeschen mitnahmen, oft im voraus bezahlen und mußte außerdem die verschiedenen Personen am Hofe des Herzogs bestechen, die ihm nützliche Mitteilungen zukommen ließen. Glücklicherweise fanden sich florentinische Kaufleute in der Stadt, die ihm Vorschüsse gaben, und er forderte Biagio in einem Brief dringend auf, ihm alles zu schicken, was irgendwie aufzutreiben wäre. Dann geschah etwas Sonderbares. Jacopo Farinelli, der Buchhalter, der ihn bisher immer nur bei Nacht vermummt aufgesucht hatte, damit ihn niemand erkenne, erschien am hellen Tag an seiner Türe und verlangte ihn zu sprechen. Sein Gehabe, das bisher verstohlen und verängstigt gewesen, war jetzt offen und herzlich. Er kam ohne Umschweife zum Zweck seines Besuchs.

»Ich bin von jemandem, der Euer Freund ist und Eure Fähigkeiten zu würdigen weiß, beauftragt, Euch zu bitten, diesen kleinen Beweis seiner Wertschätzung anzunehmen.«

Er zog einen Beutel aus den Falten seines Gewandes und legte ihn auf den Tisch. Machiavelli hörte das Klingen von Münzen.

»Was ist das?« fragte er, die Lippen aufeinandergepreßt, mit eisigen Augen.

»Fünfzig Dukaten«, sagte Farinelli mit einem Lächeln.

Das war eine ansehnliche Summe. Im Augenblick konnte Machiavelli nichts gelegener kommen.

»Warum sollte der Herzog wünschen, mir fünfzig Dukaten zu schenken?«

»Ich habe keinen Grund, zu vermuten, daß es mit dem Herzog zusammenhängt. Ich wurde geheißen, Euch das Geld im Auftrag eines Euch Wohlgesinnten zu bringen, der unbekannt zu bleiben wünscht, und Ihr könnt versichert sein, daß niemand außer ihm und mir jemals etwas von dem Geschenk erfahren wird.«

»Augenscheinlich hält dieser Wohlgesinnte und haltet auch Ihr mich nicht nur für einen Schurken, sondern auch für einen Dummkopf. Nehmt Euer Geld und stellt es dem zurück, der es Euch gegeben hat, und sagt ihm, daß der Gesandte der Republik keine Bestechungen annimmt.«

»Aber es ist doch keine Bestechung. Es ist die freiwillige Gabe eines Freundes, zum Zeichen seiner Wertschätzung Eurer hohen Fähigkeiten und Eurer literarischen Leistungen.«

»Ich weiß nicht, wie sich dieser freigebige Freund ein Urteil über meine literarischen Leistungen hat bilden können«, sagte Machiavelli scharf.

»Er hatte Gelegenheit, die Briefe zu lesen, die Ihr während Eurer Gesandtschaft in Frankreich an die Signoria geschrieben habt, und er bewunderte die Schärfe Eurer Beobachtungsgabe, Euren Verstand, Euren Takt und vor allem Euren ausgezeichneten Stil.«

»Es ist unmöglich, daß die Person, von der Ihr sprecht, Zugang zu den Akten der Staatskanzlei haben konnte.«

»Ich weiß nicht. Es ist sicherlich nicht unmöglich, daß jemand in der Kanzlei Eure Briefe interessant genug fand, um sie zu kopieren, und daß durch irgendeinen Zufall die Person, von der ich spreche, in deren Besitz gekommen ist. Niemand weiß besser als Ihr, mit welcher Knauserigkeit die Republik ihre Beamten bezahlt.«

Machiavelli runzelte die Stirn. Er schwieg und stellte sich die Frage, welcher von den Schreibern es wohl sein konnte, der seine Briefe dem Herzog verkauft hatte. Es war richtig, daß alle schlecht bezahlt waren, und einige von ihnen waren zweifellos heimliche Anhänger der Medici. Aber vielleicht war gar kein wahres Wort an der Geschichte Farinellis. Es war leicht genug, so etwas zu erfinden. Farinelli sprach weiter.

»Der Herzog wäre der letzte, zu wünschen, daß Ihr etwas gegen Euer Gewissen oder zum Schaden von Florenz unternehmt. Was er will, ist zum beiderseitigen Vorteil, zu dem der Republik und zu seinem eigenen. Die Signoria hat Vertrauen auf Eure Urteilskraft, und er möchte nichts weiter von Euch, als seine Sache so vorzutragen, daß sie dem gesunden Verstand gescheiter Männer einleuchte.«

»Ihr braucht nicht weiterzureden«, sagte Machiavelli, und seine schmalen Lippen verzogen sich zu einem spöttischen Lächeln. »Ich habe keine Verwendung für das Geld des Herzogs. Ich werde auch weiterhin die Signoria zum besten Nutzen der Republik beraten.«

Farinelli stand auf und nahm den Beutel mit Gold wieder an sich.

»Der Beauftragte des Herzogs von Ferrara war nicht zu stolz, von Seiner Exzellenz ein Geschenk anzunehmen, als er seinen Herrn überreden sollte, Seiner Exzellenz Hilfskräfte zu schicken. Wenn Monsieur de Chaumont die Absendung der französischen Truppen aus Mailand beschleunigt hat, so geschah es darum, daß zu seines Königs Anordnungen noch ein hübsches Geschenk vom Herzog hinzukam.«

»Das ist mir gut bekannt.«

Als Machiavelli wieder allein war, brach er in lautes Gelächter aus. Natürlich hatte er auch nicht einen Augenblick lang die Möglichkeit erwogen, das Geld wirklich anzunehmen; aber er konnte nicht umhin, von der Vorstellung belustigt zu sein, wie verdammt gelegen es ihm gekommen wäre. Doch während er so lachte, fiel ihm etwas ein, und er lachte abermals. Bestimmt konnte er sich das nötige Geld von Bartolomeo ausleihen, der sich freuen würde, ihm einen Gefallen zu erweisen; und es wäre ein unbezahlbarer Spaß, Bartolomeos Frau mit Geld zu verführen, das der selbst zur Verfügung gestellt hätte. Nichts konnte hübscher sein. Und was für eine gute Geschichte das abgäbe, um sie nach seiner Rückkehr in Florenz zu erzählen! Er konnte schon seine Freunde kichern hören, wenn er sie eines Abends in der Wirtsstube um sich versammelte und ihnen das Ganze, so wirkungsvoll er konnte, erzählte.

»Ach, Niccolo, Niccolo! Was für ein guter Kumpan! Niemand kann eine Geschichte so erzählen wie er. Welcher Humor, welcher Witz! Ihm zuzuhören ist so gut wie ins Theater zu gehen.«

Machiavelli hatte Bartolomeo zwei Tage lang nicht gesehen, als er kurz vor dem Mittagessen ihn zufällig im Palast traf; er war hingegangen, um Neuigkeiten zu erfahren. Sie tauschten ein paar freundliche Worte, und dann sagte Machiavelli:

»Warum kommt Ihr nicht heute abend, und wir machen ein wenig Musik?«

Bartolomeo erklärte erfreut, er könne sich nichts Beglückkenderes vorstellen. Machiavelli fuhr fort:

»Das Zimmer ist allerdings klein, und die gewölbte Decke hallt wider; aber mit einer Kohlenpfanne gegen die Kälte von außen und mit Wein gegen die Kälte von innen wird es ganz erträglich sein.«

Er war noch nicht lange mit dem Essen fertig, als Bartolomeos Diener einen Brief brachte. Bartolomeo schrieb, die Damen des Hauses sähen nicht ein, warum ihnen ein Vergnügen entgehen solle; das große Zimmer in seinem Hause sei für Musik viel besser geeignet als Serafinas kaltes, kleines Wohnzimmer; es habe einen Kamin, an dessen munterem Feuer sie sich wärmen könnten, und wenn er und Vetter Piero ihm die Ehre antun wollten, zum Abendessen zu kommen, wäre sein Glück vollständig. Machiavelli nahm bereitwillig an.

›Das geht ja wie am Schnürchen‹, sagte er sich.

Machiavelli ließ sich rasieren und die Haare stutzen. Dann legte er seine besten Kleider an, eine lange, schwarze, ärmellose Robe aus Damast und eine enganliegende Jacke mit gebauschten Samtärmeln. Auch Piero hatte sich für diese Gelegenheit herausgeputzt: seine hellblaue Robe reichte nur bis zu den halben Oberschenkeln, und er trug einen purpurnen Gürtel; seine hübschen Beine steckten in dunkelblauen langen Strümpfen, und auch seine Jacke, deren Ärmel weniger gebauscht waren als die Machiavellis, war dunkelblau; eine purpurrote Mütze saß keck auf seinem gelockten Haar. Machiavelli betrachtete ihn beifällig.

»Du wirst nicht wenig Eindruck auf die kleine Dienerin machen, Piero«, meinte er lächelnd. »Wie, sagtest du, war ihr Name? Nina?«

»Warum wollt Ihr, daß ich mit ihr zu Bett gehe?« fragte Piero lächelnd.

»Ich möchte gern, daß du auf dieser Reise die Zeit nicht völlig verschwendest. Und außerdem kann es für mich von Nutzen sein.«

»Wieso?«

»Weil ich mit ihrer Herrin zu Bett gehen möchte.«

»Ihr?«

In Pieros Ton lag solche Überraschung, daß Machiavelli vor Ärger rot wurde.

»Und warum nicht, wenn ich bitten darf?«

Piero sah, daß sein Meister aufgebracht war, und zögerte ein wenig.

»Ihr seid verheiratet und – nun ja, Ihr seid so alt wie mein Onkel.«

»Du sprichst wie ein Narr. Eine Frau von Verstand wird immer einen Mann in der Blüte seiner Jahre einem unerfahrenen Jungen vorziehen.«

»Es war mir niemals in den Sinn gekommen, sie könnte Euch etwas bedeuten. Liebt Ihr sie?«

»Ob ich sie liebe? Ich habe meine Mutter geliebt, ich achte meine Frau, und ich werde meine Kinder lieben; aber mit Aurelia möchte ich schlafen. Du hast noch viel zu lernen, mein guter Junge. Nimm die Laute, und gehn wir!«

Obwohl Machiavelli leicht aufbrauste, konnte er doch nicht lange zürnen. Er tätschelte Pieros glatte Wange.

»Es ist sehr schwer, vor einer Magd Geheimnisse zu haben«, sagte er lächelnd. »Du tätest mir einen Gefallen, wenn du ihren Mund mit Küssen verschließen wolltest.«

Sie brauchten nur das enge Gäßchen zu überqueren und wurden drüben auf ihr Klopfen von dem Diener eingelassen. Monna Caterina war in elegantem Schwarz gekleidet, Aurelia aber trug ein reiches Gewand aus venezianischem Brokat; die üppigen Farben erhöhten die Wirkung ihrer weißen Brust und der glänzenden hellblonden Haare. Mit einem leisen Seufzer der Erleichterung stellte Machiavelli fest, daß sie sogar noch schöner war, als er sich eingebildet hatte. Sie war sehr, sehr begehrenswert, und es war grotesk, daß sie diesen dicken, selbstzufriedenen Menschen zum Mann haben sollte, der gewiß die Vierzig bereits überschritten hatte.

Nach den üblichen Begrüßungen setzten sie sich, um auf das Essen zu warten. Die Damen hatten gearbeitet, als Machiavelli und Piero eingetreten waren.

»Ihr seht, sie haben sich schon an das Linnen gemacht, das Ihr mir aus Florenz mitgebracht habt«, sagte Bartolomeo.

»Seid Ihr damit zufrieden, Monna Aurelia?« fragte Machiavelli.

»Es ist unmöglich, einen so guten Stoff in Imola zu bekommen«, erwiderte sie.

Sie sah ihn dabei an, und ihre großen schwarzen Augen, die eine Sekunde auf ihm ruhten, ließen ihm das Herz schneller schlagen.

›Ich werde diese Frau haben, und wenn ich dafür sterben muß!‹ sagte er sich; aber er meinte es natürlich nicht ganz so; er meinte bloß, daß er noch niemals einer Frau begegnet war, die er wilder begehrt hatte.

»Wir machen die grobe Arbeit, Nina und ich«, sagte Monna Caterina. »Wir nehmen die Maße, schneiden zu und nähen, und meine Tochter macht die Stickerei. Wenn es zum Sticken kommt, sind meine Finger ganz plump, und die arme Nina ist nicht viel geschickter als ich.«

»Monna Aurelia macht niemals zwei Hemden ganz gleich«, sagte Bartolomeo stolz. »Zeig doch Messer Niccolo den Entwurf des Hemdes, an dem du jetzt arbeitest.«

»Oh, ich würde mich schämen«, entgegnete sie auf ihre niedliche Art.

»Unsinn. Ich selbst werd's ihm zeigen.«

Er brachte einen Bogen Papier herüber.

»Seht Ihr, wie geschickt sie meine Anfangsbuchstaben hineingearbeitet hat?«

»Es ist ein Meisterwerk der Eleganz und Erfindungsgabe«, sagte Machiavelli mit gut gespielter Begeisterung; denn er machte sich in Wirklichkeit nicht das geringste aus solchen Dingen. »Ich wünschte, meine Marietta hätte eine so bezaubernde Begabung und auch den Fleiß, sie so gut zu gebrauchen.«

»Mein Frauchen ist so fleißig, wie sie brav ist«, sagte Bartolomeo liebevoll.

Machiavelli mußte sich gestehn, daß ihn weder Aurelias Bravheit noch ihr Fleiß sonderlich interessierten. Er stellte ferner fest, daß sich Gatten über die Tugenden, die sie ihren Gattinnen zuschreiben, häufig täuschen.

Das Abendessen wurde aufgetragen, und Machiavelli bemühte sich, sich von der besten Seite zu zeigen. Er wußte, daß er eine Geschichte gut erzählen konnte, und sein Aufenthalt in Frankreich hatte ihn mit einem Vorrat gepfefferter Anekdoten über die Damen und Herren am Hofe des Königs versorgt. Aurelia nahm eine Miene verwirrter Zurückhaltung an, wenn seine Unanständigkeiten zu eindeutig wurden; Bartolomeo jedoch brüllte vor Lachen, und Monna Caterina, die sich großartig unterhielt, spornte ihn immer weiter an. Er war überzeugt, daß er sich als angenehmer Gast erwies. Sie sprachen dem reichlichen Mahl tüchtig zu, und nach einer schicklichen Pause, in der er Bartolomeo veranlaßte, über sich selbst, seine Geschäfte und seinen Besitz zu sprechen, was dieser noch so gerne tat, regte Machiavelli an, sie sollten ihre Stimmen ausprobieren. Er stimmte die Laute und spielte als Einleitung eine kleine heitere Melodie. Dann einigten sie sich auf ein Lied, das alle kannten. Mehrstimmig zu singen, war damals eine allgemein gepflegte Fertigkeit, und mit Bartolomeos Baß, Machiavellis hellem Bariton und Pieros angenehmem Tenor sangen sie zu ihrer gegenseitigen Zufriedenheit. Dann sang Machiavelli eins der Lieder Lorenzo de Medicis, und die beiden andern sangen den Refrain mit. Während Machiavelli sang, blickte er Aurelia an und hoffte, sie ahne, daß er nur für sie singe, und als sich ihre Augen trafen und sie den Blick senkte, schmeichelte er sich, sie sei seiner Gefühle wenigstens gewahr geworden. Das war der erste Schritt.

Und so verging der Abend. Die beiden Damen führten ein eintöniges Leben, und eine solche Ablenkung war für sie ein seltener Genuß. Aurelias Entzücken war aus dem Leuchten ihrer herrlichen Augen zu erkennen. Je länger Machiavelli in diese Augen blickte, desto stärker wurde seine Überzeugung, daß er eine noch unerweckte Frau vor sich hatte, die der Leidenschaft fähig war. Er war bereit, sie zu erwecken. Bevor sie sich trennten, brachte er etwas vor, das er sich für den geeigneten Augenblick aufgespart hatte. Er hielt sich nicht für einen eitlen Menschen, aber diesen Einfall konnte er nicht anders denn geistreich finden. Und so sagte er, als sich die Gelegenheit ergab:

»Ihr habt Euch gütig bereit erklärt, mir einen Dienst zu erweisen, Messer Bartolomeo, und ich werde Euch jetzt beim Wort nehmen.«

»Ich würde eine ganze Menge für den Gesandten der Republik tun«, antwortete Bartolomeo, der eine Menge Wein getrunken hatte und zwar nicht betrunken, aber mindestens angeheitert war. »Für meinen guten Freund Niccolo jedoch würde ich alles tun.«

»Nun, die Sache ist die: die Signoria sucht einen Prediger, der im nächsten Jahr im Dom die Fastenpredigten halten soll, und sie hat mich gebeten, Erkundigungen einzuziehen, ob es jemanden in Imola gibt, dem man diese bedeutsame Aufgabe anvertrauen könnte.«

»Fra Timoteo!« rief Monna Caterina.

»Seid still, Schwiegermutter!« sagte Bartolomeo. »Das ist eine wichtige Angelegenheit, über die nur Männer nach reiflicher Überlegung entscheiden können. Sie kann unserer Stadt Ruhm oder Schande einbringen, und wir müssen ganz sicher sein, nur jemanden vorzuschlagen, der dieser Ehre würdig ist.«

Aber Monna Caterina ließ sich nicht so leicht zum Schweigen bringen.

»Er hat erst heuer in unserer eigenen Kirche die Fastenpredigten gehalten, und die ganze Stadt strömte herbei, um ihn zu hören. Als er die Qualen der Verdammten schilderte, brachen starke Männer in Tränen aus, Frauen fielen in Ohnmacht, und ein armes Geschöpf, deren Zeit nahe war, fühlte plötzlich die Wehen und wurde schreiend aus der Kirche getragen.«

»Ich will es nicht leugnen. Ich bin ein hartgesottener Geschäftsmann und habe geschluchzt wie ein Kind. Es ist richtig, Fra Timoteo ist redegewandt und weiß seine Worte schön zu wählen.«

»Wer ist dieser Fra Timoteo?« fragte Machiavelli. »Was Ihr mir da sagt, ist interessant. Die Florentiner lieben es, sich in der richtigen Jahreszeit zur Buße rufen zu lassen; das ermöglicht es ihnen, während des übrigen Jahres ihre Nachbarn mit gutem Gewissen übers Ohr zu hauen.«

»Fra Timoteo ist unser Beichtvater«, sagte Bartolomeo – eine Tatsache, die Machiavelli bestens bekannt war. »Was mich betrifft, so unternehme ich nichts ohne seinen Rat. Er ist nicht nur ein würdiger, sondern auch ein weiser Mann. Wahrlich – erst vor ein paar Monaten war ich eben dabei, eine Ladung Spezereien in der Levante zu kaufen, da erzählte er mir, er habe in einer Vision den heiligen Paulus erblickt, der ihm weissagte, das Schiff werde an der Küste von Kreta zerschellen; ich habe also nicht gekauft.«

»Und ist das Schiff zerschellt?« fragte Machiavelli.

»Nein, aber drei Karavellen trafen voll beladen mit Gewürz in Lissabon ein, was zur Folge hatte, daß auf dem Gewürzmarkt ein ungeheurer Preissturz eintrat und ich bei dem Geschäft Geld verloren hätte; es kam also auf das gleiche heraus.«

»Je mehr Ihr mir von diesem Mönch erzählt, desto begieriger bin ich, ihn kennenzulernen.«

»Ihr könnt ihn höchstwahrscheinlich am Morgen in der Kirche treffen; wenn nicht, könnt Ihr den Bruder Sakristan bitten, ihn zu holen.«

»Darf ich ihm sagen, daß ich mit Eurer Empfehlung zu ihm komme?« fragte Machiavelli höflich.

»Der Gesandte der Republik bedarf nicht der Empfehlung eines armen Kaufmanns in einer Stadt, die von geringer Bedeutung ist, verglichen mit dem prächtigen Florenz.«

»Und Ihr, was haltet Ihr von diesem Fra Timoteo?« fuhr Machiavelli fort und wandte sich an Aurelia. »Mir liegt nicht nur an der Meinung eines Mannes von Stand und Urteil wie Messer Bartolomeo oder einer Frau von Takt und Erfahrung wie Monna Caterina, sondern ich brauche auch die Ansicht einer, die die Begeisterung, Unschuld und Empfänglichkeit der Jugend besitzt, einer, der die Welt und ihre Gefahren noch unbekannt sind; denn der Prediger, den ich der Signoria empfehlen möchte, muß nicht nur Sünder zur Buße rufen, sondern auch die Tugendhaften in ihrer Reinheit festigen.«

Es war eine hübsche Rede.

»Fra Timoteo kann in meinen Augen kein Unrecht tun. Ich bin bereit, mich von ihm in allem leiten zu lassen.«

»Und ich«, fügte Bartolomeo hinzu, »ich bin bereit, dich von ihm leiten zu lassen. Er wird dir niemals etwas raten, was nicht zu deinem Besten ist.«

Es war alles ausgezeichnet gegangen, genauso, wie Machiavelli es sich gewünscht hatte. Mit sich zufrieden, ging er schlafen.

17

Am nächsten Tag, es war Markt, nahm Machiavelli frühmorgens Piero mit und kaufte zwei Paar fette Rebhühner. Bei einem andern Stand kaufte er einen Korb der saftigen Feigen, die eine Spezialität aus Rimini und so hochgeschätzt waren, daß sie nach ganz Italien versandt wurden. Er ließ diese Eßwaren durch Piero zu Messer Bartolomeo bringen und dort mit seinen Empfehlungen abgeben. Da Imola voll von Fremden war, waren Lebensmittel knapp und teuer, und er wußte also, daß seine Gabe willkommen sein würde. Dann machte er sich auf den Weg zur Kirche des Franziskanerklosters, dem Fra Timoteo angehörte. Sie lag unfern von Bartolomeos Haus und war ein ziemlich großer Bau, doch architektonisch wertlos. Die Kirche war leer bis auf zwei, drei betende Frauen, einen Laienbruder, offenbar den Sakristan, der den Boden fegte, und einen Mönch, der sich am Altar einer Seitenkapelle zu schaffen machte. Machiavelli sah mit einem flüchtigen Blick, daß er nur so tat, als wäre er da beschäftigt, und vermutete, daß dies Fra Timoteo sei, den Monna Caterina von seinem Kommen verständigt hatte.

»Verzeiht, Vater«, sagte er mit einem höflichen Krümmen seines Rückgrats, »man hat mir gesagt, daß Ihr so glücklich seid, in dieser Kirche ein wundertätiges Standbild der Jungfrau zu besitzen, und ich wünsche innig, an ihrem Altar eine Kerze zu entzünden, damit sie meiner lieben Frau, die jetzt schwanger ist, in der Pein der Geburt beistehe.«

»Hier ist sie, Messere«, sagte der Mönch. »Ich war eben dabei, ihren Schleier zu wechseln. Ich kann die Brüder nicht dazu bewegen, sie rein und ordentlich zu halten, und dann sind sie erstaunt, daß die Frommen es unterlassen, ihr Verehrung zu bezeugen. Ich kann mich an die Zeit erinnern, als in dieser Kapelle Dutzende von Weihgaben waren, gespendet als Dank für erwiesene Gnaden, und heute gibt's hier kaum zwanzig. Und es ist unsere eigene Schuld; sie haben kein Verständnis, meine Brüder.«

Machiavelli wählte eine Kerze von gewaltigen Ausmaßen, überzahlte sie mit einem Florentiner Gulden und sah dem Mönch zu, wie er sie in einen eisernen Leuchter steckte und anzündete. Nachdem dies geschehen war, sagte Machiavelli:

»Ich muß Euch um eine Gefälligkeit bitten, Vater. Ich habe Gründe, privat mit Fra Timoteo zu sprechen, und ich wäre Euch dankbar, wenn Ihr mir sagtet, wo ich ihn finden kann.«

»Ich bin Fra Timoteo«, sagte der Mönch.

»Unmöglich! Das sieht ja aus, als habe die Vorsehung da ihre Hand im Spiele. Es ist wie ein Wunder, daß ich herkomme und in dem ersten Menschen, den ich treffe, den Mann finde, den ich gesucht habe.«

»Die Wege der Vorsehung sind unergründlich«, sagte Fra Timoteo.

Der Mönch war ein Mann mittlerer Größe, von behaglicher, jedoch nicht abstoßender Körperfülle, was den kühlen Verstand Machiavellis zu der Erwägung veranlaßte, daß er sich dem Fasten zwar nicht häufiger hingab, als die Ordensregel es von ihm forderte, daß er aber auch nicht dem gröblichen Laster der Völlerei frönte. Er hatte einen schönen Kopf, der an einen römischen Imperator erinnerte, dessen feine Gesichtszüge, noch nicht verzerrt durch Überfluß und grenzenlose Macht, doch schon eine Andeutung der grausamen Sinnlichkeit tragen, die zu seiner Ermordung führt. Es war ein Typus, der Machiavelli nicht unbekannt war. Aus den vollen roten Lippen, aus der kühnen Hakennase, aus den schönen, schwarzen Augen las er Ehrgeiz, Schlauheit und Habsucht; aber diese Eigenschaften waren unter einem Schein von Gutmütigkeit und schlichter Frömmigkeit verborgen. Machiavelli konnte sehr wohl verstehen, wie dieser Mann einen so großen Einfluß auf Bartolomeo und die Frauen seiner Familie gewonnen hatte. Sein Instinkt sagte ihm, daß dies ein Mensch sei, mit dem er verhandeln konnte. Er haßte Mönche; in seinen Augen waren sie entweder Narren oder Schurken, und der da war wahrscheinlich ein Schurke; er mußte vorsichtig vorgehen.

»Ich will Euch gestehen, Vater, daß ich über Euch von meinem Freund Messer Bartolomeo Martelli eine Menge Gutes gehört habe. Er hat die höchste Meinung von Eurer Tugendhaftigkeit und auch von Euren Fähigkeiten.«

»Messer Bartolomeo ist ein gehorsamer Sohn der Kirche. Unser Kloster ist arm, und wir sind seiner Freigebigkeit tief verpflichtet. Darf ich erfahren, mit wem ich die Ehre habe, Messere?« Machiavelli wußte, daß der Mönch darüber gut unterrichtet war, doch antwortete er ernst:

»Ich hätte mich vorstellen sollen. Niccolo Machiavelli, Bürger von Florenz und Sekretär der Zweiten Staatskanzlei.«

Der Mönch machte eine tiefe Verbeugung.

»Es ist ein großer Vorzug, mit dem Gesandten dieses erlauchten Staates zu sprechen.«

»Ihr bringt mich in Verwirrung, Vater; ich bin bloß ein Mensch mit allen menschlichen Fehlern; doch wo können wir uns ungestört längere Zeit unterhalten?«

»Warum nicht hier, Messere? Der Bruder Sakristan ist stocktaub und ein ausgemachter Esel, und die paar alten Weiber sind zu tief ins Gebet versunken, um zu hören, was wir sprechen, und zu unwissend, um es zu verstehen, auch wenn sie es hörten.«

Sie setzten sich auf zwei Betschemel in der Kapelle, und Machiavelli sagte Fra Timoteo, daß er von der Signoria den Auftrag erhalten habe, einen Prediger für die Fastenpredigten im Dom zu finden. Das Römergesicht blieb unbewegt, doch Machiavelli spürte in dem Frater eine bereitwillige Aufmerksamkeit, was seine Überzeugung bestätigte, der habe bereits von dem Gespräch des vorhergehenden Abends gehört. Machiavelli machte ihn mit den Anforderungen der Signoria bekannt.

»Sie sind natürlich etwas unruhig«, sagte er. »Sie möchten nicht den Fehler wiederholen, den sie mit Fra Girolamo Savonarola begangen haben. Es ist wohl ganz gut, daß das Volk zur Buße gerufen werde, aber der Wohlstand von Florenz beruht auf seinem Handel, und die Signoria kann nicht zulassen, daß Bußetun den Frieden stört oder den Handel schädigt. Ein Übermaß an Tugend kann für den Staat ebenso gefährlich sein wie ein Übermaß an Laster.«

»Dies, wenn ich mich recht erinnere, war die Meinung des Aristoteles.«

»Oh, ich sehe, daß Ihr, ungleich den Mönchen im allgemeinen, ein Mann von Bildung seid. Das ist nur gut. Das Volk von Florenz hat einen regen kritischen Geist und kann einen Prediger nicht ertragen, dem es bei aller Beredsamkeit an Gelehrsamkeit mangelt.«

»Es stimmt, daß viele meiner Brüder von erschreckender Unwissenheit sind«, sagte Fra Timoteo selbstgefällig. »Wenn ich Euch recht verstehe, möchtet Ihr wissen, ob es jemanden in Imola gibt, der meiner Ansicht nach der Ehre würdig wäre, von der Ihr sprecht. Das ist eine Angelegenheit, die überlegt sein will. Ich muß darüber nachdenken und unauffällige Nachforschungen anstellen.«

»Ihr würdet mir dadurch einen großen Gefallen erweisen. Ich weiß von Messer Bartolomeo und seinen Damen, daß Ihr ein Mann von einzigartigem Scharfblick und höchster Rechtschaffenheit seid. Ich bin überzeugt, daß Ihr mir einen selbstlosen Rat geben werdet.«

»Messer Bartolomeos Damen sind Heilige. Nur darum haben sie eine so hohe Meinung von mir.«

»Ich wohne bei Monna Serafina, gerade hinter dem Hause Messer Bartolomeos. Wenn ich Euch bewegen könnte, morgen abend unser einfaches Mahl mit uns zu teilen, dann könnten wir die Sache weiter besprechen, und es wäre der guten Serafina ein unendliches Vergnügen, Euch zu Tische zu haben.«

Fra Timoteo nahm die Einladung an. Machiavelli ging nach Hause, suchte jedoch vorher Bartolomeo auf und bat ihn, ihm Geld zu leihen. Er erklärte, er habe in Imola große Auslagen im Zusammenhang mit seiner Mission, und die Gelder, die er von der Signoria erwarte, seien noch nicht eingetroffen. Er sprach des langen und breiten über die Knauserigkeit der florentinischen Regierung und beklagte sich, daß er, um die Würde seiner Stellung richtig zu wahren und die Kosten seiner Erkundigungen zu bestreiten, Geld aus eigener Tasche vorschießen mußte. Bartolomeo ließ ihn nicht zu Ende reden.

»Lieber Niccolo«, sagte er auf seine joviale Art, »Ihr braucht mir nicht zu sagen, daß man an diesem Hof nichts bekommt, ohne dafür zu bezahlen. Euch und auch der Signoria zuliebe werde ich mich glücklich schätzen, Euch zu leihen, was Ihr auch verlangt. Wieviel wollt Ihr haben?«

Machiavelli war erstaunt und erfreut.

»Fünfundzwanzig Dukaten.«

»Ist das alles? Wartet, ich will sie Euch sofort geben.«

Er verließ das Zimmer und kam nach wenigen Minuten mit dem Geld zurück. Es tat Machiavelli leid, daß er nur so wenig erbeten hatte.

»Und wenn Ihr mehr braucht, zögert nicht, zu mir zu kommen«, sagte Bartolomeo strahlend. »Ihr müßt mich als Euren Bankier betrachten.«

›Ein Narr mit Geld verspielt die Welt‹, sagte sich Machiavelli, als er nach Hause zurückkehrte.

18

Bruder Timoteo kam zum Abendessen. Machiavelli hatte Serafina geheißen, das Beste zu kaufen, was die Stadt bot, und der Mönch brauchte wenig Nötigung, um fest zuzulangen. Machiavelli sah darauf, daß sein Becher nicht leer stand, und als sie nach dem Essen ins Wohnzimmer gingen, um sich ungestört unterhalten zu können, ließ er einen seiner Diener einen Krug Wein bringen.

»Und nun wollen wir ans Geschäft gehen«, sagte er.

Fra Timoteo sagte ihm, er habe den Gegenstand ihrer Unterredung einer sorgfältigen Prüfung unterzogen, und nannte drei Mönche, die in der Stadt als Prediger eine gewisse Berühmtheit genossen. Er schilderte ganz offen ihre verschiedenen Vorzüge, ließ jedoch mit einer Geschicklichkeit, die Machiavelli nur bewundern konnte, in seine Lobreden eine leicht abschätzige Note einfließen, die seine Empfehlung nachgerade aufhob. Machiavelli lächelte wohlgefällig.

»Ihr habt von diesen vortrefflichen Mönchen mit einer Offenheit und Selbstlosigkeit gesprochen, die meinen Erwartungen von Euch entsprachen, Vater, doch Ihr habt den Namen eines Mannes nicht erwähnt, dessen Fähigkeiten und

Frömmigkeit allen Berichten zufolge die ihren unendlich übertrifft.«

»Und wer könnte das sein, Messere?«

»Fra Timoteo.«

Der Mönch machte eine Gebärde gut geheuchelter Überraschung.

›Ein guter Schauspieler‹, sagte sich Machiavelli. ›Ein Prediger muß schauspielerische Gaben besitzen; wenn die Signoria mich wirklich beauftragt hätte, einen zu finden, dann wäre ich fast geneigt, diesen Schelm von einem Mönch vorzuschlagen.‹

»Ihr scherzt, Messere?«

»Warum, glaubt Ihr, sollte ich über einen Gegenstand von solcher Wichtigkeit scherzen, Vater? Ich war meinerseits auch nicht müßig. Ich habe erfahren, daß in der ganzen Geschichte Imolas kein Prediger jemals einen so tiefen Eindruck gemacht hat wie Ihr mit Euren Fastenpredigten in diesem Jahr. Man sagt mir, daß Ihr über hervorragende Beredsamkeit verfügt, und ich kann selbst beurteilen, daß Ihr eine wohlklingende, schöne Stimme habt. Euer Auftreten ist eindrucksvoll, und ich habe in der kurzen Zeit, die wir miteinander gesprochen haben, festgestellt, daß Ihr verständig, taktvoll und gebildet seid. Ich bin überzeugt, daß Eurer Kenntnis der Kirchenväter nur noch Eure klassische Gelehrsamkeit gleichkommt.«

»Ihr verwirrt mich, Messere. Die Signoria braucht einen Mönch von Ruf, und ich bin ein armer Bruder in einem ärmlichen Kloster einer Provinzstadt. Um mich zu empfehlen, habe ich weder gute Herkunft noch mächtige Freunde. Ich danke Euch aus tiefstem Herzen für die gute Meinung, die Ihr freundlicherweise von mir habt, aber ich bin der vorgeschlagenen Ehrung nicht würdig.«

»Das können diejenigen besser beurteilen, die Euch besser kennen, als Ihr Euch kennt.«

Machiavelli unterhielt sich großartig. Er würdigte die gespielte Bescheidenheit des Mönchs vollauf und erkannte mit scharfen Augen, die bis in dessen tiefste Seele drangen, die ganze Gier seines Ehrgeizes. Er war gewiß, daß der Mönch mit einem solchen Köder zu allem zu haben wäre, was er von ihm wollte.

»Ich glaube, ich wäre nicht ganz ehrlich, sagte ich Euch nicht, daß ich im Staate von Florenz keineswegs einen großen Einfluß habe. Ich bin nur ein Berater; die letzte Entscheidung liegt bei den Herren der Signoria.«

»Ich kann mir nicht vorstellen, daß sie sich über den Rat ihres Gesandten an Seine Exzellenz, den Herzog der Romagna und des Valentinois, leicht hinwegsetzen würden«, sagte Fra Timoteo mit einem einschmeichelnden Lächeln.

»Es ist wahr, unser neuer Gonfaloniere auf Lebenszeit, Piero Soderini, ist mein Freund, und ich glaube, ohne Eitelkeit behaupten zu dürfen, daß sein Bruder, der Bischof von Volterra, ein gewisses Vertrauen in meine Ehrlichkeit und meinen gesunden Verstand setzt.«

Diese Bemerkung leitete wie selbstverständlich dazu über, von jener Gesandtschaft zu Cesare Borgia zu erzählen, als Machiavelli den Kardinal, der damals ein Bischof war, nach Urbino begleitet hatte, um gegen den Angriff des Vitellozzo auf Arezzo Protest zu erheben; und dies leitete ebenso selbstverständlich zur Schilderung seiner Tätigkeit im Krieg gegen Pisa und seiner Sendung nach Frankreich über. Machiavelli war bedacht, seinen Anteil an diesen Unternehmungen als möglichst gering darzustellen, verstand es jedoch, dabei dem Frater anzudeuten, daß er die Fäden in der Hand gehabt habe. Er sprach leichthin, unterhaltend und vertraulich über Könige und Kardinäle, Fürsten und Feldherren und flößte so auf feine Art seinem Zuhörer den Glauben ein, ihm gehöre das Ohr der Großen in Italien und in Frankreich. Staatsgeheimnisse waren für ihn keine Geheimnisse. Nur ein Dummkopf konnte daran zweifeln, daß er viel mehr wußte, als er sagte. Fra Timoteo war geblendet.

»Ach, Messere, Ihr könnt Euch ja nicht vorstellen, was es

für mich bedeutet, mit einem Manne von Eurer Intelligenz und Erfahrung zu sprechen. Es ist wie ein Blick aufs Gelobte Land. Wir leben in dieser langweiligen Kleinstadt und wissen nichts von der Welt. In ganz Imola gibt es nicht einen gebildeten oder bedeutenden Mann. Unser Verstand, wenn vorhanden, wird rostig, weil wir keine Gelegenheit haben, ihn zu benützen. Man braucht die Geduld Hiobs, um die Dummheit der Menschen zu ertragen, unter denen man gezwungen ist, sein Leben hinzubringen.«

»Vater, ich will zugeben, daß ich es nach dem, was ich über Euch weiß und was ich von Euch gehört habe, für unendlich schade halte, daß ein Mann von Eurer Begabung an diese Stadt verschwendet sein soll. Es kommt mir nicht zu, einen Mann Eurer Berufung an das Gleichnis von den Talenten zu erinnern.«

»Ich denke oft daran. Ich habe mein Talent in der Erde vergraben, und wenn der Herr mich fragt, wozu ich es verwendet habe, werde ich nicht darauf antworten können.«

»Vater, niemand kann für einen anderen mehr tun, als ihm eine Gelegenheit zu verschaffen; er muß dann selber wissen, wie er sie nützen soll.«

»Wer wird schon einem unbekannten Mönch eine Gelegenheit verschaffen?«

»Ich bin Euer Freund, Vater, und so gering mein Einfluß ist, er steht Euch zur Verfügung. Und Ihr werdet auch nicht mehr ganz unbekannt sein, wenn ich einmal Euren Namen vor dem Bischof von Volterra erwähnt habe. Es steht einem Manne in Mönchskutte nicht an, sich selbst ins Rampenlicht zu stellen; es liegt jedoch kein Grund vor, warum ich die Angelegenheit nicht mit unserem Freund Bartolomeo besprechen sollte, und ich kann ihn bestimmt überzeugen, daß ihm selbst eingefallen ist, an gewisse einflußreiche Bekannte in Florenz zu schreiben.«

Fra Timoteo lächelte.

»Unser lieber Bartolomeo! Er ist die Güte selbst, doch es

kann nicht geleugnet werden, daß er ein wenig einfältig ist. Er vereinigt doch nicht die Klugheit der Schlange mit der Unschuld der Taube in sich.«

So führte Machiavelli das Gespräch zu dem Punkt, auf dem er es haben wollte. Er füllte nochmals die geleerten Becher. Die Kohlenpfanne strahlte angenehme Wärme aus.

»Bartolomeo«, sagte Machiavelli, »ist ein äußerst würdiger Mann. Es ist mir oft als bemerkenswert aufgefallen, daß Geschäftsleute dazu fähig sind, kaufmännische Angelegenheiten erfolgreich zu erledigen, und doch dabei so unerfahren sind in den Dingen der Welt. Deshalb schätze ich ihn aber nicht weniger, und ich täte viel, um sein Wohl zu fördern. Ihr habt großen Einfluß auf ihn, Vater.«

»Er ist so gütig, meinen Ratschlägen einen gewissen Wert beizulegen.«

»Darin wenigstens beweist er natürlichen gesunden Menschenverstand. Wie traurig, daß einem so ausgezeichneten und verdienstvollen Menschen sein Herzenswunsch nicht erfüllt wird.«

Fra Timoteo sah ihn fragend an.

»Ihr müßt doch genausogut wie ich wissen, daß er die Hälfte seines Vermögens darum geben würde, einen Sohn zu haben.«

»Er ist von dem Gedanken besessen; er kann von nichts anderem reden. Wir haben für ihn zu unserer wundertätigen Jungfrau gebetet, aber ohne Erfolg, und er zürnt uns, weil unsere Gebete nicht das erwünschte Ergebnis gehabt haben. Aber er ist unvernünftig; der arme Mann kann kein Kind zeugen.«

»Vater, ich habe einen kleinen Besitz unfern von Florenz, San Casciano genannt, und um die armseligen Bezüge zu vermehren, die ich von der Signoria erhalte, verdiene ich so viel Geld als möglich durch den Verkauf von Holz aus meinem Wald und die Bewirtschaftung meiner Äcker. Ich habe auch Kühe, und es geschieht manchmal, daß man einen Stier bekommt, dem Aussehen nach stark und gesund, aber aus irgendwelchen Gründen mit derselben unseligen Schwäche geschlagen wie unser guter Freund Bartolomeo. Da schlachtet man den Stier, und für den Erlös des Fleisches kauft man einen neuen.«

Fra Timoteo lächelte.

»Es ist nicht gut möglich, mit Menschen ebenso zu verfahren.«

»Und auch nicht notwendig. Doch der Gedanke dahinter ist richtig.« Der Mönch brauchte einen Augenblick, um zu erfassen, was Machiavelli meinte, und als er es verstand, lächelte er wieder.

»Monna Aurelia ist eine tugendhafte Ehefrau, und sie wird gut behütet von ihrer Mutter und von ihrem Gatten, wenn auch aus verschiedenen Gründen. Bartolomeo ist nicht so dumm, nicht zu wissen, daß eine junge, schöne Frau zwangsläufig eine Versuchung für die sittenlose Jugend unserer Stadt sein muß. Und Monna Caterina hat lange genug in Armut gelebt, um auf der Hut zu sein, das behagliche Heim nicht durch die Unbesonnenheit ihrer Tochter wieder zu verlieren.«

»Und doch könnte sich eine Unbesonnenheit als höchste Besonnenheit offenbaren; Monna Caterinas Stellung wäre gesicherter, wenn sie einen kleinen Enkel auf den Knien schaukeln könnte.«

»Das leugne ich nicht. Jetzt, da ihm der Herzog dieses Besitztum mit dem daran haftenden Titel verliehen hat, ist Bartolomeo mehr denn je darauf erpicht, einen Erben zu haben. Die Damen der Familie haben herausbekommen, daß er daran denkt, seine beiden Neffen zu adoptieren. Er hat eine verwitwete Schwester in Forlí, und sie ist gerne bereit, ihn für ihre beiden Jungen sorgen zu lassen; aber sie will sich von ihnen nicht trennen und macht es zur Bedingung, daß er mit ihnen auch sie selbst ins Haus nehme.«

»Es ist nur natürlich, daß eine Mutter von ihren Kindern nicht getrennt sein will.«

»Sehr natürlich. Aber diese Aussicht betrübt Monna Caterina und auch Monna Aurelia. Es ist ihnen klar, daß ihre Stellung dann schwierig würde. Monna Aurelia hat keine Mitgift in die Ehe gebracht. Bartolomeo ist ein schwacher und dummer Mensch; Monna Constanza, als die Mutter seiner adoptierten Söhne, würde den Einfluß einer Frau untergraben, die von seiner Eitelkeit beharrlich für unfruchtbar gehalten wird; seine Schwester wäre in nicht allzulanger Zeit die Herrin im Haus. Monna Caterina hat mich angefleht, ihm von einem Schritt abzureden, der für ihre Tochter und für sie selbst so gefährlich wäre.«

»Hat er Euch um Rat gefragt?«

»Natürlich.«

»Und welchen Rat habt Ihr ihm gegeben?«

»Ich habe versucht, Zeit zu gewinnen. Der Beichtvater seiner Schwester in Forlí ist ein Dominikaner, und es ist wohl zu vermuten, daß sie nach ihrer Ankunft in Imola einen Beichtvater aus demselben Orden nähme. Die Dominikaner sind nicht unsere Freunde. Wir verdanken der Freigebigkeit Bartolomeos viel, und es wäre ein Jammer, wenn Monna Constanza seine Enttäuschung über unsere vergeblichen Bemühungen dazu ausnützte, seine Gunstbezeigungen anderswohin zu lenken.«

»Niemand vermag deutlicher zu sehen als ich, wie schwierig Eure Lage ist, lieber Vater. Die einzig mögliche Lösung ist die, die ich vorschlage.«

»Ist es Euch entgangen, daß sie ein wenig nach Sünde riecht, Messere?« fragte der Mönch mit einem nachsichtigen Lächeln.

»Eine kleine Sünde, Vater, aus der viel Gutes werden kann. Ihr könnt einen würdigen Mann glücklich machen und zwei Frauen Sicherheit geben, deren Frömmigkeit Eure Unterstützung verdient, und nicht zuletzt könnt Ihr den Brüdern Eures Ordens die Freigebigkeit eines großzügigen Spenders erhalten. Es wäre Anmaßung, wenn ich Euch die Heilige Schrift ins Gedächtnis zurückriefe, aber ich möchte so frei sein, Euch darauf hinzuweisen, daß, hätte das Weib von Samaria nicht Ehebruch begangen, der Gründer unserer Religion niemals Gelegenheit gehabt hätte, jene Gebote der Duldung und Nachsicht zu erlassen, die schon immer von so unschätzbarem Wert waren für die elenden Sünder, die wir nun einmal sind.«

»Eine hübsche Beweisführung, Messere.«

»Ich bin ein Mensch, Vater. Ich will Euch nicht verschweigen, daß die Schönheit Monna Aurelias in mir eine solche Leidenschaft erregt hat, daß ich sie befriedigen oder sterben muß.«

»Ich habe mir nie vorgestellt, daß die Sorge um das Wohlbefinden Bartolomeos und um den Seelenfrieden seiner beiden Damen nur der Güte Eures Herzens entsprang«, sagte Fra Timoteo trocken.

»Euer Kloster ist arm, und Eure Mildtätigkeit wird zweifellos von vielen Seiten in Anspruch genommen. Ich würde fünfundzwanzig Dukaten dafür geben, um Eures Wohlwollens versichert zu sein, Vater.«

Machiavelli sah ein gieriges Aufleuchten in den dunklen Augen des Mönchs.

»Wann?«

»Jetzt.«

Machiavelli nahm aus einer inneren Tasche den Geldbeutel und warf ihn lässig auf den Tisch. Die Münzen gaben einen angenehmen Klang auf der hölzernen Platte.

»Ihr habt durch den Reiz Eures Gesprächs und die Anmut Eures Wesens mein Wohlwollen gewonnen, Messere«, sagte der Mönch. »Ich weiß aber nicht, wie ich Euch gefällig sein kann.«

»Ich werde Euch um nichts bitten, was gegen Euer Gewissen ist. Ich möchte, daß Ihr mir irgendwie Gelegenheit verschafft, Monna Caterina im geheimen zu sprechen.«

»Ich kann darin kein Unrecht sehen. Aber es wird Euch

nicht weiterbringen. Bartolomeo ist ein Narr, doch ein zu guter Geschäftsmann, um unnötige Gefahren zu laufen. Wenn seine Geschäfte ihn dazu zwingen, abwesend zu sein, dann ist sein Diener da, um Monna Aurelia vor den Belästigungen gewissenloser, lüsterner Männer zu beschützen.«

»Das weiß ich. Unser guter Bartolomeo hat jedoch ein ebenso blindes wie wohlverdientes Vertrauen zu Euch. Er hat Monna Aurelia in Badeorte gebracht und auf Wallfahrten zu den Schreinen von Heiligen mitgenommen, denen die segensreiche Gabe zugeschrieben wird, Frauen vom Fluche der Unfruchtbarkeit zu heilen. Ich mache Euch einen Vorschlag: Wenn sich unser guter Bartolomeo, von seinem Diener begleitet, nach Ravenna begibt und dort eine Nacht in Gebet und Andacht vor dem Sarkophag mit den sterblichen Überresten des San Vitale zubringt, dann könnt Ihr Gewähr leisten, daß Monna Aurelia empfangen wird.«

»San Vitale war offenbar ein großer Heiliger, sonst wäre ihm zu Ehren keine Kirche erbaut worden; doch was veranlaßt Euch zu der Annahme, daß seine Gebeine die Macht haben, Männer von ihrer Zeugungsunfähigkeit zu heilen?«

»Der Name ist ungemein beziehungsvoll, und Bartolomeo weiß nicht mehr von der wunderwirkenden Macht dieses Heiligen als Ihr oder ich. Ein Ertrinkender greift nach einem Strohhalm, und Ravenna ist nur zwanzig Meilen von Imola entfernt. Könnt Ihr wirklich glauben, daß unser Freund zögern würde, eine so kurze Reise zu unternehmen, um ein Ergebnis zu erzielen, das er so sehr ersehnt?«

»Laßt mich eine Gegenfrage stellen, Messere. Habt Ihr irgendeinen Grund zu der Annahme, daß Monna Aurelia, eine tugendsame und schüchterne Gattin, auf Eure Annäherungen einginge? Habt Ihr sie mit Euren Wünschen vertraut gemacht?«

»Ich habe nur ein paar Worte mit ihr gewechselt, aber wenn sie nicht anders ist als alle anderen Frauen, dann sind ihr meine Wünsche bekannt. Frauen haben zwei Schwächen, Neugierde und Eitelkeit.«

»Läßliche Sünden«, sagte der Mönch.

»Und doch werden durch sie diese schönen Wesen häufiger vom schmalen Pfade der Tugend abgebracht als durch Leidenschaft.«

»Es gibt so manches auf Erden, von dem ich glücklicherweise durch mein Ordenskleid nichts weiß.«

»Wenn Eure hervorragenden Verdienste Euch einmal zu der Stellung erhoben haben, die Euch zukommt, werdet Ihr erkennen, daß Ihr Menschen weniger durch Entfaltung ihrer Tugenden oder Unterstützung ihrer Laster beeinflussen könnt als durch Eingehen auf ihre kleinen Schwächen.«

»Euer Plan ist gut erdacht. Ich zweifle kaum, daß Ihr Monna Caterina überreden könnt, Euch zu helfen; sie wird vor nichts zurückschrecken, um Bartolomeo daran zu hindern, seine Neffen zu adoptieren; aber ich kenne Monna Aurelia zu gut, um zu glauben, daß sie sich von ihrer Mutter oder von Euch dazu überreden ließe, eine Todsünde zu begehen.«

»Das ist möglich. Es gibt viele Dinge, die sich von ferne seltsam und erschreckend ausnehmen; wenn man ihnen aber näherkommt, dann erscheinen sie natürlich, leicht und vernünftig. Ich habe keinen Grund anzunehmen, daß Monna Aurelia verständiger ist als die Mehrzahl ihres Geschlechtes. Es wäre von Vorteil, Ihr erklärtet ihr, daß es falsch ist, aus Angst vor dem Üblen das Gute nicht zu tun, wenn die bestimmte Aussicht auf etwas Gutes einer unbestimmten Aussicht auf etwas Übles gegenübersteht. Das Gute ist, daß sie empfangen und so einer unsterblichen Seele das Leben geben wird; das Üble, daß sie erwischt werden könnte. Aber durch richtige Vorsichtsmaßregeln wird diese Möglichkeit hinfällig. Und was die Sünde betrifft – nun, das ist kein Einwand, da es stets der Wille ist, der sündigt, und nicht der Leib. Es wäre eine Sünde, ihren Gatten zu kränken, aber in diesem Fall kann sie ihm nur Freude bereiten. Überall muß der Zweck ins Auge gefaßt werden, und hier ist der Zweck, einen Platz im Paradies auszufüllen und einem Gatten seinen Herzenswunsch zu gewähren.«

Fra Timoteo blicke Machiavelli an, ohne zu antworten. Es schien dem Florentiner, der Mönch könne sich nur durch eine Willensanstrengung vom Lachen zurückhalten. Der Mönch sah zur Seite, und seine Augen fielen auf den Beutel mit Gold, der auf dem Tische lag.

»Ich bin überzeugt, daß die Signoria gut beraten war, als sie Euch als Gesandten zum Herzog schickte, Messere«, sagte er schließlich. »Ich mag Eure Absichten vielleicht verurteilen, aber Eure Spitzfindigkeit kann ich nur bewundern.«

»Ich bin Schmeichelei sehr zugänglich«, gestand Machiavelli.

»Ihr müßt mir Zeit geben, die Angelegenheit zu überdenken.«

»Es ist immer gut, der Eingebung des Augenblicks zu vertrauen, Vater. Doch wenn Ihr mich entschuldigen wollt, möchte ich in den Hof gehen und der Natur ihren Lauf lassen. Der Wein eurer Gegend hat etwas Harntreibendes, will mir scheinen.«

Als Machiavelli zurückkam, saß der Mönch noch immer dort, wo er ihn verlassen hatte, doch der Geldbeutel lag nicht mehr auf dem Tisch.

»Monna Caterina wird am Freitag ihre Tochter zur Beichte begleiten«, sagte der Mönch und sah dabei seine wohlgepflegten Hände an. »Ihr werdet Gelegenheit haben, mit ihr zu sprechen, während Monna Aurelia im Beichtstuhl ist.«

19

Ein glücklicher Zufall verschaffte Machiavelli Gelegenheit, seinen Plan weiter zu verfolgen, und er ergriff sie rasch. Wenn er nicht mußte, stand er nicht sehr früh auf, und die Sonne war schon eine ganze Weile aufgegangen, als er, am Morgen nach dem Gespräch mit Fra Timoteo, aus dem Bett stieg und sich anzog. Er ging in die Küche, wo ihm Serafina sein frugales Frühstück vorsetzte, und dann in den Hof, wo er aus der Zisterne Wasser schöpfte und sich, vor Kälte zitternd, Hände und Gesicht wusch. Dann ging er in sein Zimmer und holte sich die Papiere, die er brauchte. Er stieß das Fenster auf, um nach dem Wetter zu sehen, und erblickte plötzlich Nina, die Dienerin, die einen Stuhl und einen Schemel auf das Dach von Bartolomeos Haus trug. Das Wetter war eine Zeitlang wolkig gewesen, und es hatte ab und zu geregnet, doch an diesem Morgen strahlte die Sonne von einem wolkenlosen Himmel. Er ahnte, was Ninas Vorkehrungen bedeuteten. Gleich darauf erschien Aurelia auf dem Dach, in einen dick gefütterten Umhang gehüllt, in der Hand einen großen Strohhut. Er hatte recht gehabt. Aurelia benützte den schönen Tag, um sich die Haare zu trocknen. Sie ließ sich auf dem Stuhl nieder, und die Dienerin nahm die schönen langen Haare und steckte sie durch den Hut, der keine Krone hatte, sondern nur eine sehr breite Krempe; dann setzte sie Aurelia den Hut auf und breitete die Haare über den Hutrand aus, damit die Sonne darauf scheine und das Färbemittel sie noch heller mache.

Machiavelli änderte seine Tageseinteilung. Er verschob sein Briefeschreiben auf eine geeignetere Zeit, nahm die Laute und stieg die Treppe hinauf zu einer Loggia im Oberstock von Serafinas Haus. Als er dort ankam, war die Dienerin ihren anderen Geschäften nachgegangen, und Aurelia war allein. Die breite Krempe ihres Hutes hinderte sie daran, ihn zu sehen; außerdem war sie wirklich zu sehr mit der Prozedur beschäftigt, den Haaren den gerade richtigen Farbton zu geben, um an irgend etwas anderes zu denken; als Machiavelli aber zu singen begann, fuhr sie zusammen, schob den Hutrand hinauf und sah über die enge Schlucht zwischen den beiden Häusern. Bevor Machiavelli ihren Blick erhaschen konnte, senkte sie die Augen. Als sänge er nur vor sich hin, begann er ein kleines Liebeslied. Nach der Mode der Zeit handelte es von Cupido und seinen Pfeilen, den grausamen Wunden, die die Augen seiner Geliebten ihm zufügten, und dem Glück, das ihm beschieden wäre, wenn er nur einen Augenblick leben könnte, ohne an sie zu denken. Aurelia war ihm ausgeliefert; aus Schüchternheit hätte sie sich vielleicht gerne zurückgezogen, aber die Sonne war unerläßlich, um das Haarfärbemittel richtig haften zu lassen, und er wußte, daß es nicht in der Natur einer Frau lag, ihr Aussehen ihrer Sprödigkeit zu opfern. Wenn sie über seine Gefühle noch irgendwelche Zweifel gehabt hatte, so konnte sie jetzt bestimmt keine mehr haben; eine solche Gelegenheit würde sich aber vielleicht nicht bald wiederholen, und so hielt er es für richtig, diese Gefühle unmißverständlich auszudrücken. Er hatte eine Serenade an eine Frau namens Fenice komponiert, die mit den Worten begann: *Grüß Euch, Herrin, einzige der Frauen...* und in deren Verlauf Fenice als seltenes Beispiel irdischer Schönheit besungen wurde, geziert von allen Liebesreizen, und es war leicht, ohne das Versmaß zu ändern, aus *o einzige Fenice* ein *o einzige Aurelia* zu machen. Die Saiten der Laute zupfend, sprach er die Worte wie ein Rezitativ, das einer gewissen Melodik nicht entbehrte. Aurelia saß ruhig, das Gesicht unter ihrem breiten Hutrand und den hängenden Haaren versteckt, doch Machiavelli bildete sich ein, daß sie gespannt zuhöre. Und mehr wollte er nicht. Er hatte jedoch kaum zwei Strophen beendigt, als Aurelia eine kleine Glocke schwang, die sie offenbar mitgebracht hatte, um die Dienerin herbeizurufen. Machiavelli hielt im Singen und Spielen inne. Nina erschien; Aurelia sagte ihr etwas und erhob sich von dem Stuhl, den die Dienerin nach einem andern Teil des Daches trug; Aurelia ging hinüber, und die Dienerin setzte sich auf den Schemel. Die beiden Frauen begannen miteinander zu sprechen, und Machiavelli wußte, sie werde jetzt Nina bei sich behalten, bis er sich zurückzöge. Er war keineswegs unzufrieden. Er ging in sein Zimmer hinunter, nahm seine Papiere aus dem Kästchen, wo er sie verschlossen hielt, und war bald in ein für die Signoria bestimmtes Schreiben vertieft.

Soweit war alles in Ordnung.

20

Es war nicht Machiavellis Gewohnheit, einem Gottesdienst beizuwohnen; am Freitag wartete er also, bis nach der Vesper die kleine Schar der Gläubigen herauskam, bevor er selbst die Kirche betrat. Er kam gerade zurecht, um zu sehen, wie Fra Timoteo sich in den Beichtstuhl setzte. Einen Augenblick später folgte ihm Aurelia. Monna Caterina saß allein in einer Betkapelle. Machiavelli setzte sich neben sie. Sie schien nicht überrascht, ihn zu sehen, und er hielt es nicht für unwahrscheinlich, daß der Mönch mit ihr gesprochen hatte und sie ihn erwartete. Jedenfalls sah er nicht ein, warum er lange herumreden sollte. Er sagte ihr, er habe sich leidenschaftlich in ihre Tochter verliebt, und bat sie, ein gutes Wort für ihn einzulegen. Monna Caterina schien eher belustigt als entrüstet zu sein. Sie teilte ihm mit, er sei nicht der erste, der der Tugend ihrer Tochter nachstelle, doch keiner habe Erfolg gehabt.

»Ich habe sie sehr streng erzogen, Messer Niccolo, und seit dem Abend, da ich sie, eine unschuldige Jungfrau, zu Messer Bartolomeo ins Bett legte, ist sie ihm ein treues, ergebenes Weib gewesen.«

»Wenn ich gut unterrichtet bin, hat sie niemals Gelegenheit gehabt, etwas anderes zu sein.«

Monna Caterina stieß ein leises, ein wenig unzüchtiges Lachen aus.

»Messer Niccolo, Ihr seid alt genug, um zu wissen, daß sich eine Frau, die ihren Mann betrügen will, durch keine Vorsichtsmaßregeln daran hindern läßt.«

»Die Weltgeschichte bestätigt Eure Worte, Monna Caterina, und ich schließe aus ihnen, daß Ihr eine Frau seid, mit der man offen reden kann.«

Sie drehte ihm ihr Gesicht zu und sah ihn ernsthaft an.

»Messer Niccolo, ich habe großes Unglück in meinem Leben gehabt. Ich bin auf stürmischer See umhergeworfen worden, und jetzt, da ich im sicheren Hafen bin, habe ich nicht den Wunsch, mich wieder dem Toben der Elemente auszusetzen.«

»Ich kann das gut verstehen, aber seid Ihr so gewiß, daß Euer Anker hält und die Vertäuung fest ist?«

Monna Caterina gab keine Antwort, und Machiavelli spürte das Unbehagen in ihrem Schweigen. Er sprach weiter.

»Stimmt es, daß Bartolomeo die Absicht hat, die beiden Söhne Monna Constanzas zu adoptieren, wenn Monna Aurelia ihm nicht bald einen Erben schenkt?«

Auch darauf gab Monna Caterina keine Antwort.

»Ihr habt zuviel Erfahrung von der Welt, Madonna, als daß ich Euch sagen müßte, wie es in einem solchen Fall um Euch und Eure Tochter bestellt wäre.«

Zwei Tränen stahlen sich die Wangen Monna Caterinas hinab. Machiavelli tätschelte ihr freundlich die Hand.

»Eine verzweifelte Lage verlangt verzweifelte Abhilfe.«

Sie zuckte niedergeschlagen die Achseln.

»Selbst wenn es mir gelänge, Aurelias Befürchtungen zu zerstreuen, würde es noch immer an der Gelegenheit fehlen.«

»Mißfalle ich Eurer Tochter?«

»Ihr bringt sie zum Lachen«, sagte Monna Caterina lächelnd, »und ein Scherz kann die Neigung einer Frau so gut gewinnen wie ein hübsches Gesicht.«

»Ihr seid ein Weib nach meinem Herzen, Madonna. Sollte sich die Gelegenheit ergeben, unseren gemeinsamen Wunsch gefahrlos zu verwirklichen, darf ich dann auf Eure Hilfe rechnen?«

»Es sind nicht nur die Befürchtungen meiner Tochter, die überwunden werden müssen, es ist auch ihr Gewissen.«

»Was Ihr davon nicht mit Eurem gesunden Menschenverstand überwinden werdet, das können wir ruhig dem vortrefflichen Fra Timoteo zur Behandlung überlassen. Er mag die Dominikaner nicht.«

Monna Caterina lachte leise.

»Ihr seid ein bezaubernder Mann, Messer Niccolo. Wäre ich noch begehrenswert und Ihr begehrtet mich, ich würde Euch nichts verweigern.«

›Die alte Kuh!‹ dachte Machiavelli, doch er drückte ihre Hand und antwortete: »Wäre ich nicht so leidenschaftlich in Eure Tochter verliebt, ich zögerte nicht, Euch beim Wort zu nehmen.«

»Hier kommt Aurelia.«

»Ich verlasse Euch.«

Er stahl sich aus der Kirche, ging zu einem Silberschmied und kaufte bei ihm ein Kettlein aus vergoldetem Silber, da er doch nicht das Geld hatte, ein goldenes zu kaufen; es war aber sehr hübsch gearbeitet. Am nächsten Morgen ließ er durch Piero einen Korb saftiger Feigen besorgen, die Monna Caterina, wie sie ihm gesagt hatte, so gern aß, legte das Kettlein zuunterst in den Korb und hieß Piero, ihn zu ihr zu tragen. Piero sollte ihr bestellen, die Feigen seien ein Geschenk von Machiavelli, und er sollte hinzufügen, daß sie unter den Feigen etwas finden werde, das sie doch als Zeichen seiner Wertschätzung annehmen solle. Er hatte das Gefühl, daß er und Monna Caterina einander vollkommen verstanden; aber er wußte auch, daß nichts ein Einverständnis besser zu bekräftigen vermag als ein kleines Geschenk.

21

Ein paar Tage später regte Bartolomeo an, sie sollten den mit Gesang verbrachten Abend, der so vergnüglich verlaufen war, wiederholen. Dies taten sie denn auch. Der Abend verging wie der erste unter angenehmem Gespräch und guter Musik. Aurelia, niemals sehr schwatzhaft, war schweigsamer als sonst; doch Machiavelli bemerkte, daß sie ihn prüfend betrachtete, wenn er zu den anderen auf seine muntere Art redete. Er war ziemlich sicher, daß sie und ihre Mutter miteinander über ihn und sein Anliegen gesprochen hatten, und diese forschenden Blicke hießen, daß sie sich fragte, wie er wohl in der Rolle des Liebhabers wäre. Er wußte, daß sein Erfolg bei den Frauen nicht auf sein gutes Aussehen zurückzuführen war, sondern auf seine angenehme Rede, seinen Witz und seine gefälligen Umgangsformen. Er zeigte sich von seiner besten Seite. Er wußte, daß Frauen weder Ironie noch Spott hoch einschätzen, sondern einfache Scherze und komische Geschichten lieben. Er war mit beiden reichlich versehen. Das Lachen, das seine drolligen Einfälle ernteten, erregte ihn, und er schmeichelte sich, niemals unterhaltender gewesen zu sein. Er war auch darauf bedacht, zu zeigen, daß er nicht nur ein Witzbold war, sondern auch ein guter Kerl, nett und verträglich, einer, auf den man sich verlassen und den man leicht lieben konnte. War es nur seine Phantasie, die ihn von Zeit zu Zeit, wenn er Aurelia in die Augen sah, in ihnen eine lächelnde Zärtlichkeit erblicken ließ, die darauf hindeutete, daß sie ihm nicht abgeneigt sei? Er hatte diesen Blick schon früher in den Augen von Frauen gesehen. Sie waren sonderbare Wesen; sie mußten stets das Gefühl mitspielen lassen und dadurch ein Vergnügen lästig komplizieren, das eine gnädige Vorsehung den Menschen gewährt hatte als Entschädigung für die Vertreibung unserer ältesten Ahnen aus dem Paradies. Manchmal jedoch traf es sich gerade recht, daß sie diese kleine Schwäche hatten. Er dachte flüchtig an

Marietta, die ihn auf Geheiß ihrer Eltern geheiratet hatte und jetzt so an ihm hing, daß sie seine Abwesenheit kaum ertragen konnte. Sie war eine brave Frau, und er hatte eine ehrliche Neigung zu ihr, doch sie durfte von ihm nicht erwarten, daß er an ihren Schürzenbändern hinge.

Seine Geschäfte gaben Machiavelli für einige Tage nach diesem Abend so viel zu schaffen, daß er ihnen seine ganze Zeit opfern mußte; durch Piero aber sandte er Aurelia ein Fläschchen Rosenöl, das er zu einem Preis, den er sich kaum leisten konnte, bei einem Kaufmann erstanden hatte, der vor kurzem aus der Levante zurückgekehrt war. Es war ein gutes Zeichen, daß sie es nicht zurückwies. Er beglückwünschte Piero zu dem Takt und der Geschicklichkeit, mit denen er es zuwege gebracht hatte, es ihr zukommen zu lassen, ohne daß jemand etwas merkte, und er gab ihm ein Silberstück, um die Sache mit Nina zu fördern.

»Was für Fortschritte machst du da, mein Junge?« fragte er ihn.

»Ich glaube nicht, daß sie mich nicht mag«, sagte Piero. »Aber sie hat Angst vor dem Diener im Haus. Er ist ihr Geliebter.«

»Ich dachte mir's; doch laß dich nicht entmutigen; wenn sie dich haben will, wird sie schon Mittel und Wege finden, um es einzurichten.«

Dann kam ein regnerischer Nachmittag. Bartolomeo schickte herüber, um Machiavelli zu fragen, ob er Zeit habe, zu ihm zu kommen und eine Partie Schach zu spielen. Machiavelli entschied, daß die Arbeit, die er vorhatte, wohl warten konnte, und er ging hinüber. Bartolomeo empfing ihn in seinem Arbeitszimmer. Obwohl es dort keinen Kamin gab, war es von einer Heizpfanne recht angenehm geheizt.

»Ich dachte, wir könnten hier besser spielen als in Gesellschaft zweier schwatzender Weiber«, sagte Bartolomeo.

Machiavelli war gekommen, weil er gehofft hatte, Aurelia

zu sehen, und war ein wenig enttäuscht; doch antwortete er einigermaßen höflich.

»Frauen reden nun einmal, und beim Schach muß man sich konzentrieren.«

Sie spielten, und vielleicht weil Machiavellis Aufmerksamkeit geteilt war, konnte ihn Bartolomeo zu seiner Freude mit Leichtigkeit mattsetzen. Er ließ Wein kommen, und als der da war und Machiavelli die Figuren zu einer neuen Partie ordnete, lehnte sich Bartolomeo in seinen Stuhl zurück und sagte:

»Es geschah nicht nur für das Vergnügen, mit Euch Schach zu spielen, daß ich Euch bat, so gut zu sein und zu mir zu kommen, lieber Niccolo. Ich möchte Euch um Rat fragen.«

»Ich stehe Euch zu Diensten.«

»Habt Ihr jemals von San Vitale gehört?«

Ein leiser Seufzer der Befriedigung entschlüpfte Machiavellis Lippen. Fra Timoteo hatte ihn nicht im Stich gelassen.

»Sonderbar, daß Ihr danach fragt. Sprecht Ihr von der Kirche in Ravenna, wo die Gebeine des Heiligen bestattet sind? Vor gar nicht so langer Zeit redete jedermann in Florenz über ihn.«

»In welchem Zusammenhang?«

»Die Narrheit der Menschen kennt keine Grenzen, und unsere guten Florentiner, die auf ihren regen Verstand so stolz sind, können von unvorstellbarer Leichtgläubigkeit sein.«

Er sah, daß Bartolomeo gespannt war wie ein Fiedelbogen, und beschloß, ihn noch weiter zu spannen.

»Wovon sprecht Ihr eigentlich?«

»Die Geschichte ist so grotesk, daß ich mich wirklich schäme, sie zu erzählen. In den von der heiligen Kirche erlaubten Grenzen haben meine Mitbürger immer wieder gesunde Zweifel und sind nicht geneigt, an irgend etwas zu glauben, das sie nicht selber sehen, riechen oder greifen können.«

»Das ist's auch, was sie zu den guten Geschäftsleuten macht, die sie sind.«

»Mag sein. Doch desto erstaunlicher, daß sie bisweilen eine Beute des sinnlosesten Aberglaubens werden! Um ganz aufrichtig mit Euch zu sein: ich kann es nicht über mich bringen, Euch eine Geschichte zu erzählen, die sie in einem so lächerlichen Licht erscheinen läßt.«

»Ich bin selber fast Florentiner, und ich werde Euch jetzt keine Ruhe lassen, bis ich die Geschichte kenne. Es ist immer ein Vergnügen, Euch zuzuhören, und an einem so unfreundlichen Tag tut es einem doppelt wohl, zu lachen.«

»Nun, die Tatsachen sind die: Giuliano degli Albertelli, ein Bürger von Florenz, ist ein reicher Mann in der Blüte seiner Jahre, mit einem prächtigen Haus in der Stadt und einer schönen Frau, der er äußerst ergeben ist. Er hätte eigentlich ein glücklicher Mensch sein sollen, aber er hatte keine Kinder, und das war für ihn ein bitterer Schmerz; denn er hatte sich mit seinem Bruder böse zerstritten und konnte den Gedanken nicht ertragen, daß dieser Mann und seine Brut kreischender Bälger einmal alles erben sollten, was er besaß. Er brachte seine Frau in Heilbäder, er ging mit ihr nach heiligen Stätten wallfahrten, er fragte Ärzte um Rat und die alten Weiber, die vorgeben, geheime Kräuter zu kennen, die die Frauen empfangen lassen; aber alles vergeblich.«

Bartolomeo lauschte schwer atmend, als ginge es um sein Leben.

»Dann geschah es, daß ihm ein Mönch, der auf Pilgerfahrten im Heiligen Land gewesen war, erzählte, er habe auf der Heimreise in Ravenna Rast gemacht, wo die Kirche des San Vitale steht, und dieser Heilige besitze die Wunderkraft, impotente Männer zeugungsfähig zu machen. Obwohl ihn seine Freunde davon abzubringen versuchten, bestand Giuliano darauf, den Schrein des Heiligen zu besuchen, und Ihr könnt Euch vorstellen, wie alle lachten, als er sich auf die Reise machte. Es wurden sogar Spottschriften verfaßt und in der Stadt verbreitet. Als er zurückkam, mußten sich die Männer abwenden, um ihm nicht ins Gesicht zu lachen. Neun Monate auf den Tag, nachdem er zurückgekehrt war, gebar seine Frau einen Sohn, der neun Pfund wog. Da war es denn an Giuliano, zu lachen. Ganz Florenz war wie vom Donner gerührt, und die Frommen verkündeten, es sei ein Wunder geschehen.«

Helle Schweißtropfen standen Bartolomeo auf der Stirn.

»Wenn es kein Wunder war, was war es dann?«

»Ganz unter uns möchte ich Euch sagen, lieber Freund, daß meiner Ansicht nach die Zeit der Wunder vorbei ist, zweifellos weil wir unserer Sünden wegen ihrer nicht mehr würdig sind, aber ich muß gestehen, daß mich dieses Ereignis sehr erschüttert hat. Ich kann nur wiederholen, was Ihr sagtet: wenn es kein Wunder war, was war es dann? Ich habe Euch die Tatsachen berichtet, und an Euch ist es, Euch einen Reim auf sie zu machen.«

Bartolomeo nahm einen langen Schluck von seinem Wein. Machiavelli beschloß, am Altar der wundertätigen Madonna Fra Timoteos eine zweite Kerze zu opfern: seine Erfindungsgabe hatte ihm gute Dienste geleistet.

»Ich weiß, ich kann Euch vertrauen, lieber Niccolo«, sagte Bartolomeo nach einer kleinen Pause. »Als Menschenkenner bin ich überzeugt, daß Ihr verschwiegen seid. Nicht ohne Grund habe ich Euch gefragt, ob Ihr schon etwas von San Vitale gehört habt; aber ich war nicht darauf gefaßt, daß Ihr den Bericht, den ich erhalten habe, so unverzüglich bestätigen würdet.«

»Ihr sprecht in Rätseln, Freund.«

»Ihr seid Euch wohl bewußt, daß ich mir von ganzem Herzen einen Sohn wünsche, der mein Vermögen, meine Landgüter und Häuser und Besitztum und Titel erben würde, die der Herzog mir verliehen hat. Ich habe eine verwitwete Schwester mit zwei Söhnen, und weil ich selbst keine Kinder habe, dachte ich daran, die beiden zu adoptieren. Obwohl sie davon nur Vorteile hätten, will sich meine Schwester nicht von ihnen trennen; sie besteht darauf, daß wir dann alle zusammen hier leben sollen. Sie hat aber denselben herrischen Charakter, der mich zu dem Manne gemacht hat, der ich bin, und ich fürchte für meinen Frieden in einem Hause mit drei Weibern, die ewig miteinander streiten würden.«

»Das will ich gern glauben.«

»Ich hätte nicht einen Augenblick lang Ruhe.«

»Euer Leben wäre eine Qual. Sie würden Euch in kleine Stücke reißen.«

Bartolomeo seufzte tief auf.

»Und in dieser Frage wollt Ihr meinen Rat?« fragte Machiavelli.

»Nein. Ich besprach meine Schwierigkeiten gestern mit Fra Timoteo, und seltsamerweise erzählte er mir von San Vitale. Ich glaube zwar keinen Augenblick, daß in dieser Sache die Schuld an mir liegt, doch wenn die Reliquien des Heiligen wirklich diese wundertätigen Eigenschaften haben, wäre es vielleicht der Mühe wert, nach Ravenna zu reisen. Ich habe dort Geschäfte zu erledigen; wenn ich also mein Hauptziel auch nicht erreichte, wäre meine Reise doch nicht umsonst.«

»In diesem Falle sehe ich nicht ein, warum Ihr zögern solltet. Ihr habt alles zu gewinnen und nichts zu verlieren.«

»Fra Timoteo ist ein guter und frommer Mann, doch er kennt die Welt nicht. Es kommt mir seltsam vor, daß die Berühmtheit dieses Heiligen sich nicht schon weit verbreitet hat, wenn er wirklich die Macht besitzt, die man ihm zuschreibt.«

Einen Augenblick lang fühlte sich Machiavelli geschlagen; aber nur einen Augenblick.

»Ihr vergeßt, daß Männer ungern zugeben, daß sie an einer Schwäche leiden, die sie lieber auf ihre Frauen schieben. Ihr könnt überzeugt sein, daß die Männer, die sich der Hilfe des Heiligen bedient haben, den Mund halten und sich hüten, zu verraten, wodurch es ihren Frauen ermöglicht wurde, zu empfangen.«

»Daran hatte ich nicht gedacht. Aber vergeßt eines nicht: würde jemals bekannt, daß ich in Ravenna war, ohne daß meine Pilgerfahrt durch ein freudiges Ereignis gesegnet würde, ich wäre die Zielscheibe des Spottes für die ganze Stadt. Es wäre ein Eingeständnis meines Unvermögens.«

»Wie könnte das bekannt werden? Hat Fra Timoteo Euch nicht gesagt, was Ihr tun müßt? Soviel ich von Giuliano weiß, müßt Ihr die Nacht in Gebet und Andacht vor den Reliquien des Heiligen verbringen.«

»Aber wie wäre das möglich?«

»Für ein Trinkgeld läßt Euch der Sakristan in der Kirche bleiben, wenn er sie über Nacht schließt. Ihr werdet an der ersten Frühmesse teilnehmen und dann Euer Fasten brechen. Nachher werdet Ihr Eure Geschäfte erledigen und heimreiten zu Eurer erwartungsvollen Gattin.«

Bartolomeo lächelte seinen Freund an.

»Ihr würdet mich also nicht für einen allzu großen Narren halten, wenn ich den Versuch wagte?«

»Mein Lieber, die Wege der Vorsehung sind unerforschlich. Ich kann Euch nur sagen, wie es dem Giuliano degli Albertelli ergangen ist. Ob es ein Wunder war oder nicht – wer bin ich, das zu entscheiden?«

»Es ist meine letzte Hoffnung«, sagte Bartolomeo. »Ich will es versuchen. Es ist bei Messer Giuliano geglückt, und es gibt keinen Grund, daß es nicht auch bei mir glücken sollte.«

»Gar keinen«, sagte Machiavelli.

22

In der nächsten Woche waren die Gefühle Machiavellis kunterbunt gemischt wie die Farben einer verrückten Flickendecke. In dem einen Augenblick war er voll Hoffnung, im nächsten verzagt; er taumelte zwischen freudiger Erwartung und ärgerlicher Enttäuschung; bald befand er sich in einem Fieber der Erregung, bald in den Tiefen der Verzweiflung. Denn Bartolomeo konnte sich nicht entschließen; er wollte und wollte doch nicht gehen. Er war einem Manne vergleichbar, der sein Geld auf einen Außenseiter setzen möchte und hin- und hergerissen wird zwischen der Angst, es zu verlieren, und der Gier nach Gewinn. Den einen Tag beschloß Bartolomeo, die Reise zu unternehmen, den nächsten, sie zu unterlassen.

Machiavellis Verdauung war schon immer heikel gewesen, und diese Unsicherheit tat ihr sehr schlecht. Es wäre zu grausam gewesen, wenn er nun, nachdem alles vereinbart war, sich so unwohl fühlte, daß er die Gelegenheit nicht benützen könnte, um die er sich so bemüht und für die er so viel Geld ausgegeben hatte. Er wurde zur Ader gelassen, er purgierte sich, er nährte sich ausschließlich von Krankenkost. Und um alles noch schlimmer zu machen, hatte er mehr zu tun denn je; die Verhandlungen zwischen dem Herzog und seinen aufständischen Unterführern näherten sich dem Abschluß, und Machiavelli mußte immerzu Briefe an die Signoria verfassen, Vermittler empfangen, Stunden im Palast verbringen, um Neuigkeiten zu hören, und einflußreiche Personen aufsuchen, die als Vertreter ihrer Staaten nach Imola gekommen waren. Doch im letzten Augenblick lächelte ihm das Glück. Bartolomeo erhielt ein Schreiben von seinem Agenten in Ravenna, das besagte, wenn er nicht augenblicklich das schon seit einiger Zeit pendente Geschäft abschlösse, würde ein anderes Angebot angenommen. Daraufhin entschied er sich.

Machiavellis Schmerzen verschwanden. Er hatte am Tage nach seinem Gespräch mit Bartolomeo Fra Timoteo aufgesucht, und der Mönch hatte sich bereit erklärt, Bartolomeo die Weisungen zu geben, die Machiavelli vorschlug. Um sich Aurelias Gunst zuzusichern, begab sich Machiavelli zu einem der Kaufleute, die die Aussicht auf leichten Verdienst nach Imola gelockt hatte, und kaufte ein Paar parfümierter Handschuhe mit Goldstickerei. Sie kosteten eine Menge Geld, aber dies war nicht eine Gelegenheit, wo man geizen durfte. Er übersandte sie durch Piero und sagte dem Jungen, er solle nach Monna Caterina verlangen, damit die Dienerschaft glaube, er habe ihr bloß eine Botschaft von seinem Herrn zu bestellen; gleichzeitig trug er Piero jedoch auf, ihr zu sagen, er wünsche mit ihr zu sprechen und wolle sie in der Kirche treffen, wann immer es ihr passe. Er war hocherfreut, als Piero zurückkam und ihm sagte, Monna Caterina habe ihre Tochter hereingerufen, und Aurelia sei über das kostspielige Geschenk entzückt gewesen. Handschuhe dieser Art waren sehr geschätzt, und die Markgräfin von Mantua hatte eine solche Gabe als würdig erachtet, von der Königin von Frankreich angenommen zu werden.

»Wie sah sie aus?« fragte Machiavelli.

»Monna Aurelia? Sie sah erfreut aus.«

»Sei nicht blöde, Junge. Hat sie schön ausgesehen?«

»Sie hat ausgesehen, wie sie immer aussieht.«

»Dummkopf! Wann wird Monna Caterina in die Kirche kommen?«

»Sie geht heute nachmittag in die Vesper.«

Machiavelli war hochbefriedigt, als er von seiner Unterredung mit ihr zurückkehrte.

›Was für ein edles Tier ist doch der Mensch!‹ überlegte er auf dem Heimweg. ›Es gibt kaum etwas, das er mit Kühnheit, List und Geld nicht zustandebringen kann.‹

Aurelia hatte zuerst Angst gehabt und es rundweg abgelehnt, auf den Vorschlag einzugehen; nach und nach hatte sie sich jedoch von den Argumenten Monna Caterinas überzeugen lassen. Sie waren aber auch wirklich unwiderleglich, dachte Machiavelli, und das war nur natürlich; denn er selbst hatte sie ja ausgesonnen. Sie waren unterstützt worden durch die sanften, doch bestimmten Mahnungen Fra Timoteos.

Aurelia war ein einsichtiges Mädchen und mußte zugeben, daß es unvernünftig wäre, vor einer kleinen Sünde zurückzuscheuen, der soviel Gutes entspringen konnte. Kurzum, sie war bereit, auf Machiavellis Wunsch einzugehen, sobald Bartolomeo glücklich aus dem Wege wäre.

Nachdem Bartolomeo sich einmal entschlossen hatte, sah er keinen Grund zu weiterem Aufschub und machte sich, von seinem Diener und einem Reitknecht begleitet, zu Mittag des folgenden Tages nach Ravenna auf. Machiavelli, höflich wie immer, kam, um ihm Lebewohl zu sagen und eine erfolgreiche Reise zu wünschen. Nina, die Magd, wurde heimgeschickt, die Nacht bei ihren Eltern zu verbringen. Als sie weg war, sandte Machiavelli durch Piero einen Korb in Bartolomeos Haus; darin lagen frische Fische aus dem Fluß, ein Paar fetter Kapaune, Süßigkeiten vom Zuckerbäcker, Obst und eine große Korbflasche vom besten Wein der Stadt. Es war geplant, daß Machiavelli bis drei Stunden nach Sonnenuntergang – Serafina wäre da schon im Bett und schliefe – warten, und dann, um neun Uhr, an die kleine Pforte des Hofes kommen sollte. Monna Caterina würde ihn einlassen. Sie wollten zu dritt zu Abend essen. Im gegebenen Augenblick zöge sich Monna Caterina in ihr Schlafzimmer zurück und Machiavelli bliebe allein mit dem Ziel seiner Wünsche. Er mußte ihr aber versprechen, das Haus nur ja vor Morgengrauen zu verlassen.

Als Piero nach Ablieferung des Korbes zurückkam, brachte er eine letzte Botschaft von Monna Caterina. Sie werde an der Pforte warten, wenn die Turmuhr die volle Stunde schlage. Damit sie sicher wäre, daß er es sei, solle er zweimal rasch hintereinander klopfen, einen Augenblick warten, dann einmal klopfen und dann, wieder nach einer kurzen Pause, abermals zweimal. Die Pforte werde dann geöffnet werden, und er solle eintreten, ohne ein Wort zu sprechen.

›Was es doch ausmacht, wenn man es mit einer Frau von

Erfahrung zu tun hat!‹ sagte sich Machiavelli. ›Sie überläßt nichts dem Zufall.‹

Er befahl dem einen seiner Diener, einen Zuber heißen Wassers ins Schlafzimmer zu bringen, und wusch sich dann von Kopf bis Fuß. Das war etwas, das er seit dem Abend vor seiner Hochzeit mit Marietta nicht getan hatte. Es fiel ihm ein, daß er sich damals als Folge eine Erkältung geholt und sie natürlich an Marietta weitergegeben hatte. Dann nahm er von einem Parfüm, das er zugleich mit dem Rosenöl für Aurelia gekauft hatte. Er legte seine besten Kleider an. Da er sich den Appetit auf das ausgezeichnete Abendessen, dem er entgegensah, nicht verderben wollte, lehnte er es ab, die einfache, von Serafina bereitete Mahlzeit einzunehmen, und entschuldigte sich damit, daß er mit dem Beauftragten des Herzogs von Ferrara im Gasthof zu Nacht essen werde. Er versuchte zu lesen, war aber zu erregt, um mit Aufmerksamkeit bei der Sache zu sein. Er klimperte ein wenig auf der Laute, doch seine Finger wollten ihm nicht recht gehorchen. Er dachte einen Augenblick lang an den Dialog, worin Plato sich zur eigenen Zufriedenheit beweist, daß Lust ein unvollkommenes Gut sei, weil sie stets mit Schmerz zusammengeht. Daran war wohl etwas, aber es gab Augenblicke, wo die Beschäftigung mit den ewigen Wahrheiten nur ein schaler Notbehelf war. Er lachte insgeheim, als er die Schwierigkeiten des Unternehmens überdachte und seine sinnreichen Listen, sie zu überwinden. Es wäre falsche, seiner selbst unwürdige Bescheidenheit gewesen, sich nicht einzugestehen, daß er wundervoll klug gehandelt hatte. Er kannte keinen, der sich der Leidenschaften, Schwächen und Interessen der Beteiligten so geschickt hätte bedienen können, um diese nach seinem Willen zu lenken.

Die Turmuhr schlug acht. Er rief Piero, denn er wollte sich die lange Stunde, die vor ihm lag, mit Damespiel vertreiben; gewöhnlich konnte er ihn mit Leichtigkeit besiegen, heute abend jedoch war er unaufmerksam, und Piero gewann eine

Partie nach der anderen. Es war ihm, als wollte diese Stunde nicht enden; aber dann begann plötzlich die Uhr zu schlagen. Machiavelli sprang auf, warf sich den Mantel um und öffnete die Haustür ins Dunkel der Nacht. Er wollte gerade auf die Gasse hinaustreten, als er den Klang von Tritten auf dem Pflaster vernahm. Er schloß die Türe halb und blieb im Hausflur stehen, um zu warten, bis die Männer, wer auch immer sie seien, vorüber wären. Aber sie gingen nicht vorüber; sie blieben vor der Türe stehen, und einer von ihnen klopfte; da sie nicht verriegelt war, wurde sie durch das Klopfen aufgestoßen, und der Schein der Fackeln, die zwei Männer trugen, fiel auf Machiavelli.

»Ah, Messer Niccolo«, rief ein Mann, in dem Machiavelli sofort einen der Sekretäre des Herzogs erkannte. »Wir kommen, Euch zu holen. Und Ihr – Ihr wart wohl gerade auf dem Weg zum Palast? Seine Exzellenz wünscht Euch zu sprechen. Er hat wichtige Neuigkeiten für Euch.«

Diesmal verlor Machiavelli seine Geistesgegenwart. Es fiel ihm auch nicht eine einzige Entschuldigung ein. Wäre er nicht gerade überrascht worden, als er im Begriffe war auszugehen, so hätte er Nachricht senden können, er liege krank zu Bett und könne nicht kommen; doch wie sollte er das jetzt behaupten? Der Herzog war nicht der Mann, dem man sagen konnte, man habe was anderes vor; und wenn es überdies wichtige Neuigkeiten gab, dann war es unerläßlich, daß Machiavelli sie hörte. Es konnte sehr wohl sein, daß sie die Sicherheit von Florenz betrafen. Er verzagte.

»Wartet einen Augenblick, ich will nur dem Jungen sagen, daß er mich nicht zu begleiten braucht.«

»Gewiß, das ist auch unnötig. Männer werden Euch geleiten, um Euch wohlbehalten nach Hause zu bringen.«

Machiavelli ging ins Wohnzimmer und schloß die Türe hinter sich. »Hör zu, Piero! Der Herzog hat nach mir gesandt. Ich will die Unterredung abkürzen und dem Herzog sagen, daß ich die Kolik habe. Monna Caterina wartet bestimmt schon. Geh zu dem Pförtchen und klopfe so, wie sie es dir gesagt hat. Sag ihr, was sich ereignet hat, und sag, ich werde so bald als möglich kommen. Bitte sie, dich im Hof warten zu lassen, damit du mir öffnen kannst, wenn ich klopfe.«

»Sehr wohl.«

»Und sag, ich bin traurig, ärgerlich, unglücklich, verzweifelt und wütend. Ich werde in einer halben Stunde zurück sein.«

Damit schloß er sich den Männern an, die ihn holen gekommen waren, und begab sich in den Palast. Er wurde in einen Vorraum geführt; der Sekretär verließ ihn und sagte, er wolle den Herzog von seiner Ankunft verständigen. Machiavelli wartete. Minuten vergingen. Fünf, zehn, fünfzehn. Dann kehrte der Sekretär zurück und sagte, der Herzog lasse sich entschuldigen, es sei jedoch gerade ein Kurier mit Briefen vom Papst eingetroffen. Der Herzog habe sich mit dem Bischof von Elna und Agapito da Amalia eingeschlossen, um sie zu besprechen. Er werde Machiavelli rufen lassen, sobald er bereit sei. Wieder wurde Machiavelli allein gelassen. Seine Geduld wurde auf eine harte Probe gestellt. Er zappelte, rutschte auf seinem Stuhl hin und her, er biß sich die Nägel, er ging auf und ab. Er tobte, er wütete, er raste. Endlich stürzte er in seiner Verzweiflung aus dem Zimmer und suchte nach dem Sekretär, mit dem er gesprochen hatte; er fragte ihn in einem eisigen Ton, ob der Herzog vergessen habe, daß er hier sei.

»Ich habe die Kolik«, sagte er. »Wenn der Herzog mich nicht empfangen kann, dann will ich nach Hause gehen und morgen kommen.«

»Es ist ein unglücklicher Zufall. Seine Exzellenz würde Euch sicherlich nicht warten lassen, wären es nicht Geschäfte von äußerster Dringlichkeit. Ich glaube, er hat Euch etwas zu sagen, das von lebenswichtigem Interesse für die Signoria ist. Bitte, habt Geduld!«

Machiavelli versuchte, sich so gut wie möglich zu fassen, und ließ sich in den nächstbesten Stuhl fallen. Der Sekretär verwickelte ihn in ein Gespräch und war nicht zu entmutigen, obwohl Machiavelli nur einsilbige Antworten gab und seinen Worten offenbar keine Aufmerksamkeit schenkte. Nur mit großer Anstrengung hielt sich Machiavelli davon zurück, dem Schwätzer zu sagen, er solle doch seinen dummen Mund halten. Immer wieder sagte er sich, wenn sie nur eine Minute später gekommen wären, hätten sie ihn nicht mehr angetroffen. Endlich erschien Agapito da Amalia persönlich und sagte, der Herzog sei bereit, ihn zu empfangen. Machiavelli hatte eine Stunde lang warten müssen. Er lächelte hämisch, als er daran dachte, wie Piero vor Kälte zitternd im Hof an dem Pförtchen stand. Es war ihm ein kleiner Trost, daß nicht nur er leiden mußte.

Beim Herzog war sein Vetter, der Bischof von Elna. Der Herzog war freundlich, verschwendete aber keine Zeit mit Höflichkeiten.

»Ich bin mit Euch immer offen gewesen, Sekretär, und ich möchte meine Lage jetzt klar darlegen. Ich gebe mich mit dem Ausdruck des Wohlwollens nicht zufrieden, den Ihr mir namens der Signoria überbracht habt. Der Papst kann jeden Tag sterben, und wenn ich meine Staaten behalten will, muß ich Vorkehrungen zu meinem Schutz treffen. Der König von Frankreich ist mein Verbündeter, und ich habe eine Wehrmacht; aber das ist vielleicht nicht genug, und ich möchte mir meine Nachbarn zu Freunden machen, nämlich Bologna, Mantua, Ferrara und Florenz.«

Machiavelli hielt dies nicht für den richtigen Zeitpunkt, die Versicherungen des Wohlwollens der Republik zu wiederholen, und schwieg lieber.

»Was Ferrara betrifft, so habe ich des Herzogs Freundschaft erworben durch seine Verbindung mit Monna Lucrezia, meiner geliebten Schwester, durch die riesige Mitgift, die der Papst ihr gegeben hat, und durch die Wohltaten, mit denen wir seinen Bruder, den Kardinal, überhäuft haben. Was Mantua betrifft, so haben wir zweierlei vereinbart: erstens, daß der Bruder des Markgrafen den Kardinalshut erhält, wofür der Markgraf und sein Bruder vierzigtausend Dukaten hinterlegen werden; zweitens, meine Tochter an den Sohn des Markgrafen zu verheiraten, worauf die vierzigtausend Dukaten als Mitgift zurückerstattet werden. Ich brauche Euch nicht darauf hinzuweisen, Sekretär, daß gegenseitige Vorteile die stärkste Grundlage dauernder Freundschaft sind.«

»Das will ich nicht bestreiten, Exzellenz«, sagte Machiavelli lächelnd. »Und Bologna?«

Der Herr von Bologna, Giovanni Bentivoglio, hatte sich den aufständischen Feldhauptleuten angeschlossen, und seine Streitmacht war, obwohl sie sich von den Grenzen des Herzogs zurückgezogen hatte, auf Kriegsstärke verblieben. Il Valentino strich sich den gepflegten Spitzbart und lächelte boshaft.

»Ich habe nicht die Absicht, Bologna zu besetzen, sondern will mich nur der Mithilfe dieses Staates versichern. Ich würde es vorziehen, Messer Giovanni zum Freund zu haben, statt ihn aus einem Staat zu vertreiben, den ich selbst vielleicht nicht halten und der meinen Untergang bedeuten könnte. Außerdem weigert sich der Herzog von Ferrara, mir zu helfen, wenn ich mich mit Bologna nicht einigen kann.«

»Messer Giovanni hat aber die Vereinbarung mit den Rebellen unterzeichnet.«

»Diesmal seid Ihr falsch berichtet, Sekretär«, entgegnete der Herzog ganz freundlich. »Messer Giovanni ist der Meinung, daß in den Artikeln seine Interessen nicht gewahrt sind, und hat es abgelehnt, ihnen zuzustimmen. Ich stehe in Verbindung mit seinem Bruder, dem Protonotar, und die Dinge entwickeln sich zu unserer gegenseitigen Zufriedenheit. Wenn wir zu einer Einigung gelangen, wird der Protonotar den Kardinalshut empfangen oder, wenn er es vorzieht, aus dem geistlichen Stande auszutreten, die Hand meiner Base, der Schwester Kardinal Borgias. Die Streitmacht unserer vier Staaten, unterstützt vom König von Frankreich, wird gewaltig sein; Eure Herren werden mich dann nötiger haben als ich sie. Ich will nicht sagen, daß ich ihnen übel gesinnt bin, doch Umstände ändern eine Lage, und wenn ich nicht durch ein ganz klares Abkommen mit ihnen verbündet bin, dann werde ich mir gestatten, zu handeln, wie es mich am besten dünkt.«

Der Samthandschuh war abgestreift, und die eiserne Faust war zum Vorschein gekommen. Machiavelli gestattete sich einen Augenblick der Überlegung. Er wußte, daß Agapito und der Bischof von Elna ihn scharf beobachteten.

»Was sollen wir nach dem Wunsche Eurer Exzellenz denn nun tun?« fragte er in einem möglichst gleichgültigen Ton.

»Ich höre, daß Ihr Euch bereits mit Vitellozzo und den Orsini geeinigt habt.«

»Es ist noch nichts unterschrieben; was mich betrifft, so ist es mir gleichgültig, ob etwas unterschrieben wird oder nicht. Es ist nicht meine Absicht, die Orsini zu vernichten; wenn der Papst stirbt, brauche ich Freunde in Rom. Als Pagolo Orsini mich besuchte, beschwerte er sich unter anderem über das Auftreten des Ramiro de Lorqua; ich versprach, ihm Genugtuung zu verschaffen, und ich werde mein Wort halten. Vitellozzo ist ein anderer Fall. Er ist eine Schlange; er hat getan, was er konnte, um eine Beilegung meiner Streitigkeiten mit den Orsini zu verhindern.«

»Es wäre vielleicht besser, wenn Eure Exzellenz sich klarer ausdrückten.«

»Gut denn. Ich bitte Euch, Euren Herren zu schreiben, daß ihnen der König von Frankreich vielleicht auftragen wird, mir die Condotta wiederzugeben, die sie mir ohne Grund und Ursache entzogen haben; und sie werden gehorchen müssen. Es ist für sie bestimmt besser, es freiwillig zu tun.«

Machiavelli zögerte, um sich zu sammeln. Er wußte, daß jedes von ihm geäußerte Wort mit Gefahr beladen war. Als er dann sprach, geschah es auf seine liebenswürdigste Weise.

»Eure Exzellenz tun gut daran, Streitkräfte zusammenzuziehen und Freunde zu erwerben; was aber die Condotta betrifft, so können Eure Exzellenz doch nicht wirklich mit Söldnerführern auf einen Fuß gestellt werden, die nichts als sich selbst und einige Truppen zu bieten haben. Eure Exzellenz sind eine der Mächte Italiens. Es wäre eher angemessen, mit Euch ein Bündnis zu schließen als einen Anstellungsvertrag als Söldnerhauptmann.«

»Ich würde eine solche Anstellung als eine Ehre ansehen«, sagte der Herzog zuvorkommend. »Los denn, Sekretär, wir können bestimmt etwas abmachen, was unserem beiderseitigen Vorteil entspricht. Ich bin Berufssoldat, Eurem Staat durch Freundschaftsbande verbunden; Eure Herren beweisen mir Nichtachtung, wenn sie mir mein Ersuchen abschlagen. Ich glaube bestimmt, daß ich ihnen genauso gut dienen kann wie irgendein anderer.«

»Ich wage darauf hinzuweisen, daß meine Regierung keine große Sicherheit hätte, wenn drei Viertel ihrer Streitkräfte dem Befehl Eurer Exzellenz unterständen.«

»Soll das heißen, daß Ihr an meinen ehrlichen Absichten zweifelt?«

»Keineswegs«, sagte Machiavelli mit einem Eifer, den er wahrhaftig nicht empfand. »Doch meine Herren sind klug und müssen umsichtig sein. Sie können es sich nicht gestatten, einen Schritt zu tun, den sie später vielleicht bereuen müßten. Ihr größter Wunsch ist es, mit allen in Frieden zu leben.«

»Ihr seid zu gescheit, Sekretär, um nicht zu wissen, daß man den Frieden nur sichern kann, indem man für den Krieg gerüstet ist.«

»Ich zweifle nicht, daß meine Regierung die Maßnahmen ergreifen wird, die sie für notwendig hält.«

»Durch Anstellung anderer Feldhauptleute?« fragte der Herzog scharf.

Das war die Gelegenheit, auf die Machiavelli gewartet hatte. Er wußte, daß Il Valentino jähen Wutanfällen unterworfen war; nachdem er sich einmal Luft gemacht hätte, würde er dann den Urheber seines Zornes verächtlich entlassen. Machiavelli wollte zu gerne wegkommen, als daß es ihn viel gekümmert hätte, den Herzog zu ärgern.

»Ich habe allen Grund, anzunehmen, daß dies ihre Absicht ist.«

Zu seiner Verwunderung lachte der Herzog, erhob sich von seinem Stuhl und stellte sich mit dem Rücken zum Feuer. Er gab seine Antwort in bester Laune.

»Bilden die sich denn ein, es sei möglich, unter den heutigen unsicheren Verhältnissen neutral zu bleiben? Dafür sind sie bestimmt zu gescheit. Wenn zwei Nachbarstaaten gegeneinander zu Felde ziehen, dann wird der eine, der auf Grund seiner engen Beziehungen zu Euch auf Eure Hilfe gerechnet hat, Euch für verpflichtet halten, das Kriegsglück mit ihm zu teilen, und wenn Ihr ihn im Stich laßt, wird er Euch das nachtragen; der andere aber wird Euch verachten wegen Eurer Zaghaftigkeit und Mutlosigkeit. Für den einen seid Ihr ein nutzloser Freund und für den andern ein Feind, vor dem man sich kaum zu fürchten braucht.

Der Neutrale ist in der Lage, der einen oder anderen Partei zu helfen; schließlich wird er in eine Situation gedrängt, die ihn dazu zwingt, gegen seinen Willen in den Kampf einzugreifen, an dem er sich von allem Anfang an mutig und willig hätte beteiligen können. Glaubt mir, es ist stets weiser, sich ohne Zögern der einen oder der andern Seite anzuschließen; denn eine der beiden wird siegen, und dann fällt er dem Sieger zum Opfer. Denn wer wird ihm zu Hilfe kommen? Niemand wird einen Grund haben, ihn zu schützen. Der Sieger kann mit Freunden nichts anfangen, denen er nicht trauen darf, und der Besiegte würde nicht einmal etwas für sie tun, wenn er könnte, weil sie ihm nicht helfen wollten, als ihre Streitmacht ihn vielleicht hätte retten können.«

Machiavelli spürte in diesem Augenblick kein Verlangen,

eine Abhandlung über Neutralität zu hören, und hoffte nur, daß der Herzog endlich zu Ende wäre. Das war er aber nicht.

»Wie groß auch die Gefahren des Krieges sein mögen – die Gefahren der Neutralität sind größer. Der Neutrale wird zum Gegenstand des Hasses und der Verachtung, und früher oder später wird er das Opfer des ersten besten, der es der Mühe wert findet, ihn zu vernichten. Wenn er sich hingegen energisch der einen Partei anschließt und wenn diese Partei siegt – selbst wenn ihre Macht dann so groß ist, daß er sie vielleicht fürchtet: er hat sie sich verpflichtet und durch Bande der Freundschaft an sich gefesselt.«

»Und ist es die Erfahrung Eurer Exzellenz, daß die Dankbarkeit der Menschen für vergangene Wohltaten so groß ist, daß sie deshalb zögern, ihre Macht auf Kosten des Schwächeren zu gebrauchen?«

»Ein Sieg ist niemals so entscheidend, daß der Sieger es sich gestatten könnte, sich seine Freunde zu entfremden. Es ist in seinem Interesse, sie gerecht zu behandeln.«

»Und angenommen, die Partei, der man sich anschließt, wird geschlagen?«

»Dann seid Ihr Eurem Verbündeten nur um so wertvoller. Er hilft Euch, so gut er kann, und Ihr seid Genosse eines Geschicks, das sich vielleicht wieder wenden wird. Deshalb, wie auch immer Ihr es betrachtet, ist Neutralität Torheit. Das ist alles, was ich Euch zu sagen habe. Ihr wäret klug, Euren Herren diese kleine Lektion in der Staatskunst zu wiederholen, die ich Euch zu geben geruht habe.«

Mit diesen Worten ließ sich der Herzog in einen Stuhl fallen und streckte die Hände zur Glut des Feuers. Machiavelli war daran, sich mit einer Verneigung zurückzuziehen, als sich der Herzog an Agapito da Amalia wandte.

»Habt Ihr dem Sekretär gesagt, daß sein Freund Buonarroti in Florenz zurückgehalten ist und erst in einiger Zeit eintreffen wird?«

Agapito schüttelte verneinend den Kopf.

»Ich kenne niemanden dieses Namens«, sagte Machiavelli.

»Doch. Den Bildhauer.«

Der Herzog sah ihn mit lächelnden Augen an, und Machiavelli erriet plötzlich, von wem die Rede war. Er hatte an seinen Freund Biagio um Geld geschrieben und die Antwort erhalten, der schicke das Geld durch Michelangelo, einen Bildhauer. Der Name hatte ihm nichts gesagt. Die Bemerkung des Herzogs hieß jedoch, daß seine Sachen durchsucht worden seien, offenbar mit Serafinas Einverständnis; er war froh, daß er wichtige Korrespondenz an sicherer Stelle versteckt und in seinem Quartier nur Papiere von geringerer Bedeutung behalten hatte, darunter jedoch auch Biagios Schreiben.

»In Florenz gibt es viele Steinmetze, Exzellenz«, sagte er kühl. »Man kann von mir nicht erwarten, daß ich sie alle kenne.«

»Dieser Michelangelo ist nicht ohne Begabung. Er hat einen Cupido aus Marmor gemacht und ihn in der Erde vergraben; als man ihn ausgrub, hielt man ihn für antik. Kardinal di San Giorgio kaufte ihn, doch als er den Betrug entdeckte, hat er ihn dem Kunsthändler zurückgegeben, und zuletzt kam er in meinen Besitz. Ich habe ihn der Markgräfin von Mantua als Geschenk übersandt.«

Il Valentino sprach in scherzhaftem Ton, und Machiavelli hatte das Gefühl, er mache sich über ihn lustig. Er besaß die leichte Erzürnbarkeit feinfühliger Menschen, wie er einer war, und seine Ungeduld gewann die Oberhand. Er war durchaus bereit, den Herzog zu beleidigen, wenn er dadurch nur loskäme, um seine Verabredung einzuhalten.

»Und beabsichtigen Eure Exzellenz, ihm einen Auftrag für eine Statue zu geben, die es mit dem Standbild aufnehmen könnte, das Lionardo für den Herzog von Mailand verfertigte?«

Der Pfeil schwirrte durch die Luft, und die überraschten Sekretäre blickten auf den Herzog, um zu sehen, wie er es aufnähme. Das große Reiterstandbild Francesco Sforzas, von vielen für Lionardos Meisterwerk gehalten, war von der Soldateska zerstört worden, als Marschall Trivulzio die Stadt eroberte. Francescos Sohn, Lodovico il Moro, ein Usurpator wie Cesare Borgia selbst, hatte es in Auftrag gegeben und war heute, aus seiner Stadt vertrieben, ein Gefangener auf dem Schloß von Loches. Machiavellis Bemerkung war gut ersonnen, Il Valentino daran zu gemahnen, wie gefährlich seine Stellung sei und in welche Tiefen er stürzen könnte, wenn ihn einmal das Glück verließe. Der Herzog lachte.

»Nein. Ich habe für diesen Michelangelo wichtigere Arbeit als Statuen. Die Verteidigungsanlagen dieser Stadt sind unbrauchbar. Ich will ihn Festungspläne zeichnen lassen. Doch Ihr erwähntet Lionardo. Ich möchte Euch ein paar Zeichnungen zeigen, die er von mir gemacht hat.«

Er winkte einem der Sekretäre, der das Zimmer verließ und bald mit einer Mappe zurückkam, die er dem Herzog überreichte. Il Valentino zeigte Machiavelli die Zeichnungen, eine nach der andern.

»Hättet Ihr mir nicht gesagt, daß es Porträts von Eurer Exzellenz sein sollen – ich hätte es nie erraten«, sagte er.

»Armer Lionardo, er ist nicht gerade dafür begabt, Ähnlichkeit zu treffen. Man versichert mir jedoch, daß sie als Zeichnungen einen gewissen Wert haben.«

»Wohl möglich, aber meiner Ansicht nach ist es schade, daß er bei seinen Begabungen die Zeit mit Malen und Bildhauern vergeudet.«

»Ich kann Euch versichern, daß er das nicht tun wird, solange er in meinen Diensten steht. Ich habe ihn nach Piombino geschickt, um die Sümpfe trockenzulegen; vor kurzem war er in Cesena und Cesenatico, um dort einen Kanal anzulegen und einen Hafen zu bauen.«

Der Herzog gab die Zeichnungen dem Sekretär zurück und entließ dann Machiavelli mit einem Ausdruck der Gnade, die – wie dieser bissig feststellte – nicht weniger königlich war als die des Herrschers von Frankreich. Agapito da Amalia geleitete ihn aus dem Arbeitszimmer des Herzogs. Machiavelli hatte sich während seines ganzen einmonatigen Aufenthalts in Imola bemüht, das Vertrauen des Ersten Sekretärs zu erringen. Agapito war mit dem großen römischen Geschlecht der Colonna verwandt, den erbitterten Rivalen der Orsini; es war anzunehmen, daß er in gewissem Maß den Florentinern freundlich gesinnt war, die die Orsini zu Feinden hatten. Von Zeit zu Zeit hatte er Machiavelli Nachrichten zukommen lassen, die dieser je nach seinem Urteil als wahr oder unwahr aufnahm. Als sie jetzt den Audienzsaal durchschritten, der bei festlichen Anlässen benützt wurde, nahm der Erste Sekretär Machiavelli beim Arm und sagte:

»Kommt in mein Zimmer. Ich habe Euch etwas zu zeigen, das Euch interessieren wird.«

»Es ist spät, und mir ist nicht gut. Ich komme morgen.«

»Wir Ihr wollt. Ich hätte Euch gern die Artikel des Vertrages zwischen dem Herzog und den Rebellen gezeigt.«

Machiavelli stand das Herz still. Er wußte, daß das Dokument in Imola angelangt war, und er hatte vergeblich alles versucht, um es zu Gesicht zu bekommen. Es war von ungeheurer Bedeutung für die Signoria, die Bedingungen des Abkommens zu kennen; sie hatte sich bereits brieflich über seine Nachlässigkeit beklagt. Es half ihm nichts, zu entgegnen, daß er ihnen alle Tatsachen mitteile, sobald sie ihm bekannt würden; am Hofe des Herzogs wisse man, Geheimnisse zu wahren, und niemand kenne die Absichten des Herzogs, bevor sie zur Tat würden. In diesem Augenblick schlug eine Uhr: Machiavelli hatte Aurelia zwei Stunden warten lassen. Die gebackenen Fische waren wohl längst verdorben und die fetten Kapaune zu Asche verbraten. Er war hungrig, denn er hatte seit vormittag nichts gegessen. Hunger und Liebe waren angeblich die zutiefst verwurzelten Triebe des Menschen; wem könnte man einen Vorwurf machen, wenn er ihnen nachgab? Machiavelli seufzte: die Sicherheit von Florenz stand auf dem Spiel; die Freiheit der Stadt war gefährdet.

»Gut denn«, sagte er.

Er dachte voll Bitterkeit, es sei kaum jemals von einem Menschen ein größeres Opfer zum Wohle des Vaterlandes gefordert worden.

Agapito führte ihn über eine Treppe hinauf, öffnete eine Türe und ließ ihn in ein kleines Zimmer eintreten. An der einen Wand stand ein Bett; der Raum war vom Schein einer Öllampe spärlich erhellt. Agapito entzündete an ihr eine Talgkerze und bot Machiavelli einen Stuhl an. Dann setzte er sich selbst an einen von Papieren bedeckten Tisch, kreuzte gemächlich die Beine und lehnte sich zurück. Er sah aus wie ein Mann, für den Zeit keine Rolle spielte.

»Ich konnte Euch eine Abschrift der Artikel nicht früher geben, aus einem Grund, den ich Euch gleich sagen werde, und aus demselben Grund habe ich auch dem Geschäftsträger des Herzogs von Ferrara oder sonst jemandem keine gegeben. Der Herzog und Pagolo Orsini setzten einen Entwurf auf, der für beide annehmbar war, und Pagolo nahm den Entwurf mit sich, um ihn den Feldhauptleuten zu zeigen, unter der Bedingung, daß er, wenn sie dem Vertrag zustimmten, im Namen des Herzogs dessen Zustimmung erklären würde, wozu er vom Herzog Vollmacht besaß. Kaum war Pagolo gegangen, als der Herzog das Dokument einer neuerlichen Prüfung unterzog. Er kam zu der Ansicht, es sollte noch ein Artikel aufgenommen werden, der den Interessen Frankreichs Rechnung trüge.«

Machiavelli hatte ungeduldig zugehört, denn er hatte das Abkommen selbst sehen, es womöglich ausgehändigt erhalten und dann verschwinden wollen; doch nun schenkte er dem Sprecher seine ganze Aufmerksamkeit.

»Der Artikel wurde also verfaßt; der Herzog befahl mir, Pagolo nachzureiten und ihm zu bestellen, der Herzog werde nicht unterschreiben, wenn nicht auch dieser Artikel angenommen würde. Ich holte Pagolo ein, und er lehnte zuerst glatt ab, den neuen Punkt anzunehmen; nach einigem Hin und Her sagte er jedoch, er wolle ihn den andern vorlegen; er glaube aber, daß auch sie ihn ablehnen würden. Und so verließ ich ihn.«

»Was besagte dieser Artikel?«

Im Ton Agapitos schwang ein Lachen mit, als er jetzt antwortete:

»Wenn er angenommen wird, dann haben wir ein Fenster in dem Vertrag, durch das wir hinausschlüpfen können; wird er aber abgelehnt, dann ist es eine Tür, groß genug, um mit erhobenem Haupt hindurchzuschreiten.«

»Es sieht so aus, als habe der Herzog eher den Wunsch nach Rache an den Herren, die seinen Staat gefährdet haben, als nach Frieden.«

»Ihr könnt überzeugt sein, daß der Herzog es seinen Wünschen niemals gestatten wird, seinen Vorteilen im Weg zu stehen.«

»Ihr verspracht, mir den Vertrag zu zeigen.«

»Hier ist er.«

Machiavelli las ihn begierig durch. Nach den Vertragsbestimmungen verpflichteten sich der Herzog und die Rebellen, hinfort in Frieden, Eintracht und Einigkeit zu leben; die Unterführer sollten unter seinem Oberbefehl ihre Kommandos mit derselben Besoldung wie früher behalten; als Beweis ihrer ehrlichen Absichten hatte jeder der Rebellen einen seiner ehelichen Söhne dem Herzog als Geisel zu stellen. Ferner war festgesetzt, daß niemals mehr als einer der Feldhauptleute zur selben Zeit mit dem Herzog gemeinsam ein Lager beziehen sollte, und auch dann nicht für länger, als es dem Herzog genehm wäre. Die Unterführer verpflichteten sich ferner, dem Herzog Urbino und Camerino zurückzugeben; als Gegenleistung übernahm es der Herzog, ihre Staaten gegen jeden Angreifer zu verteidigen, ausgenommen seine Heiligkeit den Papst und Seine Majestät den König von Frankreich.

Das war die Klausel, auf der Il Valentino bestanden hatte und die, wie Agapito gesagt hatte und wie jedes Kind sehen konnte, das ganze Abkommen wertlos machte. Bentivoglio von Bologna und Petrucci von Siena sollten einen Sondervertrag mit dem Papst unterzeichnen. Machiavelli las das Dokument mit gerunzelter Stirne noch einmal.

»Wie können die sich einbilden, daß der Herzog ihnen das ihm angetane Unrecht verzeihen wird?« rief er aus, als er zu Ende war. »Und wie kann man erwarten, daß der Herzog die Gefahren vergessen werde, in die sie ihn gebracht haben?«

»*Quem Jupiter vult perdere dementat prius*«, zitierte Agapito mit heiterem Lächeln.

»Würdet Ihr mir gestatten, das Dokument mitzunehmen, um eine Abschrift anzufertigen?«

»Ich kann es nicht aus den Händen geben.«

»Ich verspreche, es morgen zurückzugeben.«

»Unmöglich. Der Herzog kann jeden Augenblick danach verlangen.«

»Der Herzog wird nie müde, mich seiner ehrlichen Freundschaft für Florenz zu versichern. Für meine Regierung ist es von größter Wichtigkeit, daß sie mit dem Inhalt dieses Abkommens bekannt wird. Glaubt mir, sie wird sich für keinen Dienst, den Ihr ihr erweisen könnt, undankbar zeigen.«

»Ich habe mich zu lange mit Staatsgeschäften beschäftigt, um auf den Dank von Fürsten oder Regierungen zu zählen.«

Machiavelli drang weiter in ihn, und schließlich sagte Agapito:

»Ihr wißt, daß ich eine Menge tun würde, um Euch gefällig zu sein. Nur meine Bewunderung für Eure Rechtschaffenheit kommt meiner Hochachtung vor Eurer Klugheit gleich. Ich tue es mit Bedenken, doch ich will Euch gestatten, hier in diesem Zimmer eine Abschrift zu machen.«

Machiavelli verschlug es den Atem. Er würde dazu eine halbe Stunde brauchen, und die Zeit verstrich. Hatte sich ein Liebhaber je in einer so mißlichen Lage befunden? Es blieb ihm nichts übrig, als sich zu fügen. Agapito bot ihm seinen eigenen Platz am Tisch an, gab ihm einen Bogen Papier und eine neue Feder. Er selber legte sich aufs Bett, und Machiavelli kritzelte drauflos, so schnell, als seine Vorlage es ihm erlaubte. Als er die letzte Zeile schrieb, hörte er den Nachtwächter die Stunde ausrufen, und gleich darauf schlug die Kirchenuhr Mitternacht!

Agapito ging mit ihm hinunter; als sie in den Hof traten, um den der Palast angelegt war, rief er zwei Mann der Wache, damit sie Machiavelli heimleuchteten. Es fiel ein kalter Regen, und die Nacht war rauh. Als sie vor sein Quartier kamen, entließ Machiavelli die Soldaten mit einem Trinkgeld und schloß auf. Er wartete drinnen, bis er ihre Schritte nicht mehr hörte, und schlüpfte hinaus, nachdem er die Türe hinter sich versperrt hatte. Er schlich über die Gasse und klopfte wie vereinbart leise an das Pförtchen. Keine Antwort. Er klopfte nochmals. Zweimal, eine Pause, einmal, eine Pause, und dann wieder zweimal. Er wartete. Ein kalter Wind wehte durch die enge Gasse, Regengüsse schlugen ihm ins Gesicht, und obwohl er mit einem Halstuch, das seine Lunge vor der schädlichen Nachluft schützte, warm angezogen war, zitterte er vor Kälte. War es möglich – waren die Frauen des Wartens müde geworden? Aber wo steckte Piero? Er hatte Piero aufgetragen, im Hof zu bleiben, bis er käme, und Piero hatte ihn noch nie im Stich gelassen. Piero mußte ihnen erklärt haben, wodurch er aufgehalten worden war, und schließlich mußte – wenn auch aus anderen Gründen – den beiden Frauen genauso viel daran liegen, die Gelegenheit nicht zu verpassen. Auf dem Rückweg vom Palast war ihm aufgefallen, daß an der Vorderseite des Hauses nicht ein einziges Licht brannte; nun kam er auf die Idee, nachzusehen, ob auch an der Rückseite kein Fenster erhellt war. Nachdem er nochmals, wieder erfolglos, angeklopft hatte, ging er in sein Haus und hinauf in sein Schlafzimmer, da er von dort in den Hof von Bartolomeos Haus und auf die Fenster, die in den Hof gingen, hinübersehen konnte. Nichts. Er blickte in undurchdringliche Finsternis. Vielleicht war Piero für einen Augenblick ins Haus gegangen, um einen Schluck Wein zu trinken und sich zu wärmen, und war jetzt wieder zurück und auf seinem Posten. Machiavelli begab sich noch einmal in die grausame Nacht hinaus. Er klopfte, er wartete, er klopfte, er wartete, er klopfte, er wartete. Seine Füße und Hände waren wie Eis; seine Zähne klapperten.

»Ich werde mich auf den Tod erkälten«, murmelte er.

Plötzlich bekam er einen Wutanfall und war schon drauf und dran, mit beiden Fäusten an die Tür zu hämmern. Doch Vorsicht hielt ihn davon ab; es würde ihn doch nicht weiterbringen, wenn er die Nachbarn aufweckte. Endlich sah er sich zu der Erkenntnis gezwungen, sie hätten es aufgegeben und seien zu Bett gegangen. Er wandte sich ab und schlich trübselig in sein Haus zurück. Ihn fror, und er war hungrig und bitter enttäuscht.

»Wenn ich mich nicht auf den Tod erkälte – die Kolik habe ich morgen gewiß.«

Er ging in die Küche, um etwas zu essen zu suchen; aber Serafina pflegte jeden Morgen bloß die Lebensmittel für den Tag zu kaufen; wenn etwas übrigblieb, so verwahrte sie es hinter Schloß und Riegel. Er fand nichts. Die Heizpfanne stand nicht mehr im Wohnzimmer, und hier war es eisig kalt. Dabei hatte Machiavelli nicht einmal den Trost, ins Bett kriechen zu können; er mußte sich hinsetzen und einen Bericht über seine Unterredung mit dem Herzog verfassen. Er brauchte lange dazu, da er die wichtigsten Stellen verschlüsselt schreiben mußte. Dann mußte er die Bündnisartikel ins reine schreiben, um sie seinem Brief beizulegen. Erst in den frühen Morgenstunden war er mit allem fertig.

Die Botschaft war dringend; er durfte nicht warten, bis er zufällig irgendeinen Boten fände, dem man gegen ein bis zwei Goldflorene die Ablieferung des Briefes anvertrauen könnte. Er stieg also in die Bodenkammer hinauf, wo seine beiden

Knechte schliefen, weckte sie und hieß den verläßlicheren der beiden ein Pferd satteln und bereit sein, aus der Stadt zu reiten, sobald die Tore geöffnet würden. Er wartete, bis der Mann angekleidet war, schloß ihm die Haustür auf und ging dann endlich zu Bett.

›Und das hätte eine Liebesnacht werden sollen‹, knirschte er wütend, als er sich die Schlafmütze tief über die Ohren zog.

23

Er schlief unruhig. Am Morgen wachte er erst spät auf und fand seine ärgsten Befürchtungen verwirklicht. Er hatte sich erkältet, und als er zur Türe ging, um Piero zu rufen, tönte er wie eine alte Krähe. Piero erschien.

»Ich bin krank«, stöhnte Machiavelli. »Ich habe Fieber. Ich glaube, ich muß sterben. Bring mir Glühwein und etwas zum Essen. Wenn ich nicht am Fieber sterbe, sterbe ich vor Hunger. Bring eine Wärmpfanne. Ich friere bis in die Knochen. Wo zum Teufel hast du heute nacht gesteckt?«

Piero wollte etwas antworten, doch Machiavelli schnitt ihm das Wort ab.

»Nichts davon. Später, später. Bring mir Wein.«

Nachdem er getrunken und gegessen hatte, fühlte er sich ein wenig besser. Mürrisch hörte er zu, während Piero ihm erklärte, er habe entsprechend seinen Weisungen mehr als eine Stunde im Hof gewartet; er habe gewartet; bis der strömende Regen ihn bis auf die Haut durchnäßt hatte; er habe gewartet, obwohl Monna Caterina ihn aufforderte, ins Haus zu kommen.

»Hast du ihnen erzählt, was geschehen ist?«

»Ich sagte ihnen genau das, was Ihr mir aufgetragen habt, ihnen zu sagen, Messere.«

»Und was sagten sie?«

»Sie sagten, es sei schade.«

»So? Sie sagten, es sei schade?« krächzte Machiavelli wütend. »Mein Gott! Und sich vorzustellen, daß der Allmächtige das Weib geschaffen hat, daß es dem Manne eine Gehilfin sei. Sie sagten, es sei schade! Was würden sie gesagt haben zum Tode Hektors und zum Fall von Troja?«

»Schließlich zwangen sie mich, hineinzugehen. Meine Zähne klapperten. Sie sagten, wir würden Euch auch aus der Küche klopfen hören. Ich mußte den Rock ablegen und mich am Feuer trocknen.«

»Und die Fische und die Kapaune?«

»Wir hielten sie lange Zeit warm; zuletzt sagte Monna Caterina, sie würden doch nur verderben, und wir sollten sie lieber aufessen. Wir waren hungrig.«

»Ich war am Verhungern.«

»Wir hatten etwas für Euch aufgehoben. Ein wenig Fisch und ein halbes Huhn.«

»Wie rücksichtsvoll!«

»Wir hörten die Uhr die Stunde schlagen und hörten sie ein zweites Mal schlagen, und Monna Aurelia ging schlafen.«

»Sie ging – was?« brach Machiavelli los.

»Wir versuchten, sie zu bewegen, ein wenig länger zu warten. Wir sagten, Ihr würdet bald kommen. Sie sagte, zwei Stunden seien lange genug, um auf einen Mann zu warten. Sie sagte, wenn Euch die Geschäfte wichtiger seien als das Vergnügen, dann könne man sich wenig Vergnügen erwarten von intimen Beziehungen mit Euch.«

»Ein *Non sequitur*!«

»Sie sagte, wenn Ihr sie wirklich so liebtet, wie Ihr vorgebt, dann hättet Ihr schon irgendeinen Vorwand gefunden, um Eure Unterredung mit dem Herzog abzubrechen. Wir haben ihr mit allen Gründen zugeredet –«

»Als ob man mit Frauen reden könnte!«

»Aber sie wollte nicht hören. Monna Caterina sagte daher, es sei sinnlos, weiter zu warten; sie gab mir noch einen Schluck Wein und schickte mich fort.«

Machiavelli fiel ein, daß Piero gar keinen Schlüssel hatte, um herein zu können.

»Wo hast du die Nacht verbracht?«

Der Junge lächelte ihn selbstzufrieden und verschmitzt an.

»Mit Nina.«

»Dann hast du die Nacht erfreulicher verbracht als ich«, sagte Machiavelli mit grimmigem Gesicht. »Aber ich dachte doch, sie habe bei ihren Eltern übernachtet.«

»Das hat sie Monna Caterina auch gesagt. Wir hatten es im vorhinein abgemacht. Sie brachte La Barberina dazu, ihr ein Zimmer zu geben, und es war verabredet, daß ich hinkommen sollte, sobald ich frei wäre.«

La Barberina war eine Kupplerin in Imola, mit einem altbekannten, angesehenen Unternehmen. Einige Minuten sagte Machiavelli nichts. Er war nicht der Mann, der eine Niederlage einstecken konnte.

»Hör zu, Piero«, begann er, nachdem er gut nachgedacht hatte, »dieser alte Narr Bartolomeo wird noch vor Abend zurückkommen. Wir müssen rasch handeln. Vergessen wir nicht, daß Jupiter sich in der Gestalt eines Goldregens nahte, als er die Gunst der schönen Danaë erringen wollte. Geh zum Kaufmann Luca Capelli, wo ich die Handschuhe für Monna Aurelia gekauft habe, und sieh zu, daß du von ihm den blauen Seidenschal mit der Silberstickerei bekommst, den er mir gezeigt hat. Sag ihm, ich werde ihn bezahlen, wenn ich das Geld aus Florenz erhalte, das ich erwarte. Nimm den Schal und verlange Monna Caterina zu sprechen; gib ihr den Schal für Aurelia, sag ihr, ich sterbe vor Liebe und an der Erkältung, die ich mir beim Warten vor der Türe geholt habe; sobald es mir bessergeht, werden wir uns treffen, und ich will einen neuen Plan aushecken, um Monna Aurelias und meine eigenen Wünsche zu befriedigen.«

Er wartete ungeduldig, bis Piero den Auftrag erledigt hatte und mit seinem Bericht zurück war.

»Der Schal hat ihr gefallen«, sagte Piero. »Sie sagte, es sei ein hübscher Schal, und fragte, was er gekostet habe. Als ich es ihr sagte, gefiel er ihr noch besser.«

»Sehr natürlich. Was noch?«

»Ich sagte ihr, es sei Euch nicht möglich gewesen, vom Palast wegzukommen, und sie meinte, das sei gar nicht so wichtig, und Ihr sollt nicht mehr daran denken.«

»Was?« schrie Machiavelli, tief gekränkt. »Weiber sind wirklich die unverantwortlichsten Geschöpfe auf der Welt. Merkt sie denn nicht, daß ihre ganze Zukunft auf dem Spiel steht? Hast du ihr gesagt, daß ich eine volle Stunde draußen im Regen wartete?«

»Ja. Sie sagte, das sei sehr unklug gewesen.«

»Wer erwartet Klugheit von einem Verliebten? Genausogut könnte man vom Meere verlangen, still zu sein, wenn es aufgewühlt wird von den Stürmen des Himmels.«

»Und Monna Caterina sagte, sie hoffe, Ihr werdet Euch gut pflegen.«

24

Machiavelli war mehrere Tage bettlägerig; doch mit Hilfe von Abführmitteln und Aderlässen erholte er sich wieder. Das erste, was er dann tat, war, Fra Timoteo aufzusuchen. Er erzählte ihm die tragische Geschichte. Der Mönch war voll Mitgefühl.

»Und jetzt«, sagte Machiavelli, »wollen wir die Köpfe zusammenstecken und uns etwas anderes ausdenken, um unseren guten Bartolomeo abermals loszuwerden.«

»Ich habe mein Bestes getan, Messere; mehr kann ich nicht tun.«

»Vater, als unser erhabener Herzog die Stadt Forlí angriff, wurde er zurückgeschlagen; deshalb hob er jedoch die Belagerung noch nicht auf. Er ließ alle Kriegslisten spielen, die er ersinnen konnte, und bewirkte schließlich die Kapitulation der Stadt.«

»Ich habe Messer Bartolomeo gesehen. Er hat genau das getan, was ich gesagt hatte, und er ist überzeugt, daß die Fürbitte San Vitales gewirkt hat. Er ist überzeugt, daß Monna Aurelia in der Nacht nach seiner Rückkehr aus Ravenna empfangen hat.«

»Der Mann ist ein Dummkopf.«

»Obwohl ich Ordensbruder bin, ist mir in meiner Unwissenheit doch die Tatsache bekannt, daß eine gewisse Zeit verstreichen muß, bevor feststeht, ob er recht oder unrecht hat.«

Machiavelli war ein wenig verärgert. Von dem Mönch war augenscheinlich weniger zu erwarten, als er gehofft hatte.

»Was denn, was denn, Vater, haltet doch nicht auch mich für einen Dummkopf! Welche Wunderkräfte die Reliquien des Heiligen auch besitzen mögen, wir wissen, daß die Gabe, einen impotenten Mann zu heilen, nicht dazu gehört. Ich habe mir die Geschichte selber ausgedacht, und Ihr wißt so gut wie ich, daß kein wahres Wort an ihr ist.«

Fra Timoteo lächelte milde; seine Stimme klang salbungsvoll, als er jetzt antwortete.

»Das Wirken der Vorsehung ist geheimnisvoll, und wer kennt die wunderbaren Wege Gottes? Habt Ihr niemals die Geschichte der heiligen Elisabeth von Ungarn gehört? Ihr grausamer Gatte hatte ihr verboten, die Not der Bedürftigen zu lindern. Eines Tages traf sie ihn auf der Straße, während sie gerade den Armen Brot brachte. Er vermutete, sie mißachte seine Befehle, und fragte sie, was sie in ihrem Korbe habe. In ihrer Angst sagte sie, es seien Rosen. Er riß ihr den Korb weg, und als er hineinsah, fand er, daß sie die Wahrheit gesprochen hatte: die Brotlaibe waren durch ein Wunder in süßduftende Rosen verwandelt worden.«

»Eine erbauliche Geschichte«, sagte Machiavelli kühl. »Ich verstehe aber nicht, worauf Ihr abzielt.«

»Ist es nicht möglich, daß San Vitale im Paradies die Gebete erhört hat, die der fromme Bartolomeo zu ihm emporsandte; daß er vom einfachen Glauben dieses guten Mannes gerührt wurde und für ihn das Wunder vollbrachte, von dem Ihr Bartolomeo versicherte, der Heilige könne es vollbringen? Sagt uns nicht die Heilige Schrift, der Glauben könne Berge versetzen?«

Wenn Machiavelli nicht über große Selbstbeherrschung verfügt hätte, hätte er jetzt seinem Zorn Luft gemacht. Er wußte sehr wohl, warum ihm der Mönch jede weitere Unterstützung versagte. Für die fünfundzwanzig Dukaten hatte er getan, wozu er sich verpflichtet hatte; es war nicht seine Schuld, daß der Plan fehlgeschlagen war. Er wollte mehr Geld, aber Machiavelli konnte ihm kein Geld geben, weil er keines mehr hatte. Das Kettchen für Monna Caterina, die Handschuhe und das Rosenöl für Aurelia hatten seine ganze überzählige Barschaft aufgezehrt; er hatte Schulden bei Bartolomeo, er hatte Schulden bei mehreren Kaufleuten; seine Bezüge von der Signoria reichten gerade zur Deckung seiner laufenden Ausgaben. Er hatte jetzt nichts zu bieten als Versprechungen, und er hatte den Verdacht, daß Versprechungen für Fra Timoteo wenig Wert besaßen.

»Eure Beredsamkeit und Eure Frömmigkeit, Vater, bestätigen die günstigen Berichte, die ich über Euch erhalten habe; wenn mein Empfehlungsschreiben an die Signoria den von uns beiden gewünschten Erfolg hat, wird es bestimmt dem Seelenheil des Volkes von Florenz zu Nutzen gereichen.«

Der Mönch verneigte sich mit ernster Würde, doch Machiavelli konnte sehen, daß er ungerührt blieb. Er fuhr fort:

»Ein kluger Mann setzt nicht alles auf eine Karte. Wenn ein Plan fehlschlägt, versucht er es mit einem andern. Vergessen wir eines nicht: wenn sich Bartolomeo in seinen Hoffnungen getäuscht sieht, wird er seine Neffen adoptieren, zum Schaden seiner Frau und seiner Schwiegermutter, zum Schaden Eurer Kirche.«

»Das wäre ein Unglück, aber es wäre meine Pflicht als

Christ, allen Betroffenen zuzureden, es mit Ergebung zu tragen.«

»Es heißt jedoch: Hilf dir selbst, dann hilft dir Gott. Ihr habt schon Gelegenheit gehabt, Euch von meiner Freigebigkeit zu überzeugen; es wird in Zukunft nicht anders sein. Es liegt genauso in Eurem Interesse wie in dem der beiden Frauen, daß Bartolomeos Erwartungen nicht enttäuscht werden.«

Ein leichtes Lächeln huschte für einen Augenblick über das Römerantlitz Fra Timoteos.

»Ihr wißt, daß ich viel täte, um einem so hervorragenden Mann wie Euch gefällig zu sein, doch angenommen, die Erwartungen des guten Bartolomeos würden enttäuscht, was schlagt Ihr vor, damit wir uns durch Selbsthilfe der Hilfe Gottes versichern?«

Machiavelli hatte einen plötzlichen Einfall, der ihn so belustigte, daß er schier laut auflachen mußte.

»Vater, so wie andere Menschen, werdet auch Ihr zweifellos von Zeit zu Zeit ein Abführmittel nehmen. Sagen wir, Ihr nehmt am Abend eine Prise Aloë; dann ist Euch bestimmt schon aufgefallen, daß die Wirkung befriedigender ist, wenn Ihr am nächsten Morgen auch noch etwas Salz nehmt. Glaubt Ihr nicht, daß die Wirksamkeit der Wallfahrt Bartolomeos nach San Vitale verstärkt werden könnte, wenn er eine zweite Wallfahrt, meinetwegen nach Rimini, unternähme, die ihn zu einer zweiten vierundzwanzigstündigen Abwesenheit von Imola zwingen würde?«

»Ihr seid ein Mann von vielen Listen, Messere; ich kann Euch meine Bewunderung nicht vorenthalten. Diesmal ist es aber zu spät. Messer Bartolomeo ist vielleicht ein Dummkopf; doch ich wäre mehr als ein Dummkopf, wenn ich damit rechnete, daß er ein größerer sei, als er in Wirklichkeit ist.«

»Euer Einfluß auf ihn ist gewaltig.«

»Um so mehr Grund, ihn nicht einzubüßen.«

»Ich kann also nicht mit Eurer Unterstützung rechnen?«

»Das sage ich nicht. Wartet einen Monat, und dann wollen wir weiter darüber sprechen.«

»Für einen Verliebten ist ein Monat wie hundert Jahre.«

»Vergessen wir nicht, daß der Patriarch Jakob sieben Jahre auf Rachel wartete.«

Machiavelli erkannte deutlich, daß der Mönch sich über ihn lustig machte. Der unternähme nichts, bevor Machiavelli ihn für seine Mühe voll entschädigte. Machiavelli kochte innerlich, aber er wußte, daß es verhängnisvoll wäre, seinen Ärger zu zeigen. Er beherrschte sich. Mit einem Scherz schied er von dem Mönch und bat ihn, einen Florentinergulden für eine Kerze am Altar der wundertätigen Jungfrau anzunehmen, auf daß den Wünschen Bartolomeos Erfüllung beschieden sei. Eine Niederlage, die man guten Mutes ertrug, schmerzte nicht.

25

Seine einzige Hoffnung, die Pläne mit Aurelia in die Tat umzusetzen, lag jetzt bei Monna Caterina. Deren Kummer über das Mißgeschick, das ihren wohlgesponnenen Plan zuschanden gemacht hatte, mußte groß sein, größer sogar als sein eigener. Ihm ging es ja nur um die Befriedigung seiner Gelüste nach einem schönen Weib; bei ihr jedoch stand ein ganzes gesichertes Leben auf dem Spiel. Mit dem Mönch konnte er nicht mehr rechnen; in ihr jedoch hatte er einen selbstsüchtigen Verbündeten, und auf einen solchen konnte man sich verlassen. Er hatte festes Vertrauen auf die Findigkeit des weiblichen Geschlechts; für die Weiber war Betrug die Luft, die sie zum Atmen brauchten, und es war zu Caterinas offenkundigem Vorteil, alles in ihrer Macht zu tun, um seinen Plan zu verwirklichen. Er beschloß, eine Unterredung mit ihr herbeizuführen. Wegen der Zurückgezogenheit der beiden Frauen war das nicht so einfach, aber gottlob gab es

Piero als Vermittler. Er beglückwünschte sich, den Jungen in weiser Voraussicht zu der Buhlschaft mit Nina veranlaßt zu haben.

Am nächsten Tag kaufte Machiavelli auf dem Markt einen schönen Fisch und sandte ihn durch Piero in Bartolomeos Haus, zu einer Zeit, da er diesen in Geschäften in der Stadt wußte. Es müßte schon ein großes Pech sein, wenn Piero keine Gelegenheit hätte, Monna Caterina allein zu sprechen und etwas zu vereinbaren. Piero führte den Auftrag mit seinem gewohnten Geschick aus; er bestellte dann seinem Meister, Monna Caterina habe sich nach einigem Zögern bereit erklärt, ihn am drittnächsten Tag zu der und der Stunde in der Kirche des heiligen Dominik zu treffen. Der Ort war geschickt gewählt. Offensichtlich hatte sie mit ihrer weiblichen Eingebung erkannt, daß man sich auf Fra Timoteo nicht länger verlassen konnte, und es war ganz gut, wenn der Mönch sie beide nicht zusammen sähe.

Machiavelli ging in die Dominikanerkirche, ohne irgendeinen Plan im Kopfe zu haben. Er machte sich jedoch weiter keine Sorgen, da er überzeugt war, Monna Caterina werde etwas vorschlagen. Er befürchtete nur, es könnte zu viel Geld kosten. Nun, im schlimmsten Falle müßte er Bartolomeo nochmals um eine Summe angehen. Schließlich war es nur recht und billig, daß er für den Dienst bezahlte, den Machiavelli ihm erweisen wollte.

Die Kirche war wie ausgestorben. Machiavelli erzählte Monna Caterina, wie es gekommen war, daß er die Verabredung nicht hatte einhalten können, und wie er im Regen vor der Türe gestanden und angeklopft und was für eine schreckliche Erkältung er sich geholt hatte.

»Ich weiß, ich weiß«, sagte Monna Caterina. »Piero hat es uns erzählt, und wir waren sehr bekümmert. Aurelia sagte ununterbrochen: ›Der arme Herr, ich würde ihn auf meinem Gewissen haben, wenn er daran stürbe.‹«

»Ich hatte nicht die Absicht zu sterben«, sagte Machiavelli.

»Und hätte ich schon vor den Toren des Paradieses gestanden, der Gedanke an Aurelia hätte mich zurückgeholt.«

»Es war ein großes Mißgeschick.«

»Denken wir doch nicht an die Vergangenheit. Ich bin wieder gesund und voll Unternehmungslust. Denken wir an die Zukunft. Unser Plan ist fehlgeschlagen; wir müssen uns einen anderen aussinnen. Ihr seid eine kluge Frau; ich kann mir kaum vorstellen, daß Ihr nicht irgendwie Mittel und Wege finden werdet, alle unsre Wünsche zu befriedigen.«

»Messer Niccolo, ich wollte heute nicht hierher kommen; ich bin nur gekommen, weil mir Euer Piero so zugesetzt hat.«

»Er sagte, Ihr hättet gezögert. Ich konnte es nicht verstehen.«

»Niemand überbringt gern schlechte Nachrichten.«

»Was meint Ihr?« rief Machiavelli. »Bartolomeo kann doch unmöglich Verdacht geschöpft haben?«

»Nein, nein, das ist es nicht. Es ist Aurelia. Ich habe in sie hineingeredet, ich habe mich vor ihr auf die Knie geworfen; ich kann nichts mit ihr anfangen. Ach, mein armer Freund, Töchter sind heute nicht mehr, was sie in meiner Jugend waren; damals wäre es einer nicht eingefallen, ihren Eltern nicht zu gehorchen.«

»Madonna, macht keine Umschweife. Sagt, was Ihr meint.«

»Aurelia weigert sich jetzt. Sie will nicht tun, was Ihr von ihr verlangt.«

»Aber habt Ihr ihr auch die Folgen vor Augen geführt? Habt Ihr ihr nicht auseinandergesetzt, in welcher Lage sie sich befände – und auch Ihr –, wenn Bartolomeo die Söhne seiner Schwester adoptierte und Monna Constanza Herrin im Hause würde?«

»Das alles habe ich ihr gesagt.«

»Aber der Grund? Sogar eine Frau muß einen Grund haben für ihre Handlungen.«

»Sie glaubt, daß sie durch besonderes Eingreifen der Vorsehung vor einer Todsünde bewahrt worden ist.«

»Todsünde?« rief Machiavelli und vergaß in seiner Aufregung völlig die Würde des heiligen Ortes, wo das Gespräch stattfand.

»Seid mir nicht böse, Messer Niccolo. Es steht einer Mutter nicht an, ihre Tochter zu überreden, gegen die Stimme des Gewissens zu handeln.«

»Mit Eurer gütigen Erlaubnis, Madonna, Ihr redet dummes Zeug. Ihr seid eine erfahrene Frau, und sie ist nichts weiter als ein unwissendes junges Ding. Ihr seid verpflichtet, ihr die Lage klarzumachen. Wenn man zwischen zwei Übeln zu wählen hat, dann gebietet nicht nur die Vernunft, sondern der Himmel selbst, das kleinere zu wählen. Wer, der seine fünf Sinne beisammen hat, würde sich weigern, eine läßliche Sünde zu begehen, die noch dazu mit beträchtlichem Vergnügen verbunden ist, um dadurch viel Gutes zu gewinnen?«

»Es hat keinen Zweck, Messere; ich kenne meine Tochter, sie ist störrisch wie ein Maultier. Sie hat nun einmal einen Entschluß gefaßt, und ich kann mit ihr nichts anfangen. Sie bittet mich, Euch zu bestellen, daß sie die vornehmen Handschuhe und den Seidenschal, die Ihr ihr geschenkt habt, für immer als Erinnerung an Eure Aufmerksamkeit ihr gegenüber aufbewahren wird, daß sie aber keine Geschenke mehr von Euch annehmen will und Euch bittet, ihr auch keine mehr anzubieten. Sie möchte ferner, daß Ihr auch keinen unmittelbaren oder mittelbaren Versuch mehr macht, sie zu sehen. Ich meinerseits werde stets mit Dankbarkeit Eurer Liebenswürdigkeit gedenken, und ich wünschte nur, ich könnte Euch für die Enttäuschung entschädigen, die Ihr erlitten habt.«

Sie hielt einen Augenblick inne, doch Machiavelli antwortete nichts.

»Ich brauche einem Manne von Eurem Verstand und Eurer Weltklugheit nicht zu sagen, daß Frauen launisch und unberechenbar sind. Wenn man den richtigen Augenblick wählt, wird selbst die Sprödeste die Umarmungen eines Liebhabers dulden; läßt man den Augenblick aber vorübergehen, wird sich sogar die Leichtfertigste dagegen wehren. Ich wünsche Euch aus ganzem Herzen einen guten Tag.«

Monna Caterina machte ihm einen Knicks, aus dem ein Beobachter, je nach seinem Scharfblick, Spott, Groll oder Höflichkeit hätte entnehmen können, und war gegangen.

Machiavelli war wie vor den Kopf geschlagen.

26

Trotz aller im Laufe des nächsten Monats unternommenen Versuche, Aurelia wiederzusehen, gelang dies Machiavelli erst knapp vor seiner Abreise aus Imola. Glücklicherweise nahm ihn seine Arbeit zu sehr in Anspruch, als daß er über seine Enttäuschung hätte nachgrübeln können. Es hieß, daß die Rebellen einander in den Haaren lägen. Endlich aber unterzeichneten sie alle das Abkommen, das Agapito an jenem Abend Machiavelli gezeigt hatte; alle mit Ausnahme Baglionis von Perugia, der sie Dummköpfe und Gimpel hieß, ein solches Dokument zu unterschreiben. Als er sah, daß sie entschlossen waren, um jeden Preis Frieden zu machen, stürmte er in leidenschaftlicher Erbitterung aus der Kirche, in der sie zusammengekommen waren. Der Herzog ernannte Pagolo Orsini zum Gouverneur von Urbino, das nach den Vertragsbestimmungen an Il Valentino zurückgefallen war, und schenkte ihm fünftausend Dukaten, daß er die Feldhauptleute zur Unterzeichnung des Vertrages bewogen hatte. Vitellozzo schickte demütige Briefe, in denen er sein Vorgehen zu entschuldigen versuchte.

»Dieser Verräter hat uns das Messer in den Rücken gestoßen«, sagte Agapito, »und jetzt glaubt er, mit netten Worten das Unheil wiedergutmachen zu können.«

Doch Il Valentino schien äußerst befriedigt zu sein. Es sah

ganz so aus, als sei er bereit, einen Strich unter die Vergangenheit zu machen und den reumütigen Rebellen wieder sein Vertrauen zu schenken. Seine Verträglichkeit erschien Machiavelli verdächtig; er schrieb der Signoria, es sei schwer vorauszusehen und unmöglich zu erkennen, was der Herzog im Sinne habe; denn er habe jetzt starke Streitkräfte zur Verfügung; es sei jedem klar, daß er sie gebrauchen werde. Gerüchte seien im Umlauf, daß er Vorbereitungen für seinen Abmarsch aus Imola treffe; ob er jedoch beabsichtige, nach Süden zu marschieren und das Königreich Neapel anzugreifen oder nach Norden, um mit den Venezianern Krieg zu führen, das könne niemand sagen. Machiavelli war beunruhigt, als er hörte, einflußreiche Bürger aus Pisa seien eingetroffen und hätten dem Herzog ihre Stadt angeboten. Da der Besitz Pisas für ihren Handel notwendig war, hatten die Florentiner Zeit, Geld und Menschenleben verloren beim Versuch, diese Stadt wiederzuerobern; geriete es in die Hand des Herzogs, wäre ihre Lage wirtschaftlich und militärisch gefährdet. Lucca lag nicht weit davon; als der Herzog diese Stadt erwähnte, bemerkte er auf eine Weise, die Machiavelli unheilverkündend vorkam, es sei ein reiches Gebiet und ein guter Bissen für Leckermäuler. Wenn er nach Besitznahme von Pisa auch Lucca eroberte, wäre ihm Florenz auf Gnade und Ungnade ausgeliefert. Der Herzog kam in einer Unterredung mit Machiavelli wieder auf die Condotta zu sprechen; der unglückselige Gesandte hatte die größte Mühe, ihm, ohne ihn zu beleidigen, zu erklären, warum die Signoria zögerte, ihm das begehrte Kommando zu übertragen. Der Grund lag einfach darin, daß die Signoria entschlossen war, sich nicht in die Macht eines bedenkenlosen Mannes zu geben, dem zu mißtrauen sie alle Ursache hatte. Doch welche finsteren Pläne auch immer der Herzog in diesem seinem schönen Kopf wälzte, er war offenbar nicht bereit, über verhüllte Drohungen hinauszugehen, um die Florentiner zur Annahme seiner Forderungen zu bewegen; denn er hörte Machiavelli ganz ruhig an. Zum Schluß sagte er ihm, er sei im Begriffe, mit seinem Heere gegen Cesena aufzubrechen; sei er einmal dort, werde er tun, was er für notwendig halte.

Er machte sich am zehnten Dezember nach Forlí auf und erreichte Cesena am zwölften. Machiavelli traf Anstalten, ihm zu folgen. Er sandte Piero mit einem der Knechte voraus, um sich eine Unterkunft zu sichern; dann verabschiedete er sich von verschiedenen Personen, die ihm während seines Aufenthaltes in Imola Gefälligkeiten erwiesen hatten. Die Stadt war jetzt leer, nachdem der Herzog mit seinem Hof und allem Gefolge abgezogen war. Schließlich ging Machiavelli zu Bartolomeo, um sich zu verabschieden. Er traf ihn zu Hause an und wurde ins Arbeitszimmer geführt. Der dicke Mann empfing ihn mit der üblichen dröhnenden Herzlichkeit. Er hatte bereits von der bevorstehenden Abreise Machiavellis gehört und brachte in äußerst schmeichelhaften Worten sein Bedauern zum Ausdruck. Er sagte, wie sehr es ihn gefreut habe, die Bekanntschaft eines so hervorragenden Mannes gemacht zu haben; wie sehr er es bedaure, daß er jetzt nicht mehr Gelegenheit haben werde, jene allzu seltenen Schachpartien zu spielen und ihn in seinem Hause bei Musik so schlecht und recht zu bewirten, wie er es vermöge. Machiavelli seinerseits erging sich in den üblichen Artigkeiten und brachte dann einigermaßen verlegen eine Angelegenheit zur Sprache, die ihn bedrückte.

»Hört, mein lieber Freund, ich komme nicht nur, um Euch für alle Liebenswürdigkeiten zu danken, sondern auch, um Euch zu bitten, mir noch eine Gefälligkeit zu erweisen.«

»Ihr braucht sie nur zu nennen.«

Machiavelli lachte ein wenig bitter.

»Ich schulde Euch fünfundzwanzig Dukaten. Ich kann sie Euch nicht zurückgeben. Ich muß Euch bitten, noch etwas länger zu warten.«

»Darüber brauchen wir gar nicht erst zu reden.«

»Fünfundzwanzig Dukaten sind ein schöner Betrag.«

»Sie können warten, sie können warten, und wenn es Euch Schwierigkeiten macht, zu zahlen, dann sehe ich keinen Grund, warum Ihr überhaupt zahlen sollt. Betrachtet sie eher als Geschenk denn als Darlehen.«

»Ich sehe keinen Grund, warum Ihr mir ein solches Geschenk machen solltet. Ich kann es unmöglich annehmen.«

Bartolomeo lehnte sich in seinen Stuhl zurück und brach in schallendes Gelächter aus.

»Aber habt Ihr denn nichts gemerkt? Es ist gar nicht mein Geld. Unser guter Herzog wußte, daß Ihr bei den steigenden Preisen und bei den notwendigen Auslagen Eurer Sendung in Ungelegenheiten geraten würdet. Jeder Mensch weiß, daß die Signoria knausert. Ich erhielt Anweisung vom Schatzmeister Seiner Exzellenz, Euch jeden Betrag zu geben, den Ihr etwa brauchtet. Wenn Ihr zweihundert Dukaten statt fünfundzwanzig verlangt hättet, ich hätte sie Euch auch gegeben.«

Machiavelli wurde bleich. Er war sprachlos.

»Aber wenn ich gewußt hätte, daß das Geld vom Herzog stammte, hätte mich nichts bewegen können, es anzunehmen.«

»Gerade weil der Herzog Eure Bedenken kannte und Eure Unbestechlichkeit bewunderte, hat er sich meiner als Mittelsmann bedient. Er achtete Euer Zartgefühl. Ich mißbrauche sein Vertrauen, doch ich glaube, Ihr solltet nicht in Unkenntnis bleiben von einer so großmütigen und uneigennützigen Geste.«

Machiavelli unterdrückte den derben Fluch, der sich ihm auf die Lippen drängte. Er glaubte kaum an die Großmut des Herzogs und überhaupt nicht an seine Uneigennützigkeit. Bildete er sich ein, daß Machiavellis Gutwilligkeit mit fünfundzwanzig Dukaten zu erkaufen war? Machiavellis Lippen preßten sich zu einem dünnen Strich aufeinander.

»Ihr seid erstaunt?« fragte Bartolomeo lächelnd.

»Nichts, was der Herzog auch tun mag, kann mich noch in Erstaunen versetzen.«

»Er ist ein großer Mann. Ich zweifle nicht, daß wir, die wir den Vorzug genießen, ihm nützlich zu sein, darum im Gedächtnis der Nachwelt fortleben werden.«

»Mein guter Bartolomeo«, sagte Machiavelli, »es sind nicht die großen Taten der Menschen, die im Gedächtnis der Nachwelt fortleben, sondern die schönen Worte, in denen die großen Schriftsteller diese Taten darstellen. Perikles wäre nicht mehr als ein Name, hätte ihm nicht Thukydides die Rede in den Mund gelegt, die ihn unsterblich gemacht hat.«

Und damit erhob er sich.

»Ihr dürft nicht gehen, ohne die Damen gesehen zu haben. Sie würden es bedauern, Euch nicht Lebewohl gesagt zu haben.«

Machiavelli folgte ihm ins Wohnzimmer. Seine Kehle war ein wenig zusammengeschnürt, und es schien ihm, sein Herz schlage ungewohnt schnell.

Die Frauen hatten keinen Besuch erwartet und trugen Alltagskleider. Sie waren überrascht, ihn zu sehen, und vielleicht nicht allzu erfreut. Sie erhoben sich und machten einen Knicks. Bartolomeo sagte ihnen, Machiavelli sei im Begriff, nach Cesena abzureisen.

»Wie sollen wir ohne Euch auskommen?« rief Monna Caterina.

Da Machiavelli überzeugt war, daß sie ohne ihn vortrefflich auskämen, sagte er nichts und lächelte nur ein wenig sauer.

»Messer Niccolo wird zweifellos froh sein, eine Stadt zu verlassen, die so wenig bietet, um einen Fremden zu zerstreuen«, sagte Aurelia.

Machiavelli konnte nicht anders, denn aus ihren Worten einen leichten Ton von Bosheit herauszuhören. Sie machte sich wieder an ihre Arbeit, und er bemerkte, daß sie noch immer mit der kunstvollen Stickerei an den Hemden beschäftigt war, für die er das Linnen aus Florenz mitgebracht hatte.

»Ich weiß kaum, was ich mehr bewundern soll, Monna Aurelia«, sagte er, »Eure Geduld oder Euren Fleiß.«

»Man sagt, der Teufel finde Arbeit für müßige Hände«, gab sie zur Antwort.

»Und manchmal sogar angenehme Arbeit.«

»Gefährliche Arbeit.«

»Und darum um so verlockendere.«

»Doch Vorsicht ist oft besser als Wagemut.«

Machiavelli ließ sich seine Bemerkungen nicht gerne abtrumpfen; obschon er jetzt lächelte, klang seine Erwiderung recht säuerlich.

»Man sagt, Sprichwörter sind die Weisheit der Menge, und die Menge hat immer unrecht.«

Aurelia sah nicht gerade vorteilhaft aus. Es war eine Zeitlang schlechtes Wetter gewesen, und sie hatte mit dem Färben der Haare schon zu lange gewartet. Man konnte die schwarzen Haarwurzeln sehen. Es war auch anzunehmen, daß sie sich am Morgen nur in aller Eile geschminkt hatte, denn die natürliche Olivenfarbe ihrer Haut war durch die Schönheitsmittel nicht völlig verdeckt.

›Wenn sie erst einmal vierzig ist, wird sie nicht begehrenswerter sein als ihre Mutter‹, sagte sich Machiavelli.

Anstandshalber blieb er noch etwas; dann empfahl er sich. Er war froh, Aurelia wiedergesehen zu haben. Er begehrte sie noch immer; doch dieses Begehren plagte ihn nicht mehr so sehr wie früher. Er war nicht der Mann, der, weil er die fetten Wachteln nicht kriegen kann, die er sich versprochen hat, die Schweinsfüße nicht essen mag, die er vorgesetzt bekommt. Als er einsah, daß es vergeblich wäre, Aurelia weiter nachzustellen, hatte er seine brennende Leidenschaft gelegentlich in den Armen verschiedener, nicht allzu kostspieliger junger Frauen gestillt, deren Bekanntschaft er durch die Vermittlung der Barberina gemacht hatte. Als er jetzt sein Herz erforschte, mußte er zur Erkenntnis gelangen, daß er mindestens so sehr an verwundeter Eitelkeit litt wie an den Qualen unerwiderter Liebe. Er kam zum Schluß, daß Aurelia recht dumm sein müsse, sonst wäre sie nicht in einem Anfall schlechter Laune schlafen gegangen, nur weil er sie drei Stunden hatte warten lassen; sonst wäre ihr nie der Gedanke gekommen, es sei Sünde, mit ihm zu schlafen – wenigstens nicht, bevor sie es getan hätte. Wenn sie soviel vom Leben gewußt hätte wie er, dann hätte sie auch gewußt, daß wir nicht die Versuchungen bereuen, denen wir erlegen sind, sondern jene, denen wir widerstanden haben.

›Nun, es wird ihr recht geschehen, wenn Bartolomeo seine Neffen adoptiert‹, sagte sich Machiavelli. ›Dann wird es ihr leid tun, daß sie eine solche Närrin war.‹

27

Zwei Tage später traf er in Cesena ein. Die Artillerie des Herzogs näherte sich der Stadt; seine Streitmacht war vollzählig, und er war mit Geldmitteln reichlich versehen. Irgend etwas bereitete sich vor, doch niemand wußte, was. Trotz der allgemeinen Geschäftigkeit lag eine Stille in der Luft, wie angeblich vor einem Erdbeben: die Menschen fühlen sich unbehaglich und unruhig, sie wissen nicht, warum, und plötzlich, ohne Warnung, erbebt der Boden unter ihren Füßen, und die Häuser stürzen über ihnen zusammen.

Machiavelli bat den Herzog zweimal um eine Unterredung; der Herzog dankte ihm für diesen Höflichkeitsbeweis und ließ ihm antworten, er werde ihn rufen lassen, wenn er ihn brauche. Aus den Sekretären konnte Machiavelli nichts herausbekommen. Sie erklärten ihm wiederholt, der Herzog spreche über nichts, bevor er bereit sei, zu handeln, und er handle, wie die Umstände es ihm vorschrieben. Offensichtlich kannten sie seine Pläne genausowenig wie sonst jemand. Machiavelli hatte es endgültig satt, und er hatte kein Geld. Er bat die Signoria um Abberufung und riet, an seiner Stelle einen Botschafter mit größeren Vollmachten zu entsenden, als man ihm hatte einräumen wollen.

Machiavelli war aber kaum eine Woche in Cesena, als ein unerwartetes Ereignis eintrat. Als er sich eines Morgens in den Palast begab, den der Herzog für sich in Beschlag genommen hatte, fand er dort alle französischen Hauptleute versammelt. Sie waren zornig und erregt. Sie hatten offenbar plötzlich den Befehl erhalten, sich innerhalb zweier Tage fortzuscheren, und sie fühlten sich durch diese brüske Entlassung schwer beleidigt. Machiavelli zerbrach sich den Kopf, um einen einleuchtenden Grund für diesen Schritt zu finden. Seine Freunde bei Hof sagten ihm, der Herzog könne es mit den Franzosen nicht mehr aushalten, sie machten ihm mehr zu schaffen, als sie wert seien; es schien jedoch der höchste Wahnsinn zu sein, einen so wichtigen Teil seiner Streitmacht zu entlassen, wenn seine übrigen Truppen denen unter dem Befehl der Feldhauptleute Orsini, Vitellozzo, Oliverotto da Fermo und der übrigen keineswegs überlegen waren und er sich auf deren Treue nach ihrer letzten Revolte und widerwilligen Unterwerfung bestimmt nur beschränkt verlassen konnte. War es möglich, daß der Herzog zu sich selbst so großes Vertrauen hatte, daß er dem König von Frankreich zeigen wollte, er brauche seine Unterstützung nicht mehr?

Die Franzosen zogen ab, und einige Tage später ereignete sich noch etwas, das für Machiavelli, einen Kenner der menschlichen Natur und der Politik, von ganz besonderem Interesse war. Ramiro de Lorqua wurde nach Cesena berufen. Er war dem Herzog treu geblieben, er war ein guter Soldat und fähiger Verwalter und seit einiger Zeit Statthalter der Romagna. Er hatte sich jedoch durch seine Grausamkeit und Unehrlichkeit beim Volke verhaßt gemacht. Die verzweifelte Bevölkerung sandte schließlich Vertreter zum Herzog, um ihre Beschwerden vorzubringen. Ramiro wurde nach seiner Ankunft festgenommen und in den Kerker geworfen.

Am Weihnachtstag wurde Machiavelli von Piero frühzeitig geweckt. »Kommt auf die Piazza, Messere, Ihr werdet einen Anblick haben, der die Mühe lohnt«, rief er. Seine jugendlichen Augen funkelten vor Aufregung.

»Was ist es?«

»Das sag ich Euch nicht. Eine große Volksmenge ist zusammengelaufen. Sie sind alle höchst überrascht.«

Machiavelli brauchte nicht lange zum Ankleiden. Es hatte geschneit, und der Morgen war rauh. Auf der Piazza, auf einer Strohmatte auf dem Schnee, lag der kopflose Leichnam Ramiro de Lorquas, reich bekleidet, mit allen Ordenszeichen und Handschuhen an den Händen. Ein paar Schritte entfernt stak sein Haupt auf einem Spieß. Machiavelli wandte sich von diesem greulichen Anblick ab und ging langsam nach Hause zurück.

»Was haltet Ihr davon, Messere?« fragte Piero. »Er war der tapferste von den Feldhauptleuten des Herzogs. Man hat immer gesagt, daß der Herzog ihm vertraue und sich auf ihn verlasse wie auf sonst niemanden.«

Machiavelli zuckte die Achseln.

»Es hat dem Herzog beliebt, so zu handeln. Es zeigt, daß er Männer nach seinem Gefallen erhöhen und erniedrigen kann, je nach ihren Verdiensten. Ich nehme an, der Herzog brauchte ihn nicht mehr; es kam ihm nicht ungelegen, durch einen Akt der Gerechtigkeit zu beweisen, daß ihm das Wohl seines Volkes am Herzen liegt.«

Es wurde allgemein angenommen, daß Ramiro der Geliebte der Lucrezia Borgia gewesen sei, und es war gefährlich, der Gemahl oder Liebhaber von Cesare Borgias Schwester zu sein. Cesare liebte sie. Ihr erster Gatte, Giovanni Sforza, entging dem Tode nur, weil sie ihn rechtzeitig gewarnt hatte, Cesare habe den Befehl zu seiner Ermordung gegeben. Er warf sich aufs Pferd und ritt um sein Leben, bis er innerhalb der schützenden Mauern von Pesaro war. Als man die Leiche des Herzogs von Gandia mit neun Wunden aus dem Tiber gefischt hatte, wurde der Mord allgemein Cesare zugeschrieben; es hieß, auch Gandia habe Lucrezia geliebt.

Der Spanier Pedro Calderon, ein päpstlicher Kämmerer, wurde auf Befehl Cesares umgebracht, ›wegen einer Sache, die die Ehre der Madonna Lucrezia verletzte‹. In Wirklichkeit, so hieß es, war sie von ihm geschwängert. Ihrem zweiten Mann, Alfonso, Herzog von Bisceglie, erging es nicht besser. Eines Tages, ein Jahr nach der Hochzeit, wurde er, erst neunzehn Jahre alt, beim Verlassen des Vatikans von Bewaffneten überfallen und schwer verwundet; er wurde in die päpstlichen Gemächer zurückgebracht und schwebte dort einen Monat lang zwischen Leben und Tod; als er seinen Verletzungen jedoch nicht erliegen wollte, wurde er, wie Burchard berichtet, im Bett erdrosselt. Alfonso von Bisceglie war der schönste Mann in Rom, und Lucrezia hatte den Fehler begangen, ihn allzusehr zu lieben. Niemand in Italien zweifelte daran, daß er seinen Tod der Eifersucht Cesare Borgias verdankte.

Machiavelli hatte ein gutes Gedächtnis; er hatte nicht vergessen, was ihm der Herzog einmal in Imola gesagt hatte. Pagolo Orsini hatte sich über Ramiros Brutalität beklagt, und der Herzog hatte versprochen, ihm Genugtuung zu verschaffen. Er machte sich höchstwahrscheinlich nichts aus den Beschwerden Pagolos, den er verachtete; aber war es nicht möglich, daß er durch die Hinrichtung Ramiros auch das letzte Mißtrauen der aufrührerischen Feldhauptleute zerstreute? Wie könnten sie noch irgendwelche Zweifel an seinen ehrlichen Absichten hegen, wenn er seinen fähigsten und vertrauenswürdigsten Unterführer opferte, nur um einem von ihnen gefällig zu sein? Machiavelli lachte in sich hinein. Das war etwas so recht nach dem Herzen Il Valentinos – mit einem Schlag das aufgebrachte Volk der Romagna zu versöhnen, seinen falschen Freunden einen Beweis seines Vertrauens zu geben und zugleich persönliche Rache an einem Liebhaber der Lucrezia zu nehmen.

»Jedenfalls«, sagte Machiavelli voll Heiterkeit zu Piero, »hat unser guter Herzog die Welt von einem Schurken mehr

befreit. Wir wollen eine Taverne suchen und dort Glühwein
trinken, um uns die Kälte aus den Knochen zu treiben.«

28

Es gab einen triftigen Grund, warum Machiavelli über die
Pläne Il Valentinos gar nichts erfahren konnte: dieser selbst
hatte noch gar keinen Plan gefaßt. Irgend etwas aber mußte
geschehen, denn es war sinnlos, eine Heeresmacht zu
unterhalten und sie nicht zu benützen; aber es war nicht
leicht, zu entscheiden, was eigentlich unternommen werden
sollte. Die Feldhauptleute schickten Vertreter nach Cesena,
um die Sache mit dem Herzog zu besprechen, doch es wurde
keine Einigung erzielt; sie sandten daher nach einigen Tagen
Oliverotto da Fermo, der dem Herzog einen Vorschlag
unterbreiten sollte.

Dieser Oliverotto da Fermo war ein junger Mann, der erst
vor kurzem viel von sich reden gemacht hatte. In frühester
Kindheit hatte er den Vater verloren und war von seinem
Oheim, Giovanni Fogliati, dem Bruder seiner Mutter, aufge-
zogen worden. Als er alt genug war, wurde er Paolo Vitelli
übergeben, um bei ihm das Waffenhandwerk zu lernen. Nach
Paolos Hinrichtung schloß sich Oliverotto dem Vitellozzo
an, und da er klug und eifrig war, wurde er sehr bald zu einem
seiner besten Offiziere. Er war jedoch ehrgeizig. Er hielt es
für erniedrigend, zu dienen, wo er herrschen könnte, und so
ersann er einen geschickten Plan, um sein Los zu verbessern.
Er schrieb an seinen Oheim und Wohltäter, da er einige Jahre
lang nicht daheim gewesen sei, würde er ihn und seine Hei-
matstadt gern wieder einmal aufsuchen und zugleich nach seinem väterlichen Erbteil sehen. Und da er einzig und allein
danach gestrebt habe, sich einen guten Namen zu machen,
damit seine Mitbürger erkennen würden, daß er seine Zeit
nicht vergeudet habe, beabsichtige er, einen großartigen Ein-

zug zu halten, und hundert Berittene, seine Freunde und Dienerschaft mitzuführen. Er bat seinen Oheim, dafür zu sorgen, daß ihm ein ehrenvoller Empfang bereitet werde, der nicht nur ihm Ehre machen würde, sondern auch seinem Oheim, dessen Pflegesohn er war. Giovanni Fogliati freute sich zu hören, daß sein Neffe die Pflege und Zuneigung nicht vergessen hatte, die er ihm hatte angedeihen lassen, und als Oliverotto in Fermo eintraf, war es nur natürlich, daß sein Oheim ihn aufforderte, bei ihm zu wohnen. Nach einigen Tagen jedoch zog Oliverotto, um seinem Oheim nicht weiter zur Last zu fallen, in ein eigenes Haus und lud ihn und die bedeutendsten Persönlichkeiten Fermos zu einem feierlichen Bankett.

Als sie getafelt und lustig gezecht hatten, begann Oliverotto von etwas zu sprechen, das allen am Herzen lag: von der Größe des Papstes und seines Sohnes Cesare und von ihren Unternehmungen. Plötzlich jedoch erhob er sich mit der Bemerkung, dies seien Dinge, die man besser vertraulich erörtere, und führte darauf die Gäste in ein anderes Zimmer. Kaum hatten sie sich gesetzt, als Soldaten aus Verstecken hervorkamen und sie samt und sonders umbrachten. Auf diese Weise gelangte Oliverotto in den Besitz der Stadt: da alle getötet waren, die ihm vielleicht hätten Widerstand leisten können, und da sich seine Anordnungen auf zivilem wie auf militärischem Gebiet als wirksam erwiesen, hatte er sich innerhalb eines Jahres nicht nur in Fermo Sicherheit verschafft, sondern auch die Ehrfurcht seiner Nachbarstaaten gesichert. Dies also war der Mann, den die Feldhauptleute zu Il Valentino schickten. Ihr Vorschlag ging dahin, mit ihren vereinigten Streitkräften in die Toskana einzufallen oder, wenn ihm das nicht genehm wäre, Sinigaglia zu erobern. Die Toskana wäre ein gewaltiger Gewinn. Die Eroberung von Siena, Pisa, Lucca und Florenz würde allen Teilnehmern am Kriegszug reiche Beute einbringen; Vitellozzo und die Orsini hatten mit Florenz eine alte Rechnung zu begleichen und täten dies nur allzu gern. Siena und Florenz standen jedoch unter dem Schutz des Königs von Frankreich, und der Herzog war nicht geneigt, einen Verbündeten zu erzürnen, den er vielleicht noch brauchen könnte. Il Valentino sagte daher Oliverotto, er würde bei einem Angriff gegen die Toskana nicht mitmachen, aber die Eroberung von Sinigaglia wäre ihm willkommen.

Sinigaglia war klein, doch nicht unbedeutend; denn es lag am Meer und hatte einen guten Hafen. Die Stadt wurde von der verwitweten Schwester des unseligen Herzogs von Urbino beherrscht, die zusammen mit den Rebellen den Pakt von La Magione unterzeichnet hatte. Aber nach der Versöhnung, an der sie nicht teilhaben wollte, war sie mit ihrem jungen Sohn nach Venedig geflohen und hatte die Verteidigung der Zitadelle dem Genuesen Andrea Doria überlassen. Oliverotto marschierte gegen die Stadt und besetzte sie ohne Widerstand. Vitellozzo und die Orsini rückten mit ihren Streitkräften vor und legten sie in der Umgebung ins Quartier. Die ganze Unternehmung hatte nur einen einzigen Haken: Andrea Doria weigerte sich, die Zitadelle einem anderen als Il Valentino persönlich zu übergeben. Es war eine starke Festung; sie zu stürmen würde Zeit, Geld und Menschenleben kosten. Der gesunde Menschenverstand siegte. Nun, da der Herzog sein französisches Kontingent entlassen hatte, brauchten ihn seine Feldhauptleute nicht zu fürchten; sie verständigten ihn also von der Bedingung Andrea Dorias und luden ihn ein, nach Sinigaglia zu kommen. Als der Herzog ihre Aufforderung erhielt, hatte er bereits Cesena verlassen und stand in Fano. Er sandte einen seiner verläßlichen Sekretäre zu den Unterführern mit der Botschaft, er werde sogleich nach Sinigaglia kommen und bitte sie, ihn dort zu erwarten. Seit der Unterzeichnung des Abkommens hatten sie keinerlei Neigung gezeigt, mit dem Herzog persönlich zusammenzutreffen. Um das Mißtrauen zu zerstreuen, das demzufolge noch vorhanden war, befahl er dem Sekretär, ihnen auf freundliche Weise auseinanderzusetzen, daß die Entfremdung, die sie immer noch hartnäckig aufrechterhielten, ein Hindernis für die Verwirklichung des vereinbarten Vertrags sei; er seinerseits habe bloß den Wunsch, sich ihrer Streitkräfte und ihres Rates zu bedienen.

Machiavelli war erstaunt, als er hörte, der Herzog habe die Einladung der Feldhauptleute angenommen. Er hatte das Abkommen sorgsam gelesen, und es war ihm klar, daß keine der beiden Parteien der anderen auch nur im geringsten traute. Als er erfuhr, die Unterführer hätten Il Valentino gebeten, zu ihnen nach Sinigaglia zu kommen, weil der Befehlshaber der Zitadelle sich geweigert hatte, sie einem seiner Offiziere zu übergeben, war er überzeugt, daß sie ihm eine Falle stellten. Der Herzog hatte seine französischen Reiter entlassen und so seine Streitmacht wesentlich verringert. Die Feldhauptleute hatten alle ihre Truppen in Sinigaglia oder in der Umgebung. Es schien offenbar, daß der Kommandant der Zitadelle seine Bedingung mit ihrem Einverständnis gestellt hatte; wenn nun der Herzog mit seinen Reitern einträfe, würden sie ihn angreifen und ihn und seine Leute in Stücke hauen. Unglaublich, daß er sich nahezu wehrlos unter seine Todfeinde wagen wollte! Die einzige Erklärung war, daß er seinem Stern vertraute und sich in seiner Überheblichkeit einbildete, er könne diese brutalen Männer durch seine Willenskraft und die Macht seiner Persönlichkeit einschüchtern. Er wußte, daß sie ihn fürchteten, doch hatte er vielleicht vergessen, daß Furcht manchmal aus Feiglingen Helden macht. Das Glück hatte zwar bisher den Herzog begünstigt, doch das Glück war launenhaft. Hochmut kommt vor dem Fall, kicherte Machiavelli in sich hinein. Wenn der Herzog in die Falle ging und darin umkam, würde das für Florenz von großem Vorteil sein. Er war der wirkliche Feind; die Feldhauptleute, die nur ihre Furcht vor ihm zusammenhielt, könnte man dann durch geschicktes Manövrieren auseinanderbringen und einen nach dem andern erledigen.

Aber Machiavelli hatte zu früh gelacht. Als die Orsini nämlich dem Festungskommandanten Geld anboten, damit er die Übergabe an einen anderen als den Herzog selbst verweigere, hatte der bereits das Gold in der Tasche, das der Herzog ihm zu eben diesem Zweck gesandt hatte. Der Herzog hatte die Pläne der Hauptleute erraten und vorausgesehen, was sie tun würden, um ihn zu veranlassen, sich zu ihnen zu begeben. Er war ein verschlossener Mann und hatte nicht die Gewohnheit, seine Pläne zu besprechen, bevor der Augenblick zum Handeln gekommen war. Am Abend vor dem Abmarsch aus Fano berief er acht seiner verläßlichsten Anhänger zu sich. Er sagte ihnen, wenn die Feldhauptleute ihm entgegenkämen, solle je einer von ihnen rechts und links von jedem der Feldhauptleute Aufstellung nehmen und sie, gleichsam als Ehrenbezeigung, zum Palast geleiten, der zur Residenz für ihn gewählt worden sei. Er schärfte ihnen ein, dafür zu sorgen, daß keiner der Feldhauptleute entkomme. Einmal im Palast, wären sie ihm auf Gnade und Ungnade ausgeliefert. Nicht einer von ihnen würde ihn lebend und frei verlassen. Der Herzog hatte seine Streitkräfte in der Umgegend verteilt, so daß niemand wissen konnte, über wie starke Kräfte er verfügte, und er gab jetzt den Befehl, sie sollten sich am Morgen an einem Fluß ungefähr sechs Meilen vor Sinigaglia sammeln. Als einen Beweis seines Vertrauens hatte er seine Troßwagen vorausgeschickt; er lächelte bei der Vorstellung, wie sich die Feldhauptleute wohl die Lippen lecken würden, wenn sie die große Beute sähen, die auf sie wartete.

Nachdem alles vorgekehrt war, ging er zu Bett und schlief ruhig und fest. Am Morgen brach er zeitig auf. Es war der einunddreißigste Dezember 1502. Die Entfernung zwischen Fano und Sinigaglia betrug fünfzehn Meilen; die Straße verlief zwischen Bergen und dem Meer. Die Vorhut von fünfzehnhundert Mann wurde von Lodovico della Mirandola geführt; dann kamen Gascogner und Schweizer, eintausend an der Zahl; hinter ihnen der Herzog, in voller Kriegsrüstung, auf seinem Streitroß mit reicher Schabracke, und dann der Rest der Reiterei. Machiavelli war ästhetischen Empfindungen nicht gerade sehr zugänglich, doch er meinte, nie etwas Schöneres gesehen zu haben als diesen Heereszug, der sich zwischen den schneebedeckten Bergen und dem blauen Meer langsam dahinwand.

Die Feldhauptleute warteten an einer Stelle, die drei Meilen von Sinigaglia lag.

Vitellozzo Vitelli war, ehe die Französische Krankheit seine Gesundheit zugrunde richtete, ein Mann von kraftvollem Körperbau gewesen, groß und stark, doch eher mager, beinahe dürr; er hatte ein bleiches, glattrasiertes Gesicht, eine spitze Nase und ein kleines, fliehendes Kinn. Seine Lider hingen schwer über seine Augen und verliehen ihm einen seltsam brütenden Ausdruck. Er war rücksichtslos, grausam, raubgierig und tapfer, ein guter Soldat und galt als der beste Artillerist in Europa. Er war stolz auf seinen Besitz, Città di Castello, und auf die schönen Paläste, geschmückt mit Fresken, Bronzen, marmornen Statuen und flämischen Gobelins, mit denen er und seine Familie sie ausgestattet hatten. Er hatte seinen Bruder Paolo, der von den Florentinern enthauptet worden war, geliebt, und er haßte sie darum mit einem Haß, den die Zeit nicht zu schwächen vermochte. Aber wegen der Mengen von Quecksilber, die ihm die Ärzte verabreichten, litt er unter Anfällen unerträglicher Niedergeschlagenheit, und er war nur ein Schatten seines früheren Selbst. Als Pagolo Orsini zur Zeit der Friedensverhandlungen den versammelten Feldhauptleuten die Bedingungen des Herzogs vorlegte, wollte Gian Paolo Baglioni, Herr von Perugia, sie nicht annehmen; Vitellozzo, der dem Angebot des Herzogs mißtraute, ergriff eine Zeitlang Baglionis Partei, hatte aber nicht die Kraft, den zermürbenden Einwänden der andern Widerstand zu leisten, und erklärte sich schließlich zur Unterschrift bereit. Doch er unterschrieb gegen sein besseres Wissen. Wohl hatte er demütige Briefe der Unterwerfung und Entschuldigung verfaßt, und Il Valentino hatte ihm seinerseits versichert, daß alles vergeben und vergessen sei; doch er fühlte sich nicht beruhigt. Sein Instinkt sagte ihm, der Herzog habe weder vergessen noch vergeben. In einer der Vertragsklauseln war festgesetzt, daß immer nur einer der Feldhauptleute im Lager des Herzogs Dienst tun sollte; und hier waren sie jetzt alle beisammen. Pagolo Orsini redete ihm gut zu, sagte, er habe den Herzog mehrere Male aufgesucht; sie hätten lange und oft miteinander gesprochen, frei und offen, von Mann zu Mann, und man müsse einfach von des Herzogs Aufrichtigkeit überzeugt sein. Welchen besseren Beweis könne es dafür geben als die Entlassung der französischen Reiter, ohne die er nun für künftige Unternehmungen von ihrer Unterstützung abhänge? Und warum habe er Ramiro de Lorqua hinrichten lassen, wenn nicht, um ihnen zu zeigen, daß er bereit sei, ihren Forderungen Gehör zu schenken?

»Glaubt mir, unser Aufstand hat dem jungen Mann eine Lektion erteilt; wir können mit gutem Grund annehmen, daß er uns in Zukunft keinen Anlaß geben wird, mit ihm unzufrieden zu sein.«

Pagolo Orsini hielt es allerdings nicht für nötig, Vitellozzo von einem bestimmten Gespräch zu erzählen, das er einmal mit dem Herzog gehabt hatte. Der Papst war siebzig und vollblütig; er führte das Leben eines Mannes in der Blüte seiner Jahre und mochte jederzeit einem Schlaganfall erliegen. Il Valentino konnte bei der Papstwahl die Stimmen der spanischen Kardinäle und der Kardinäle, die sein Vater eingesetzt hatte, beeinflussen. Er war bereit, die Wahl Kardinal Orsinis, des Bruders von Pagolo, durchzusetzen gegen Zusicherung der Ergebenheit seiner Staaten. Die Aussicht war berauschend. Pagolo war um so mehr geneigt, dem Herzog zu trauen, als es sicher zu sein schien, daß der Herzog die Orsini genauso nötig hatte wie sie ihn.

Vitellozzo war der erste von den Feldhauptleuten, der vorritt, um den Herzog zu begrüßen. Er war unbewaffnet, in einen schäbigen schwarzen Waffenrock gekleidet, über dem er einen schwarzen, grüngefütterten Mantel trug. Er sah blaß und verstört aus; nach seinem Gesichtsausdruck hätte man annehmen müssen, er kenne das Schicksal, das ihn erwartete. Niemand, der ihn nun sah, hätte vermutet, daß dies der Mann war, der einmal gedacht hatte, aus eigenen Kräften den König von Frankreich aus Italien zu vertreiben. Er ritt auf einem Maultier und wollte gerade absitzen, als der Herzog ihn daran hinderte, sich vorbeugte, ihm den Arm freundlich um die Schultern legte und ihn auf beide Wangen küßte. Ein paar Minuten später kamen auch Pagolo Orsini und der Herzog von Gravina mit ihrem Gefolge herangeritten, und Cesare Borgia empfing sie mit der Höflichkeit, die ihrer edlen Abstammung zukam, mit der fröhlichen Herzlichkeit eines Mannes, der von lieben Freunden allzulange getrennt war. Dem Herzog fiel jedoch die Abwesenheit Oliverotto da Fermos auf; auf seine Anfrage sagten sie ihm, Oliverotto erwarte ihn in der Stadt. Er sandte Don Michele aus, um den jungen Mann zu holen, und begann inzwischen mit den Unterführern ein oberflächliches Gespräch. Niemand konnte bezaubernder sein als er, wenn es ihm der Mühe wert war; in diesem Augenblick hätte es niemand für möglich gehalten, daß irgend etwas je seine Eintracht mit diesen drei Heerführern getrübt haben könnte. Er war freundlich, wie es seiner Stellung zukam, doch ohne jeden Hochmut, so daß in seinem Gehaben auch keine Spur von Herablassung zu merken war. Er war gelassen, umgänglich, liebenswürdig. Er erkundigte sich nach Vitellozzos Gesundheit und erbot sich, ihm seinen Leibarzt zu schicken. Mit heiterm Lächeln neckte er den Herzog von Gravina wegen einer Liebschaft, in die dieser verwickelt war. Er hörte sich mit schmeichelhafter Anteilnahme Pagolo Orsinis Beschreibung der Villa an, die der sich in den Albaner Bergen baute.

Don Michele fand Oliverotto beim Drill seiner Truppen auf einem Platz jenseits des Flusses außerhalb der Stadtmauern. Er sagte ihm, er täte gut daran, seine Leute Quartier nehmen zu lassen, da sie ihm sonst von den Soldaten des Herzogs weggeschnappt würden. Das war ein guter Rat, und Oliverotto dankte ihm für den vernünftigen Vorschlag, den er sogleich auszuführen begann. Nachdem er die notwendigen Weisungen gegeben hatte, begleitete er Don Michele zu der Stelle, wo die anderen warteten. Der Herzog empfing ihn mit derselben Freundlichkeit, die er den übrigen bezeugt hatte. Er gebot ihm Einhalt in der Huldigung, zu der er sich anschickte, und behandelte ihn als Gefährten, nicht als Untergebenen.

Dann gab der Herzog Befehl zum Vormarsch.

Vitellozzo wurde von Schrecken ergriffen. Er hatte nun gesehen, wie stark die Streitmacht war, die dem Herzog folgte, und er wußte mit Bestimmtheit, daß der von den Feldhauptleuten geplante Anschlag keine Aussicht auf Gelingen hätte. Er entschloß sich, zu seinen eigenen Streitkräften zurückzukehren, die nur wenige Meilen entfernt lagerten. Seine Krankheit bot einen glaubhaften Vorwand. Doch Pagolo wollte ihn nicht weglassen; dies sei nicht der Augenblick, wandte er ein, den Herzog auf den Gedanken zu bringen, sie zweifelten an seinen ehrlichen Absichten. Vitellozzo war seelisch gebrochen; es fehlte ihm der Mut, auszuführen, was sein Gefühl ihm als einzigen Weg zum Entkommen wies. Er ließ sich überreden.

»Ich bin überzeugt, daß ich in den Tod gehe, wenn ich mit Euch komme«, sagte er, »doch da Ihr entschlossen seid, es darauf ankommen zu lassen, zu leben oder zu sterben, bin ich bereit, dem Schicksal ins Auge zu sehen mit Euch und den andern, die wir durch das Geschick verbunden sind.«

Die acht Offiziere, denen der Herzog befohlen hatte, die Feldhauptleute zu geleiten, hatten ihre Plätze eingenommen, rechts und links von den Todgeweihten; so ritt der Zug, mit dem Herzog in strahlender Rüstung an der Spitze, in die Stadt ein. Als sie zu dem Palast kamen, der dem Herzog zur Residenz bestimmt war, wollten sich die Feldhauptleute verabschieden; doch er drängte sie, auf seine offene, freimütige Art, einzutreten, um mit ihm sogleich den Plan zu besprechen, den er ihnen vorlegen wolle. Er habe ihnen eine Menge zu sagen, was für sie gewiß von großem Interesse sei. Es sei keine Zeit zu verlieren. Was auch immer sie beschließen würden, es müsse schnell getan werden. Sie willigten ein. Er geleitete sie durch das Tor und eine schöne Treppe hinauf in den großen Empfangssaal. Dort angelangt, bat er sie, ihn zu entschuldigen, da er ein natürliches Bedürfnis zu verrichten hätte; kaum war er gegangen, als Bewaffnete eindrangen und sie festnahmen. Er spielte ihnen also denselben geschickten, einfachen Streich, den der gewissenlose Oliverotto seinem Onkel und den ersten Bürgern von Fermo gespielt hatte, und es kostete ihn nicht einmal ein Bankett. Pagolo Orsini protestierte gegen den Vertrauensbruch des Herzogs und verlangte nach ihm, doch der hatte den Palast bereits verlassen. Er befahl, die Truppen der vier Feldhauptleute zu entwaffnen. Oliverottos Leute, unweit gelagert, wurden überrumpelt; wer von ihnen Widerstand leistete, wurde niedergemetzelt. Die anderen jedoch, die in einiger Entfernung kampierten, hatten mehr Glück; sie hörten von dem Unheil, das ihre Anführer befallen hatte, vereinigten ihre Streitkräfte und vermochten sich, wenn auch unter schweren Verlusten, durchzuschlagen und in Sicherheit zu bringen. Cesare Borgia mußte sich damit zufriedengeben, das unmittelbare Gefolge Vitellozzos und der Orsini hinzurichten.

Die Soldaten des Herzogs begnügten sich jedoch nicht damit, die Leute Oliverottos zu berauben. Sie begannen auch, die Stadt zu plündern. Sie hätten nichts geschont, hätte nicht der Herzog scharfe Maßnahmen getroffen; er wollte keine ausgeraubte, sondern eine blühende Stadt, von der er Abgaben bekommen könnte, und er ließ die Plünderer hängen. Die Stadt war in einem Tumult. Die Kaufleute hatten die Läden geschlossen, und die ehrbaren Bürger duckten sich in ihren Häusern hinter verriegelten Toren. Die Soldaten brachen in die Schenken ein und zwangen die Wirte mit der Waffe, ihnen Wein zu geben. Tote lagen auf den Straßen, und die Köter leckten ihr Blut.

29

Machiavelli war dem Herzog nach Sinigaglia gefolgt. Er verbrachte einen bangen Tag. Es war gefährlich, allein oder unbewaffnet auszugehen; wenn er gezwungen war, die elende Herberge zu verlassen, in der er Zuflucht gesucht hatte, vergaß er niemals, Piero und seine Knechte als Begleitung mitzunehmen. Er hatte nicht die geringste Absicht, sich von hitzigen Gascognern umbringen zu lassen, die der Wein noch mehr erhitzt hatte.

Um acht Uhr abends sandte der Herzog nach ihm. Bei allen anderen Gelegenheiten war Machiavelli in Gegenwart anderer beim Herzog in Audienz gewesen, vor Sekretären, Priestern oder Leuten des Gefolges; diesmal jedoch zog sich zu seinem Erstaunen der Offizier, der ihn zum Herzog gebracht hatte, sogleich zurück, und sie waren zum erstenmal miteinander allein.

Der Herzog war in bester Laune. Mit seinem kastanienbraunen Haar und dem gepflegten Bart, den geröteten Wangen und leuchtenden Augen erschien er Machiavelli schöner als je zuvor. Zuversicht lag in seiner Miene und Majestät in seinem Gehaben. Mochte er der Bastard eines verruchten Priesters sein – er hatte die Haltung eines Königs. Wie gewöhnlich kam er sofort zur Sache.

»Nun, ich habe Euren Herren einen großen Dienst erwiesen: ich habe sie von ihren Feinden befreit«, sagte er. »Ich möchte jetzt, daß Ihr ihnen schreibt und sie bittet, Fußtruppen aufzubringen und sie zusammen mit ihrer Kavallerie herzuschicken, damit wir zusammen gegen Castello oder Perugia marschieren können.«

»Perugia?«

Ein fröhliches Lächeln huschte über die Züge des Herzogs.

»Der Baglioni hat sich geweigert, mit den anderen den Vertrag zu unterzeichnen; bevor er ging, sagte er ihnen: ›Wenn Cesare Borgia mich haben will, kann er kommen und mich in Perugia holen, und er soll bewaffnet kommen.‹ Das will ich denn auch tun.«

Machiavelli dachte sich, es habe den andern auch nicht gerade genützt, den Vertrag zu unterzeichnen; doch begnügte er sich mit einem Lächeln.

»Vitellozzo zu überwältigen und die Orsini zu vernichten, hätte die Signoria ein gutes Stück Geld gekostet, und auch dann hätte sie es nicht halb so geschickt getan wie ich. Mir scheint, sie sollte nicht undankbar sein.«

»Ich bin überzeugt, daß sie es nicht ist, Exzellenz.«

Auf den Lippen des Herzogs lag noch das Lächeln, doch seine Augen hatten einen listigen Ausdruck angenommen, und er hielt Machiavelli mit seinem Blick fest.

»Dann sollen es die Herren doch beweisen. Sie haben keinen Finger gerührt. Was ich getan habe, ist für sie hunderttausend Dukaten wert. Es ist keine rechtliche, doch eine stillschweigende Verpflichtung, und es wäre gut, wenn sie begännen, ihr nachzukommen.«

Machiavelli wußte sehr gut, daß die Signoria über eine solche Forderung empört wäre, und hatte keine Lust, deren Überbringer zu sein. Er war froh, daß ihm ein Ausweg einfiel.

»Ich möchte Eure Exzellenz wissen lassen, daß ich meine Regierung um Abberufung gebeten habe. Ich habe darauf hingewiesen, daß sie hier einen Gesandten mit größerem Einfluß und umfassenderen Vollmachten als den meinen benötigen. Eure Exzellenz können diese Angelegenheit besser mit meinem Nachfolger besprechen.«

»Ihr habt recht. Ich habe es satt, von Eurer Regierung hingehalten zu werden. Die Zeit ist für sie gekommen, sich zu entscheiden, ob sie für mich oder gegen mich sein will. Ich hätte heute bereits weitermarschieren sollen, aber dann wäre die Stadt geplündert worden. Andrea Doria hat die Zitadelle morgen früh zu übergeben, und dann breche ich gegen Castello und Perugia auf. Wenn ich dort fertig bin, werde ich meine Aufmerksamkeit Siena zuwenden.«

»Wird sich der König von Frankreich damit abfinden, daß Ihr Städte erobert, die unter seinem Schutze stehen?«

»Das wird er nicht, und ich bin nicht so dumm, mir das einzubilden. Ich beabsichtige, sie im Namen der Kirche zu nehmen. Für mich selbst brauche ich nichts als meinen eignen Staat, die Romagna.«

Machiavelli seufzte. Wider Willen bewunderte er diesen Mann, der einen so feurigen Geist besaß und seiner Macht, zu erreichen, was er wollte, so sicher war.

»Niemand kann bezweifeln, daß Ihr vom Glück begünstigt seid, Exzellenz!« sagte er.

»Das Glück begünstigt den, der die Gelegenheit wahrzunehmen versteht. Glaubt Ihr, es sei ein glücklicher Zufall gewesen, daß der Festungskommandant vor niemand die Waffen strecken wollte als vor mir persönlich?«

»Damit würde ich Eurer Exzellenz unrecht tun. Nach den heutigen Ereignissen kann ich mir denken, daß Ihr ihn angemessen entlöhnt habt.«

Der Herzog lachte.

»Ich mag Euch gut leiden, Sekretär. Ihr seid ein Mann, mit dem man sprechen kann. Ihr werdet mir fehlen.« Er hielt inne und blickte eine ganze Weile Machiavelli forschend an. »Ich wünschte beinahe, Ihr wäret in meinen Diensten.«

»Eure Exzellenz sind sehr gütig. Ich bin es vollauf zufrieden, der Republik zu dienen.«

»Was für Vorteile habt Ihr davon? Euer Gehalt ist so schändlich, daß Ihr von Euren Freunden borgen müßt, um auszukommen.«

Machiavelli fuhr bei dieser Bemerkung zusammen, aber dann fiel ihm ein, daß der Herzog doch von den fünfundzwanzig Dukaten wissen mußte, die Bartolomeo ihm geliehen hatte.

»Ich bin nachlässig in Geldangelegenheiten und neige zur Verschwendung«, antwortete er mit gefälligem Lächeln. »Es ist meine Schuld; manchmal lebe ich über meine Verhältnisse.«

»Das würde Euch schwerfallen, wenn Ihr in meinen Diensten wärt. Es ist recht angenehm, in der Lage zu sein, einer hübschen Dame einen Ring, ein Armband oder eine Brosche zu schenken, wenn man sich ihre Gunst erringen will.«

»Ich habe es mir zur Regel gemacht, meine Wünsche bei Frauen zu befriedigen, die leicht zugänglich sind und bescheidene Ansprüche stellen.«

»Eine ganz gute Regel, wenn man die eigenen Begierden unter Kontrolle hat; doch wer weiß, welch sonderbare Streiche einem die Liebe spielen mag? Habt Ihr noch nicht herausgefunden, Sekretär, welche Unkosten entstehen, wenn man sich in ein tugendhaftes Weib verliebt?«

Der Herzog sah ihn mit spöttischen Augen an, und Machiavelli fragte sich plötzlich verlegen, ob der Herzog vielleicht von seiner ungestillten Leidenschaft für Aurelia wisse. Der Gedanke war kaum zu Ende gedacht, als er ihn auch schon verwarf. Der Herzog hatte Wichtigeres zu tun, als sich um die Liebschaften des florentinischen Gesandten zu kümmern.

»Ich lasse das gern gelten und überlasse Vergnügen und Auslagen den andern.«

Der Herzog sah ihn gedankenvoll an. Man hätte gemeint, er erwäge, was für ein Mensch dieser da doch sei – doch ohne irgendwelche Hintergedanken, einfach aus müßiger Neugier. So etwa, wie man sich, im Wartezimmer eines Amtes mit einem Fremden allein gelassen, die Zeit damit vertreibt, aus dessen Aussehen Schlüsse auf seine Beschäftigung, seinen Beruf, seine Lebensgewohnheiten und seinen Charakter zu ziehen.

»Ich hätte Euch für einen zu gescheiten Mann gehalten, Euch damit zufriedenzugeben, zeit Eures Lebens in untergeordneter Stellung auszuharren«, sagte der Herzog.

»Ich habe von Aristoteles gelernt, daß es klüger ist, sich an die goldene Mitte zu halten.«

»Ist es denn möglich, daß Ihr allen Ehrgeizes bar seid?«

»Keineswegs, Exzellenz«, sagte Machiavelli lächelnd. »Es ist mein Ehrgeiz, meinem Staat mit allen meinen Fähigkeiten zu dienen.«

»Gerade das wird man Euch niemals gestatten. Ihr wißt besser als sonst jemand, daß in einer Republik Begabung verdächtig ist. Ein Mann kommt dort zu hohen Stellen, wenn seine Beschränktheit ihn daran hindert, zu einer Gefahr für die Amtsbrüder zu werden. Und darum wird eine Demokratie nicht von jenen Männern beherrscht, die die größten Fähigkeiten dazu haben, sondern von solchen, deren Mittelmäßigkeit in niemand Befürchtungen erregt. Wißt Ihr, welches Geschwür am Mark einer Demokratie nagt?«

Er sah Machiavelli an, als warte er auf eine Antwort, doch der sagte nichts.

»Neid und Angst. Die untergeordneten Beamten sind ihren Amtsbrüdern neidig, und ehe sie es zulassen, daß einer von ihnen sich einen Ruf mache, werden sie ihn daran hindern, die Maßnahme zu treffen, von der vielleicht Sicherheit und Wohlstand des Staates abhängen. Sie haben Angst, weil sie nur zu gut wissen, daß sie überall von Männern umgeben sind, die weder vor Verleumdung noch vor Betrügereien zurückschrecken, um sie aus ihrer Stelle zu verdrängen. Und was ist die Folge? Sie fürchten sich mehr davor, einen Fehler zu begehen, als daß sie danach streben, etwas Rechtes zu tun. Man sagt, eine Krähe hacke der andern kein Auge aus. Wer dieses Sprichwort erfand, hat niemals unter einer demokratischen Regierung gelebt.«

Machiavelli verharrte in Schweigen. Er wußte nur zu gut, wieviel Wahrheit in den Worten des Herzogs lag. Er dachte daran, wie heiß umstritten die Wahl zu seinem eigenen untergeordneten Posten und wie verbittert seine geschlagenen Rivalen gewesen waren. Er wußte sich von Kollegen

umgeben, die jeden seiner Schritte belauerten und darauf
brannten, sich auf den geringsten Fehler zu stürzen, den er
etwa machte und der die Signoria vielleicht dazu bewegen
könnte, ihn zu entlassen. Der Herzog fuhr fort:

»Ein Fürst wie ich kann sich die Leute, die ihm dienen sollen, nach ihrer Befähigung aussuchen. Er braucht ein Amt
nicht einem Manne zu geben, der dafür ungeeignet ist, nur
weil er gute Beziehungen hat oder weil hinter ihm eine Partei
steht, deren Verdienste anerkannt werden müssen. Er fürchtet keinen Rivalen; denn er steht über aller Rivalität, und statt
die Mittelmäßigkeit zu fördern, die Fluch und Verderben der
Demokratie ist, wählt er nach Begabung, Tatkraft, Entschlossenheit und Verstand. Kein Wunder, daß es mit Eurer Republik immer weiter bergab geht; der allerletzte Grund, weshalb
dort jemand zu einem Amt kommt, ist seine Eignung dafür.«

Machiavelli hatte ein dünnes Lächeln auf den Lippen.

»Darf ich Eure Exzellenz daran erinnern, daß die Gunst der
Fürsten bekanntlich ungewiß ist? Sie vermag einen Mann zu
den höchsten Höhen zu heben; sie kann ihn aber auch in die
tiefsten Tiefen stürzen.«

Der Herzog lachte, ehrlich belustigt.

»Ihr denkt an Ramiro de Lorqua. Ein Fürst muß wissen,
wie er zu belohnen und wie er zu bestrafen hat. Er muß
unendlich großmütig und dabei streng gerecht sein. Ramiro
beging abscheuliche Verbrechen; er verdiente den Tod. Was
wäre mit ihm in Florenz geschehen? Dort hätte es Leute gegeben, die über seinen Tod entrüstet gewesen wären; es hätten
sich Leute für ihn verwendet, weil sie von seinen Untaten
Vorteil gehabt hatten; die Signoria hätte gezögert und ihn
schließlich als Gesandten zum König von Frankreich oder zu
mir geschickt.«

Machiavelli lachte.

»Glaubt mir, Exzellenz, der Gesandte, den sie Euch zu senden beabsichtigt, ist von untadeliger Ehrbarkeit.«

»Er wird mich wahrscheinlich zu Tode langweilen. Kein

Zweifel, ich werde Euch vermissen, Sekretär.« Und dann, als wäre ihm ein plötzlicher Einfall gekommen, lächelte er Machiavelli freundlich an. »Warum tretet Ihr nicht in meine Dienste? Ich werde Arbeit für Euch finden, die Eurem scharfen Verstand und Eurer großen Erfahrung mehr Spielraum läßt, und Ihr werdet in mir einen freigebigen Herrn haben.«

»Welches Vertrauen könntet Ihr zu einem Mann haben, der sein Vaterland um Geld verraten hat?«

»Ich verlange von Euch nicht, daß Ihr Euer Vaterland verraten sollt. Indem Ihr mir dient, könnt Ihr Eurem Vaterland besser dienen, als Ihr es jemals als Sekretär der Zweiten Staatskanzlei tun könnt. Andere Florentiner sind in meine Dienste getreten, und ich wüßte nicht, daß sie es bedauert hätten.«

»Anhänger der Medici, die flohen, als ihre Herren vertrieben wurden, und bereit waren, alles zu tun, womit sie ihr Leben fristen konnten.«

»Nicht nur die. Lionardo und Michelangelo waren nicht zu stolz, meine Angebote anzunehmen.«

»Künstler! Die gehen überall hin, wo ein Gönner zu finden ist, der ihnen Aufträge gibt; das sind Menschen ohne Verantwortungsgefühl.«

Noch immer lag ein Lächeln in den Augen des Herzogs, während er Machiavelli unverwandt ansah. Er sagte:

»Ich habe einen Besitz ganz nahe von Imola. Mit Weinbergen, Ackerland, Weiden und Wäldern. Ich würde ihn Euch mit Freuden überlassen. Er würde Euch zehnmal soviel einbringen als Eure paar armseligen Morgen in San Casciano.«

Imola? Warum hatte Cesare gerade diese Stadt und nicht eine andere erwähnt? Abermals kam Machiavelli der Verdacht, der Herzog wisse von seinem vergeblichen Werben um Aurelia.

»Die armseligen Morgen in San Casciano sind seit dreihundert Jahren im Besitz meiner Familie«, sagte er sauer. »Was soll ich mit einem Gut in Imola?«

»Das Haus ist neu, hübsch und gut gebaut. Es wäre eine angenehme Zuflucht vor der Sommerhitze der Stadt.«

»Ihr sprecht in Rätseln, Exzellenz.«

»Ich schicke Agapito als Statthalter nach Urbino, und niemand würde sich besser eignen als Ihr, seine Stelle als mein Erster Sekretär auszufüllen; ich sehe jedoch ein, daß sich dadurch die Verhandlungen mit dem neuen florentinischen Gesandten, der Euch ablösen soll, etwas peinlich gestalten würden. Ich bin also bereit, Euch zum Statthalter von Imola zu machen.«

Machiavelli war, als bliebe ihm das Herz stehen. Es war eine hervorragende Stellung, die er nicht einmal im Traum für sich in Anspruch genommen hätte. Es gab auch Städte, die in den Besitz von Florenz gelangt waren, sei es durch Eroberung oder Vertrag, aber dorthin wurden als Statthalter nur Männer gesandt, die vornehmen Familien entstammten und gewichtige Beziehungen hatten. Wenn er Statthalter von Imola würde, wäre Aurelia stolz darauf, seine Geliebte zu werden, und als Statthalter könnte er auch leicht einen Vorwand finden, Bartolomeo loszuwerden, wann immer es ihm paßte. Es war nahezu undenkbar, daß der Herzog ihm ein solches Angebot machte, ohne diese Umstände zu kennen. Aber wie hatte er sie in Erfahrung bringen können? Machiavelli empfand ein gewisses Gefühl der Selbstzufriedenheit, als er feststellte, daß diese zweifache Aussicht ihn auch nicht einen Augenblick lang in Versuchung brachte.

»Ich liebe mein Heimatland mehr als meine Seele, Exzellenz.«

Il Valentino war nicht gewohnt, auf Widerstand zu stoßen, und Machiavelli erwartete jetzt, mit einer ärgerlichen Geste entlassen zu werden. Zu seiner Überraschung spielte der Herzog müßig mit seinem Orden des heiligen Michael und blickte ihn weiter nachdenklich an.

Lange Zeit schien zu vergehen, bis er wieder sprach.

»Ich bin stets offen gewesen zu Euch, Sekretär«, sagte er endlich. »Ich weiß, daß Ihr Euch nicht leicht täuschen laßt, und ich würde meine Zeit nicht darauf verschwenden, es zu versuchen. Ich will meine Karten offen auf den Tisch legen. Ich bitte Euch nicht um Verschwiegenheit, wenn ich Euch jetzt meine Pläne enthülle; Ihr werdet mein Vertrauen auch nicht täuschen, weil niemand glauben würde, ich hätte es Euch geschenkt. Die Signoria würde annehmen, daß Ihr Eure Vermutungen als Tatsachen hinstellt, um Euch wichtig zu machen.«

Der Herzog machte nur eine ganz kleine Pause.

»Die Romagna und Urbino habe ich fest in der Hand. In kurzer Zeit werde ich auch Castello, Perugia und Siena beherrschen. Pisa ist mein, sobald ich nur will. Lucca wird sich auf einen Wink von mir ergeben. Wie sieht es dann mit Florenz aus, wenn es von Staaten umgeben ist, die in meinem Besitz oder unter meiner Gewalt sind?«

»Zweifellos gefährlich – hätten wir nicht einen Vertrag mit Frankreich.«

Machiavellis Antwort schien den Herzog zu belustigen.

»Ein Vertrag ist ein Abkommen, das zwei Staaten zu ihrem beiderseitigen Vorteil schließen; eine kluge Regierung wird ihn nicht anerkennen, wenn seine Bestimmungen für sie nicht mehr vorteilhaft sind. Was, glaubt Ihr, würde der französische König dazu sagen, wenn ich ihm, als Gegenleistung für seine Zustimmung zur Eroberung von Florenz, anböte, ihm meine Streitmacht zu einem gemeinsamen Angriff gegen Venedig zur Verfügung zu stellen?«

Machiavelli überlief es kalt. Er wußte nur allzugut, daß Ludwig XII. nicht zögern würde, seine Ehre seinem Vorteil zu opfern. Machiavelli nahm sich Zeit für seine Antwort und sprach dann mit Bedachtsamkeit.

»Es wäre ein Fehler, wenn Eure Exzellenz annähmen, daß Florenz ohne Verluste eingenommen werden kann. Wir würden kämpfen bis zum letzten Blutstropfen, um unsere Freiheit zu wahren.«

»Womit? Eure Mitbürger waren so sehr damit beschäftigt, Geld zu verdienen, daß sie nicht gewillt waren, sich für die Verteidigung ihres Vaterlandes auszubilden. Ihr habt Söldner in Dienst genommen, die für euch kämpfen sollen, damit ihr in eurer Beschäftigung nicht gestört werdet. Heller Wahnsinn! Angeworbene Truppen gehen nur um des Geldes willen in den Krieg. Das genügt nicht, damit sie für euch auch in den Tod gehen. Ein Land ist dem Untergang geweiht, wenn es sich nicht selbst verteidigen kann, und das einzige Mittel, dies zu tun, besteht darin, aus den eigenen Bürgern eine ausgebildete, disziplinierte und gut bewaffnete Streitmacht aufzustellen. Aber seid ihr Florentiner dazu bereit, die Opfer auf euch zu nehmen, die das fordert? Ich glaube nicht. Ihr werdet von Krämern regiert, und ein Krämer hat nur einen einzigen Gedanken: um jeden Preis ein Geschäft zu machen. Schneller Gewinn, rascher Umsatz, Friede zu unsern Lebzeiten, selbst um den Preis einer Demütigung und auf die Gefahr einer Katastrophe hin. Euer Livius sollte Euch gelehrt haben, daß die Sicherheit einer Republik von der Unbestechlichkeit ihrer Bürger abhängt, aus denen sie sich zusammensetzt. Euer Volk ist verweichlicht. Euer Staat ist verderbt; er verdient, unterzugehen.«

Machiavelli sah finster drein. Er hatte darauf nichts zu entgegnen. Der Herzog schlug weiter in die Kerbe.

»Jetzt, da Spanien geeinigt und Frankreich, nach der Austreibung der Engländer, stark ist, ist die Zeit vorüber, da sich die Kleinstaaten ihre Unabhängigkeit bewahren können. Diese Unabhängigkeit ist Schein, denn sie gründet sich nicht auf Macht; die Kleinstaaten behalten sie nur so lange, als es den Großmächten gefällt. Die Staaten der Kirche stehen unter meiner Herrschaft; Bologna wird mir in die Hände fallen; Florenz ist dem Untergang geweiht. Ich werde dann Herr des ganzen Landes sein, vom Königreich Neapel im Süden bis Mailand und Venedig im Norden.

Ich werde meine eigene Artillerie und die der Vitelli haben. Ich werde eine Heeresmacht schaffen, so schlagfertig wie meine Armee aus der Romagna. Der König von Frankreich und ich, wir werden die Besitzungen Venedigs unter uns aufteilen.«

»Aber träfe das auch alles ein, wie es sich Eure Exzellenz wünschen«, sagte Machiavelli grimmig, »so werdet Ihr damit nur erreicht haben, daß die Macht Frankreichs gewachsen ist und Ihr zugleich die Furcht und Eifersucht Frankreichs und auch Spaniens erregt habt. Beide könnten Euch vernichten.«

»Richtig. Doch mit meinen Waffen und mit meinem Gold wäre ich dann ein so mächtiger Verbündeter, daß die Partei, der ich mich anschlösse, den Sieg in der Tasche hätte.«

»Dann wäret Ihr noch immer der Vasall des Siegers.«

»Sagt mir doch, Sekretär – Ihr seid in Frankreich gewesen und habt mit den Franzosen zu tun gehabt. Was für eine Meinung habt Ihr von ihnen?«

Machiavelli zuckte ein wenig verächtlich mit den Achseln.

»Sie sind leichtfertig und unverläßlich. Wenn ein Gegner ihrem ersten wilden Ansturm widersteht, wanken sie und verlieren den Mut. Sie können weder Anstrengungen noch Unbequemlichkeiten ertragen; nach kurzer Zeit werden sie so nachlässig, daß es einfach ist, ihre Sorglosigkeit auszunützen.«

»Ich weiß. Wenn der Winter mit Kälte und Regen kommt, verdrücken sie sich einer nach dem andern aus dem Lager und sind dann einem abgehärteteren Gegner ausgeliefert.«

»Andererseits ist das Land reich und fruchtbar. Der König hat die Macht des Adels gebrochen und ist sehr stark. Er ist ein wenig töricht, doch gut beraten von Männern, die so klug sind wie nur irgendwelche in Italien.«

Der Herzog nickte zustimmend.

»Und jetzt sagt mir, was Ihr von den Spaniern haltet.«

»Ich habe mit ihnen nur wenig zu tun gehabt.«

»Dann will ich es Euch sagen. Sie sind tapfer, abgehärtet, entschlossen und arm. Sie haben nichts zu verlieren und alles zu gewinnen. Es wäre unmöglich, ihnen zu widerstehen, wenn nicht dieser Umstand wäre: sie müssen ihre Streitmacht und Waffen über das Meer bringen. Sind sie erst einmal aus Italien verjagt, dann wird es wohl nicht schwer sein, sie am Wiederkommen zu hindern.«

Beide verfielen in Schweigen. Il Valentino, das Kinn in die Hand gestützt, schien in Gedanken versunken zu sein, und Machiavelli konnte ihn in aller Ruhe betrachten. Seine Augen waren hart und strahlend; sie schauten in eine Zukunft ränkevoller Diplomatie und blutiger Schlachten. In seiner Erregung über die Ereignisse des Tages und über den erstaunlichen Erfolg seines Doppelspiels erschien ihm kein Unternehmen zu schwierig oder zu gefährlich, und wer vermochte zu sagen, welche Visionen von Ruhm und Größe seine kühne Phantasie blendeten? Nun lächelte er.

»Mit meiner Hilfe könnten die Franzosen die Spanier aus Neapel und Sizilien vertreiben; mit meiner Hilfe könnten die Spanier die Franzosen aus dem Milanese vertreiben.«

»Und wen Ihr auch unterstützen würdet, der bliebe dann Herr Italiens – und auch Euer Herr, Exzellenz.«

»Wenn ich den Spaniern hülfe, ja; aber nicht, wenn ich den Franzosen hülfe. Wir haben sie schon einmal aus Italien verjagt. Wir können es abermals tun.«

»Sie werden ihre Zeit abwarten und wiederkommen.«

»Ich werde darauf vorbereitet sein. Der alte Fuchs, König Ferdinand, ist nicht der Mann, der über Geschehenes jammert; wenn die Franzosen mich angreifen, wird er die Gelegenheit zur Rache wahrnehmen und mit seinen Armeen in Frankreich einfallen. Er hat seine Tochter an den Sohn des Königs von England verheiratet. Die Engländer werden es nicht unterlassen, ihrem Erbfeind den Krieg zu erklären. Die Franzosen werden mehr Grund haben, mich zu fürchten, als ich sie.«

»Aber der Papst ist alt, Eure Exzellenz; sein Tod wird Euch der Hälfte Eurer Streitkräfte und eines guten Teils Eures Ansehens berauben.«

»Meint Ihr, ich hätte das nicht erwogen? Ich habe Maßnahmen ergriffen für den Fall, daß mein Vater stirbt. Ich bin darauf vorbereitet, und der nächste Papst wird ein Papst meiner Wahl sein. Meine Truppen werden ihn beschützen. Nein, ich fürchte den Tod des Papstes nicht. Er wird meine Pläne nicht beeinträchtigen.«

Der Herzog sprang plötzlich von seinem Stuhl auf und begann im Zimmer auf und ab zu gehen.

»Die Kirche ist schuld, daß das Land geteilt bleibt. Sie ist niemals stark genug gewesen, ganz Italien unter ihre Herrschaft zu bringen, sondern nur, einen andern daran zu hindern. Italien kann erst gedeihen, wenn es geeinigt ist.«

»Es ist wahr – wenn unser armes Land die Beute der Barbaren wurde, so geschah das, weil es von dieser Unzahl von Herren und Fürsten beherrscht wird.«

Il Valentino blieb stehen; seine sinnlichen Lippen verzogen sich zu einem spöttischen Lächeln, und er sah Machiavelli in die Augen.

»Die Abhilfe müssen wir im Evangelium suchen, mein guter Sekretär, und dort steht geschrieben: Gebet dem Kaiser, was des Kaisers ist, und Gott, was Gottes ist.«

Was der Herzog damit meinte, war klar. Machiavelli verschlug es vor angstvollem Staunen fast den Atem. Er fühlte sich seltsam gefesselt von diesem Manne, der in aller Ruhe davon sprechen konnte, etwas zu tun, was die ganze Christenheit mit Entsetzen erfüllen mußte.

»Ein Fürst muß die geistliche Macht der Kirche unterstützen«, fuhr Cesare gelassen fort, »denn dies wird sein Volk gut und glücklich erhalten, und ich kann mir kein besseres Mittel vorstellen, um der Kirche wieder zu der geistlichen Macht zu verhelfen, die sie unglücklicherweise eingebüßt hat, als ihr die Bürde der weltlichen Macht abzunehmen.«

Machiavelli konnte keine Antwort finden auf Worte, in denen ein so brutaler Zynismus lag; ein Geräusch an der Tür ersparte es ihm jedoch.

»Wer ist's?« rief der Herzog in jähem Ärger über die Unterbrechung.

Es kam keine Antwort, doch die Türe wurde aufgestoßen, und ein Mann trat ein, in dem Machiavelli Don Michele erkannte, den Spanier, der Michelotto genannt wurde. Man sagte, er sei es gewesen, der mit eigenen Händen den unglücklichen schönen Jüngling Alfonso von Bisceglie erdrosselte, den Lucrezia geliebt hatte. Michelotto war ein großer, stark behaarter Mann von kraftvollem Körperbau; er hatte buschige Brauen, harte Augen, eine kurze Stumpfnase und eine Miene kalter Grausamkeit.

»Ah, Ihr seid es?« rief der Herzog mit verändertem Blick.

»*Murieron.*«

Machiavelli konnte nur wenig Spanisch; doch dieses schreckliche Wort konnte er nicht mißverstehen: Sie sind gestorben. Der Mann war in der Tür stehengeblieben, und der Herzog trat zu ihm. Sie sprachen leise auf spanisch miteinander, und Machiavelli vermochte nicht zu hören, was sie sagten. Der Herzog stellte einige kurze Fragen, und der andere schien ausführlich zu antworten.

Il Valentino stieß das sonderbar leichte, frohe Lachen aus, das bedeutete, daß er nicht nur erfreut, sondern auch belustigt war. Nach kurzer Zeit ging Don Michele, und der Herzog, ein glückliches Lächeln in den Augen, setzte sich wieder.

»Vitellozzo und Oliverotto sind tot. Sie starben weniger mutig, als sie gelebt hatten. Oliverotto winselte um Gnade. Er schob die Schuld an seinem Verrat auf Vitellozzo und beteuerte, er sei irregeführt worden.«

»Und Pagolo Orsini und der Herzog von Gravina?«

»Ich werde sie morgen unter Bewachung mitnehmen und gefangenhalten, bis ich von Seiner Heiligkeit, dem Papst, gehört habe.«

Machiavelli sah ihn fragend an, und der Herzog beantwortete seinen Blick.

»Sobald ich die Schurken verhaftet hatte, sandte ich einen Boten zum Papst, mit der Bitte, den Kardinal Orsini festzunehmen. Pagolo und sein Neffe müssen auf die Bestrafung ihrer Verbrechen warten, bis ich gewiß bin, daß dies geschehen ist.«

Das Antlitz des Borgia verdüsterte sich; es war, als hinge eine schwere Wolke zwischen seinen Brauen. Dann trat ein Schweigen ein, und Machiavelli, der die Audienz für beendigt hielt, erhob sich. Doch der Herzog bedeutete ihm mit einer plötzlichen Gebärde der Ungeduld, sitzen zu bleiben. Als er dann sprach, tat er es mit leiser Stimme, doch in einem harten, zornigen und entschlossenen Ton.

»Es genügt nicht, diese kleinen Tyrannen zu vernichten, deren Untertanen unter ihrer Mißherrschaft stöhnen. Wir sind die Beute der Barbaren; die Lombardei ist ausgeplündert, die Toskana und Neapel sind tributpflichtig. Ich allein kann diese schrecklichen, unmenschlichen Bestien zerschmettern. Ich allein kann Italien befreien.«

»Weiß Gott, Italien betet um den Befreier, der es aus seiner Knechtschaft erlösen kann.«

»Die Zeit ist reif, und das Unternehmen wird denen Ruhm bringen, die daran teilnehmen, und Glück der großen Menge des Volkes im ganzen Land.« Er richtete die zornig funkelnden Augen auf Machiavelli, als wollte er ihn durch die Macht seines Blicks seinem Willen gefügig machen. »Wie könnt Ihr abseits stehen? Es gibt doch bestimmt keinen einzigen Italiener, der sich weigern wird, mir zu folgen.«

Machiavelli sah Cesare Borgia ernst an; er seufzte tief und sagte:

»Es ist mein größter Herzenswunsch, Italien von diesen Barbaren zu befreien, die uns überrennen und ausplündern, die unser Land verwüsten, unsere Frauen schänden und unsere Bürger ausrauben. Möglich, daß Gott Euch ausersehen hat, unser Vaterland zu erlösen. Der Preis, den Ihr von mir dafür verlangt, ist, mit Euch gemeinsam die Freiheit der Stadt zu vernichten, in der ich geboren wurde.«

»Mit Euch oder ohne Euch, Florenz wird seine Freiheit verlieren.«

»Dann will ich mit Florenz zugrundegehen.«

Der Herzog zuckte verärgert und ungehalten die Achseln.

»Gesprochen wie ein alter Römer, aber nicht wie ein vernünftiger Mann.«

Mit einer hochmütigen Handbewegung deutete er an, daß die Audienz beendet sei. Machiavelli stand auf, verneigte sich und äußerte die üblichen Abschiedsfloskeln. Er war schon an der Türe, als die Stimme des Herzogs ihn innehalten ließ. Aber jetzt hatte der Herzog – als der gewandte Schauspieler, der er war – seinen Ton geändert und sprach mit leutseliger Freundlichkeit.

»Bevor Ihr geht, Sekretär, möchte ich mich noch Eures Rates bedienen. Ihr habt Euch in Imola mit Bartolomeo Martelli angefreundet. Er hat ein paar Geschäfte für mich gar nicht so schlecht besorgt. Ich brauche einen Mann, den ich nach Montpellier schicken kann zu Verhandlungen mit den Wollhändlern, und er müßte dann gleich nach Paris weiterreisen, um dort einiges für mich zu tun. Nach Eurer Kenntnis Bartolomeos – haltet Ihr ihn für den Mann, den ich schicken soll?«

Der Herzog sprach leichthin, als wäre der Frage wirklich nur die Bedeutung beizumessen, die sich aus den knappen Worten ergab; doch Machiavelli verstand, was hinter ihnen lag. Der Herzog erbot sich, Bartolomeo auf eine Reise zu schicken, die ihn geraume Zeit von Imola fernhielte. Es gab jetzt keinen Zweifel mehr: der Herzog wußte, daß er Aurelia begehrte. Machiavellis Lippen preßten sich aufeinander; sein Gesicht verriet aber nichts.

»Da Eure Exzellenz so gütig ist, mich um meine Meinung zu fragen, möchte ich sagen, Bartolomeo mache sich Euch so nützlich, indem er die Bevölkerung von Imola unter Eurer Herrschaft bei guter Laune erhält, daß es ein schwerer Fehler wäre, ihn wegzuschicken.«

»Vielleicht habt Ihr recht. Er soll bleiben.«

Machiavelli verneigte sich noch einmal und ging.

30

Piero und die Knechte hatten auf ihn gewartet. Die Straßen waren dunkel und leer. Tote lagen noch herum, die meisten bis auf die Haut entblößt, und von einem Galgen auf dem Hauptplatz baumelten Plünderer, als warnendes Beispiel für die andern. Die vier gingen zu Fuß in den Gasthof. Das schwere Tor war versperrt und verriegelt; auf ihr Klopfen wurden sie zuerst durch das Guckloch genau betrachtet und dann eingelassen. Die Nacht war bitter kalt, und Machiavelli war froh, sich am Küchenfeuer wärmen zu können. Einige Männer tranken, andere würfelten oder spielten Karten; ein paar schliefen auf Bänken oder auf dem Boden. Der Gastwirt breitete für Machiavelli und Piero in seinem eigenen Zimmer eine Matratze am Fußende des großen Bettes aus, in dem bereits seine Frau zusammen mit den Kindern schlief. Sie streckten sich, in ihre Mäntel gehüllt, nebeneinander aus, und Piero – müde nach dem frühen Ritt von Fano her, nach den aufregenden Ereignissen des Tages und dem langen Warten im Palast – schlief sogleich ein; Machiavelli jedoch blieb hellwach. Er hatte viel Stoff zu überdenken.

Es war klar, daß Il Valentino von seinem mißglückten Abenteuer mit Aurelia wußte; Machiavelli lächelte voll bitterer Ironie über den Irrtum, den ein Mann von so verschlagener Denkweise mit der Annahme begangen hatte, seine vermutete Leidenschaft dazu ausnützen zu können, ihn aus den Diensten der Republik wegzulocken. Machiavelli hatte ihn für zu gescheit gehalten, zu glauben, ein vernünftiger Mann könne vor Begierde nach einem Weibe so berauscht sein, daß er deswegen die ernsten Geschäfte des Lebens vernachlässigen würde. Weiber gab es haufenweise. Als der Herzog selbst die Dorotea Caracciola entführte, die Frau des Hauptmanns des venezianischen Fußvolks, und Venedig durch Abgesandte ihre Rückgabe forderte, da hatte er gefragt, ob sie etwa meinten, die Frauen der Romagna seien für ihn so unnahbar, daß er sich gezwungen sehe, durchziehende Weibspersonen zu entführen.

Mit Ausnahme seines Abschiedsbesuches hatte Machiavelli Aurelia mehrere Wochen lang nicht gesehen, und wenn er sie auch jetzt noch begehrte, so eher darum, weil er es nicht ertragen konnte, seine Absichten vereitelt zu sehen, als daß er noch immer von glühender Leidenschaft erfüllt war. Er wußte das, und es wäre ihm lächerlich erschienen, einem solchen kleinlichen Gefühl nachzugeben. Er hätte jedoch gerne erfahren, wie der Herzog hinter sein Geheimnis gekommen war. Bestimmt nicht durch Piero; er hatte Pieros Verläßlichkeit erprobt. Serafina? Er hatte sich vor ihr sehr in acht genommen, und es war unmöglich, daß sie auch nur ahnte, was vorgefallen war. Monna Caterina und Aurelia waren selbst zu stark in die Intrige verwickelt, als daß sie ihn verraten hätten. Nina? Nein. Dafür hatten sie gesorgt. Plötzlich schlug sich Machiavelli vor die Stirn. Dummkopf, der er war! Es war so greifbar wie die Nase in seinem Gesicht, und er hätte sich ohrfeigen können, daß er nicht sofort darauf gekommen war. Fra Timoteo! Er mußte im Sold des Herzogs stehen; seine engen Beziehungen zu Serafina und zum Hause Bartolomeos hatten es ihm ermöglicht, dem florentinischen Gesandten nachzuspionieren; durch ihn mußte der Herzog alles erfahren haben: was er unternahm, wer ihn besucht hatte, wann er seine Briefe nach Florenz abschickte und wann die Antworten einliefen. Die Vorstellung, daß er unter Bewachung gestanden hatte, bereitete ihm ein eigenartig unbehagliches Gefühl. Aber seine Vermutung machte nun alles klar. Es war kein Zufall, daß in der Nacht, da Bartolomeo in sicherer Entfernung am Schreine des San Vitale betete, Il Valentino zur genauen Zeit um Machiavelli geschickt hatte, als er, wie verabredet, an Aurelias Tür hätte klopfen sollen. Fra Timoteo hatte von der Verabredung gewußt und sein Wissen weitergegeben. Machiavelli wurde von Wut erfaßt; er hätte dem glatten Mönch gerne den Hals umgedreht. Cesare Borgia hatte Machiavelli wohl nach sich selbst beurteilt und offenbar angenommen, daß die Enttäuschung seine Leidenschaft reizen und ihn seinen eigenen Plänen leichter zugänglich machen werde. Darum hatte sich Fra Timoteo geweigert, Machiavelli weiter zu helfen. Bestimmt war er es gewesen, der Aurelia eingeredet hatte, die Vorsehung habe sie vor der Sünde bewahrt und deshalb müsse sie nun von ihr abstehen.

»Ich möchte wissen, wieviel er eingestrichen hat außer meinen fünfundzwanzig Dukaten«, murmelte Machiavelli und vergaß dabei völlig, daß er sie sich ja von Bartolomeo geliehen und der sie vom Herzog bekommen hatte.

Dennoch konnte er ein gewisses Gefühl der Befriedigung nicht unterdrücken bei dem Gedanken, daß der Herzog sich so große Mühe gemacht hatte, ihn in seine Dienste zu locken. Es war ihm gar nicht unangenehm, zu wissen, daß Il Valentino solchen Wert auf ihn legte. In Florenz hielten ihn die Herren von der Signoria für einen unterhaltsamen Gesellen; seine Briefe machten sie oft lachen, doch sie hatten kein großes Vertrauen auf sein Urteil und folgten niemals seinem Rat.

»Ein Prophet gilt nirgends weniger als in seinem Vaterland«, seufzte er.

Er wußte, daß er im kleinen Finger mehr Verstand besaß als alle übrigen zusammengenommen. Piero Soderini, das Oberhaupt der Regierung, war ein schwacher, oberflächlicher, liebenswürdiger Mann; vielleicht hatte der Herzog ihn gemeint, als er von den Menschen gesprochen hatte, die sich mehr davor fürchten, etwas Falsches zu tun, als danach streben, etwas Rechtes zu vollbringen. Die anderen, Soderinis nächste

Berater, waren zaghaft, mittelmäßig und unentschlossen. Ihre Politik war Zögern, Schwanken, Zeit gewinnen. Machiavellis unmittelbarer Vorgesetzter, der Sekretär der Republik, war Marvello Virgilio. Der verdankte seine Stellung seinem stattlichen Aussehen und seiner Beredsamkeit. Machiavelli war ihm zugetan, aber er hielt nicht viel von seinen Fähigkeiten. Was für eine Überraschung es für diese Dummköpfe wäre, zu hören, daß der Unterhändler, den sie gerade seiner unbedeutenden Stellung wegen zum Herzog gesandt hatten, zum Statthalter von Imola ernannt worden und der vertrauteste unter den Ratgebern des Herzogs sei! Machiavelli hatte nicht die geringste Absicht, das Angebot des Herzogs anzunehmen, doch es belustigte ihn, mit dem Gedanken zu spielen und sich die Bestürzung der Signoria und die Wut seiner Feinde vorzustellen.

Und Imola wäre nur der erste Schritt. Wenn Cesare Borgia König von Italien würde, dann würde Machiavelli vielleicht sein Erster Minister werden und bei ihm dieselbe Stelle einnehmen wie der Kardinal d'Amboise beim König von Frankreich. War es möglich, daß Italien in dem Borgia seinen Erlöser gefunden hatte? Wenn es auch persönlicher Ehrgeiz war, der den Herzog anspornte, so war sein Ziel doch erhaben und seines großen Geistes würdig. Er war weise und stark. Er hatte sich beim Volk beliebt und gefürchtet gemacht; er hatte sich die Achtung und das Vertrauen der Soldaten errungen. Italien war geknechtet und entehrt, aber sein alter Heldenmut war gewiß noch nicht tot. Geeint unter einem kraftvollen Herrscher, würde das italienische Volk jene Sicherheit genießen, nach der es sich so sehnte, um seinen Geschäften nachzugehen und in Glück und Wohlstand zu leben. Gibt es noch größeren Ruhm, nach dem ein Mensch streben könnte, als dem geknechteten Volk die Gnade eines dauerhaften Friedens wiederzugeben?

Plötzlich schoß jedoch ein Gedanke mit solcher Macht durch Machiavellis Hirn, daß er mit einem jähen Ruck zusammenfuhr und Piero, der neben ihm schlief, gestört wurde und sich unruhig regte. Es war ihm eingefallen, die ganze Geschichte könnte vielleicht nichts weiter gewesen sein als ein Streich, den der Herzog ihm gespielt hatte. Er wußte nur allzugut, daß ihm Il Valentino bei aller vorgetäuschten Herzlichkeit zürnte, weil er wohl fühlte, Machiavelli habe sich nicht allzusehr bemüht, die Signoria zu überreden, ihm die Condotta wieder zuzuerkennen, zur Erhöhung seines Ansehens und Vermehrung seiner Mittel. Das war vielleicht seine Rache; Machiavelli fühlte ein Prickeln am ganzen Körper bei der Vorstellung, wie der Herzog und Agapito und alle die andern in Imola die ganze Zeit seine ausgeklügelten Schachzüge beobachtet und sich vor Lachen den Bauch gehalten hatten, als sie ihre Gegenzüge ersannen. Er versuchte sich einzureden, daß er sich bloß alles einbildete und er besser gar nicht mehr daran dächte; aber er konnte dessen nicht gewiß sein, und diese Ungewißheit quälte ihn. Er verbrachte eine sehr unruhige Nacht.

31

Am nächsten Morgen brach der Herzog mit seiner Streitmacht gegen Perugia auf. Er hatte eine kleine Besatzung in Sinigaglia zurückgelassen.

Es war Neujahrstag.

Das Wetter war schlecht; die Straße, schwierig selbst in der besten Jahreszeit, verwandelte sich unter den Pferdehufen, den Troßwagen und den Stiefeln der Soldaten in eine klebrige Masse schwerer Schlammklumpen. Die Truppen rasteten in kleinen Städten, wo es für eine solche Menge von Menschen nicht genug Unterkunft gab und alle sich glücklich schätzen konnten, die ein Dach über dem Kopfe hatten. Machiavelli liebte seine Bequemlichkeit. Es beeinträchtigte seine Laune, wenn er in einem Bauernhaus auf dem nackten Boden schlafen mußte, Seite an Seite mit all den Leuten, die darin Platz fanden und neben ihm ihre müden Glieder streckten. Man mußte essen, was sich fand, und Machiavelli litt jämmerlich unter seiner schlechten Verdauung. In Sasso Ferrato traf die Nachricht ein, der letzte der Vitelli sei nach Perugia geflohen, und in Gualdo warteten Bürger aus Castello, um dem Herzog die Stadt samt deren Herrschaftsbereich anzubieten. Dann kam ein Bote und meldete, Gian Paolo Baglioni habe mit den Orsini, den Vitelli und ihren Soldaten die Hoffnung aufgegeben, Perugia zu verteidigen, und sie seien nach Siena geflohen. Darauf habe sich das Volk von Perugia erhoben, und schon am nächsten Tag kamen Abgesandte, um die Stadt zu übergeben. Auf diese Weise gelangte der Herzog ohne einen Schwertstreich in den Besitz zweier wichtiger Städte. Er marschierte weiter nach Assisi. Hier erschienen Gesandte aus Siena und fragten ihn, welchen Grund er habe, ihre Stadt anzugreifen, was er ja allgemeinem Vernehmen nach beabsichtige. Der Herzog erklärte ihnen, er sei Siena gegenüber durchaus freundschaftlich gesinnt, jedoch entschlossen, Pandolfo Petrucci, ihren Herrn und seinen Gegner, zu vertreiben; wenn sie es selbst tun wollten, hätten sie von ihm nichts zu fürchten; wenn nicht, werde er mit seinem Heer kommen und es persönlich tun. Er machte sich auf den Weg nach Siena, doch auf Umwegen, um den Bürgern Zeit zur Überlegung zu lassen. Unterwegs eroberte er mehrere Burgen und Ortschaften. Die Soldaten plünderten das Land. Die Einwohner waren geflohen; wo die Soldaten aber auf Zurückgebliebene stießen, auf alte Männer oder Frauen, die für die Flucht zu schwach gewesen waren, hängten sie sie an den Armen auf und entzündeten Feuer unter ihren Füßen, damit sie verrieten, wo Wertsachen versteckt seien. Wenn sie es nicht tun wollten oder nicht konnten, weil sie es nicht wußten, erlagen sie der Folter.

Inzwischen kamen günstige Berichte aus Rom. Als Seine Heiligkeit, der Papst, das Schreiben seines Sohnes mit der

Mitteilung über die Ereignisse in Sinigaglia erhalten hatte, sandte er eine Botschaft an den Kardinal Orsini, natürlich nicht um ihm zu sagen, was dessen Freunden und Verwandten zugestoßen war, sondern um ihm die freudige Nachricht von der Übergabe der Zitadelle von Sinigaglia zu übermitteln. Am nächsten Tag begab sich der Kardinal pflichtgemäß in den Vatikan, um seine Glückwünsche darzubieten. Er war von Verwandten und Gefolge begleitet. Er wurde in ein Vorzimmer geführt und dort mit den anderen Familienmitgliedern festgenommen. Der Herzog hatte also freie Hand, mit seinen Gefangenen nach Gutdünken zu verfahren, und Michelotto erdrosselte Pagolo Orsini, diesen Toren, der sich von den schlauen Worten des Herzogs hatte hinters Licht führen lassen, und auch seinen Neffen, den Herzog von Gravina. Der Kardinal wurde im Schloß Sant'Angelo eingekerkert, wo er sehr zuvorkommend nach nicht allzulanger Zeit starb. Der Papst und sein Sohn konnten sich dazu beglückwünschen, die Kraft eines Geschlechts gebrochen zu haben, das so lange ein Dorn gewesen war in der Seite der Statthalter Christi auf Erden. Es war auch wahrhaftig ein Grund zu frohlocken, daß sie durch Beseitigung ihrer persönlichen Feinde auch der Kirche einen wichtigen Dienst erwiesen hatten. So bewiesen sie, daß es tatsächlich möglich war, zugleich Gott und dem Mammon zu dienen.

32

Als der Herzog in einer Stadt namens Città della Pieve eintraf, erfuhr Machiavelli zu seiner Erleichterung, daß sein Nachfolger im Begriffe war, aus Florenz abzureisen. Città della Pieve war eine recht unbedeutende Stadt mit Schloß und Dom, und Machiavelli hatte das Glück, eine anständige Unterkunft zu finden. Der Herzog hatte die Absicht, hier kurze Zeit zu bleiben, um mit seinen Truppen zu rasten; wenn sie wieder aufbrächen, dann, so hoffte Machiavelli, werde der neue Gesandte, Giacomo Salviati, schon eingetroffen sein. Das lange Reiten hatte Machiavelli ermüdet, das schlechte Essen hatte ihm den Magen verdorben, und in den erbärmlichen Häusern, wo er am Ende des Tages hatte Unterkunft nehmen müssen, hatte er nicht genug schlafen können. Zwei oder drei Tage später lag er des Nachmittags auf dem Bett, um die reisemüden Glieder zu strecken; doch war er unruhig, denn er war sehr besorgt. Obwohl er fast täglich an die Signoria geschrieben hatte, um sie alles wissen zu lassen, was ihnen zukam, hatte er doch gezögert, ihnen den wichtigeren Teil seiner Unterredung mit dem Herzog in Sinigaglia mitzuteilen. Der Herzog hatte ihm Reichtum und Macht geboten; die Gelegenheit war einzigartig, und es könnte der Signoria wohl in den Sinn kommen, daß die Versuchung für ihn vielleicht unwiderstehlich wäre, bekleidete er doch daheim bereits den höchsten Posten, auf den er je hoffen konnte. Es waren kleinliche Menschen mit dem niederträchtigen Mißtrauen von Winkeladvokaten. Sie würden sich vielleicht fragen, was da zwischen ihm und dem Herzog vorging, daß er ihn für solche Anträge empfänglich halten konnte. Jedenfalls würde es ihm angekreidet werden. Von nun an wäre er jemand, dem man vernünftigerweise nicht mehr blind vertrauen durfte; es würde nicht schwierig sein, einen glaubhaften Grund für seine Entlassung zu finden. Warum, so fragte sich Machiavelli, sollten sie annehmen, daß er den Vorteil von Florenz seinem eigenen voranstelle, da sie selbst doch, indem sie das nicht taten, die Sicherheit ihres Staates in Gefahr brachten. Es war sicherlich klüger, den Mund zu halten; wenn aber dennoch die Signoria von den Vorschlägen des Herzogs Wind bekäme, würde gewiß gerade sein Schweigen ihn in ihren Augen schuldig erscheinen lassen. Die Lage war peinlich. Seine Überlegungen wurden jedoch unsanft von einer dröhnenden Stimme unterbrochen, die sich bei der Frau des Hauses erkundigte, ob Messer Niccolo Machiavelli hier wohne.

»Messer Bartolomeo«, rief Piero, er am Fenster gesessen und in einem Buche seines Herrn gelesen hatte.

»Was, zum Teufel, will denn der?« fragte Machiavelli gereizt und erhob sich vom Bett.

Im nächsten Augenblick polterte der bärenhafte Mensch ins Zimmer. Er umarmte Machiavelli und küßte ihn auf beide Wangen.

»Es war verdammt schwer, Euch zu finden. Ich habe ein Haus nach dem andern abgeklopft.«

Machiavelli löste sich aus der Umarmung.

»Wie kommt Ihr denn hierher?«

Bartolomeo begrüßte seinen jungen Vetter auf dieselbe überschwengliche Weise und antwortete dann:

»Der Herzog hat nach mir geschickt, wegen irgendwelcher Geschäfte in Imola. Ich mußte über Florenz und bin von dort mit einigen Dienern Eures Gesandten hergereist. Er wird morgen hier sein. Niccolo, Niccolo, mein lieber Freund, Ihr habt mir das Leben gerettet!«

Noch einmal schlang er die Arme um Machiavelli und küßte ihn auf beide Wangen. Und wieder entwand sich Machiavelli der Umarmung.

»Ich bin entzückt, Euch zu sehen, Bartolomeo«, sagte er ein wenig kühl.

Doch Bartolomeo unterbrach ihn.

»Ein Wunder, ein Wunder! Und Euch habe ich dafür zu danken. Aurelia ist schwanger.«

»Was?«

»In sieben Monaten, mein lieber Niccolo, werde ich Vater eines strammen Jungen sein, und das verdanke ich Euch.«

Wenn die Dinge sich anders abgespielt hätten, wäre Machiavelli durch diese Worte vielleicht in Verlegenheit geraten; so aber war er vollständig verblüfft.

»Beruhigt Euch, Bartolomeo, und erklärt mir, was Ihr eigentlich meint«, sagte er ärgerlich. »Wieso verdankt Ihr es mir?«

»Wie kann ich ruhig sein, wenn mir mein tiefster Herzenswunsch in Erfüllung gegangen ist? Nun kann ich in Frieden ins Grab steigen. Nun kann ich Ehren und Eigentum der Frucht meiner Lenden hinterlassen. Constanza, meine Schwester, ist außer sich vor Wut.«

Er brach in brüllendes Gelächter aus. Machiavelli sah Piero verdutzt an; er konnte aus der Geschichte nicht klug werden, und er sah, daß Piero genauso überrascht war wie er.

»Natürlich verdanke ich es Euch! Ich hätte mich niemals nach Ravenna begeben und jene kalte Nacht dort im Gebet vor dem Altar des San Vitale verbracht, wenn Ihr nicht gewesen wärt. Es ist schon richtig, die Idee stammte von Fra Timoteo; ich traute ihm aber nicht. Er hatte uns auf Wallfahrten geschickt, von einem Heiligenschrein zum andern, und es hatte nichts geholfen. Fra Timoteo ist ein guter und frommer Mann, aber bei Geistlichen muß man auf der Hut sein; man kann niemals wissen, ob sie bei ihren Ratschlägen nicht irgendeinen geheimen Beweggrund haben. Ich tadle sie durchaus nicht dafür; sie sind getreue Söhne unserer heiligen Kirche. Ich hätte aber gezögert, auf diese Reise zu gehen, wenn Ihr mir nicht von Messer Giuliano degli Albertelli erzählt hättet. Euch konnte ich trauen; Euch lag nur mein Wohl am Herzen. Ihr seid mein Freund. Ich sagte mir: was einem der angesehenste Bürger von Florenz geschehen ist, das kann ganz gut auch einem Manne geschehen, der nicht gerade zu den geringsten Bürgern von Imola zählt. Aurelia wurde in der Nacht meiner Heimkehr aus Ravenna schwanger.«

Durch die Erregung und seinen Redeschwall hatte er reichlich geschwitzt, und er wischte sich die glänzende Stirne mit dem Ärmel. Machiavelli starrte ihn verdutzt und voll Abscheu und Gereiztheit an.

»Seid Ihr ganz sicher, daß sich Monna Aurelia in diesem Zustand befindet?« fragte er scharf. »Frauen neigen dazu, sich in diesen Dingen zu irren.«

»Ich bin ganz sicher, so sicher wie unserer Glaubensartikel.

Wir vermuteten es schon, bevor Ihr aus Imola abgereist seid, und ich wollte es Euch bereits damals sagen, doch Monna Caterina und Aurelia baten mich, es nicht zu tun. ›Erzählen wir noch nichts‹, sagten sie, ›bis wir ganz sicher sind.‹ Ist Euch nicht aufgefallen, wie schlecht sie aussah, als Ihr kamt, um von ihr Abschied zu nehmen? Nachher war sie mir böse, daß Ihr sie in einem so häßlichen Zustand gesehen habt; sie fürchtete, Ihr würdet etwas ahnen. Und sie wollte nicht, daß irgendwer was wüßte, bevor jeder Zweifel geschwunden wäre. Ich habe ihr zugeredet, aber Ihr kennt ja die sonderbaren Launen schwangerer Frauen.«

»Ich habe gar nichts geahnt«, sagte Machiavelli. »Ich bin allerdings erst einige Monate verheiratet und habe nur geringe Erfahrung in diesen Dingen.«

»Ich wollte, daß Ihr der erste seid, der es erfährt; denn ohne Euch wäre ich niemals der glückliche Vater geworden, der ich jetzt sein werde.«

Er traf alle Anstalten, Machiavelli wieder in die Arme zu schließen, doch der wehrte ihn ab.

»Ich beglückwünsche Euch aus ganzem Herzen, wenn aber unser Gesandter wirklich schon morgen ankommt, darf ich keine Zeit verlieren und muß dem Herzog das sogleich vermelden.«

»Ich verlasse Euch schon. Ihr müßt aber heute mit mir zu Abend essen, Ihr und Piero, um den Anlaß gebührend zu feiern.«

»Das wird hier nur schwer gehen«, sagte Machiavelli übelgelaunt. »Man findet kaum etwas zu essen, und der Wein, wenn es überhaupt welchen gibt, wird genauso schlecht sein wie auf dem ganzen Marsch.«

»Ich habe vorgesorgt«, sagte Bartolomeo mit lautem Lachen und rieb sich die dicken Hände. »Ich habe Wein, einen Hasen und ein Ferkel aus Florenz mitgebracht. Wir wollen schmausen und aufs Wohl meines Erstgeborenen trinken.«

Obwohl Machiavellis Laune schon gründlich verdorben war, war es ihm seit dem Verlassen Imolas doch zu schlecht gegangen, als daß er dem Angebot einer erträglichen Mahlzeit hätte widerstehen können; er nahm die Einladung also mit soviel Liebenswürdigkeit an, wie er eben aufbringen konnte.

»Ich werde Euch hier abholen«, sagte Bartolomeo. »Bevor ich jetzt aber gehe, möchte ich Euch noch um einen Rat bitten. Selbstverständlich erinnert Ihr Euch, daß ich Fra Timoteo versprochen habe, unserer wundertätigen Jungfrau ein Altarbild zu stiften; denn ich weiß zwar, daß ich mein Glück San Vitale verdanke, möchte sie aber doch nicht beleidigen. Sie hat zweifellos ihr Bestes getan. Ich habe mich also entschlossen, ein Bild Unserer Lieben Frau malen zu lassen: sie soll auf einem reichen Thron sitzen, das Jesuskindchen auf den Armen, und rechts und links sollen ich und Aurelia knien, die Hände gefaltet – ungefähr so.« Und hier faltete er seine großen Tatzen und hob den Blick mit einem angemessenen Ausdruck von Andacht zur Decke. »An der einen Seite des Thrones soll San Vitale stehen; und Fra Timoteo hat gemeint, ich sollte auf der anderen Seite den heiligen Franziskus haben, da die Kirche doch ihm geweiht ist. Gefällt Euch diese Idee?«

»Sehr geschmackvoll«, sagte Machiavelli.

»Ihr seid aus Florenz und kennt Euch gewiß aus in solchen Dingen; sagt mir, wem ich den Auftrag geben soll.«

»Ich weiß wirklich nicht. Sie sind ein sehr unzuverlässiges, liederliches Pack, diese Maler, und ich habe nie etwas mit ihnen zu tun gehabt.«

»Ganz Eurer Meinung! Aber Ihr könnt doch bestimmt einen vorschlagen?«

Machiavelli zuckte die Achseln.

»Als ich im vorigen Sommer in Urbino war, hat man dort über einen jungen Burschen gesprochen, einen Schüler des Perugino, der schon heute besser malen soll als sein Meister. Man prophezeit ihm eine große Zukunft.«

»Wie heißt er?«

»Keine Ahnung. Man hat mir den Namen genannt, aber er hat mir nichts bedeutet, ging mir zu einem Ohr herein und zum andern wieder hinaus. Aber ich werde ihn wohl ausfindig machen können, und ich nehme nicht an, daß er teuer sein wird.«

»Geld spielt keine Rolle«, sagte Bartolomeo mit einer großartigen Geste. »Ich bin ein Geschäftsmann und weiß, daß man dafür zahlen muß, wenn man das Beste haben will. Und nur das Beste ist gut genug für mich. Ich will einen großen Namen, und wenn ich für den bezahlen muß, werde ich bezahlen.«

»Gut denn; sobald ich nach Florenz zurückkomme, werde ich mich erkundigen«, sagte Machiavelli ungeduldig.

Als Bartolomeo gegangen war, setzte er sich auf den Bettrand und starrte Piero mit einem Blick voller Verständnislosigkeit an.

»Hast du jemals dergleichen gehört?« fragte er. »Der Mann ist unfähig zu zeugen.«

»Offenkundig ein Wunder!« sagte Piero.

»Rede keinen Unsinn! Wir müssen zwar glauben, daß unser Herr Jesus und seine Apostel Wunder vollbrachten, und unsere heilige Kirche hat die Echtheit der Wunder, die ihre Heiligen vollbrachten, anerkannt; doch die Zeit der Wunder ist vorbei. Und jedenfalls – warum um Himmels willen sollte sich San Vitale eigens bemühen, eines für einen dikken, dummen Narren wie Bartolomeo zu vollbringen?«

Aber während er noch sprach, erinnerte er sich, daß Fra Timoteo etwas gesagt hatte, das ungefähr darauf hinauslief, daß zwar die Wunderkraft des San Vitale eine Erfindung Machiavellis sei, aber Bartolomeos unbedingter Glaube an sie dennoch das Wunder wirken könnte, das er erhoffte. War es möglich? Damals hatte er es nur für eine scheinheilige Ausflucht Fra Timoteos gehalten, um nicht weiter helfen zu müssen, bevor er nicht mehr Geld bekäme.

Piero öffnete den Mund und wollte etwas sagen.

»Sei still!« sagte Machiavelli. »Ich denke nach.«

Er hätte sich selbst niemals als einen guten Katholiken bezeichnet. Er hatte sich sogar oft den Wunsch erlaubt, daß die Götter des Olymp noch an ihrer alten Stätte weilten. Das Christentum hatte den Menschen die Wahrheit und den Weg der Erlösung gewiesen, doch es forderte von ihnen, daß sie eher litten denn handelten. Es hatte die Welt schwach und zur hilflosen Beute des Bösen gemacht, da die Mehrzahl der Menschen, um in den Himmel zu kommen, mehr darauf bedacht waren, Unrecht zu erdulden, als sich dagegen zu wehren. Es hatte sie gelehrt, das höchste Gut liege in Demut, Selbsterniedrigung und Verachtung für die Dinge dieser Welt; die Religion der Antike aber hatte gelehrt, es liege in Geistesgröße, Mut und Stärke.

Doch was sich jetzt ereignet hatte, war seltsam. Es erschütterte ihn. Obgleich sich seine Vernunft dagegen sträubte, fühlte er doch eine unbehagliche Neigung, an die Möglichkeit eines übernatürlichen Eingreifens zu glauben. Sein Kopf weigerte sich glattweg, sie hinzunehmen; doch in den Knochen, im Blut, in den Nerven lag ihm ein Zweifel, den er nicht zum Schweigen bringen konnte. Es war, als hätten alle Geschlechter vor ihm, die gläubig gewesen waren, von seiner Seele Besitz ergriffen und ihm ihren Willen aufgezwungen.

»Mein Großvater war auch magenleidend«, sagte er plötzlich.

Piero hatte keine Ahnung, wovon er sprach. Machiavelli seufzte.

»Mag sein, daß die Menschen weichlich geworden sind, weil sie in ihrer Nichtswürdigkeit unsere Religion nach ihrer eigenen Seelenträgheit gedeutet haben. Sie haben vergessen, daß uns das Christentum auferlegt, unser Heimatland zu lieben und zu ehren und uns zu rüsten, auf daß wir es verteidigen können.«

Er brach in Gelächter aus, als er Pieros verständnislose Miene sah.

»Ist schon recht, mein Junge. Kümmere dich nicht um meinen Unsinn. Ich werde mich fertigmachen, um dem Herzog die morgige Ankunft des neuen Gesandten zu melden. Und auf jeden Fall werden wir aus dem alten Narren ein gutes Essen herausbekommen.«

33

Das bekamen sie denn auch. Unter dem Einfluß des ersten genießbaren Mahls seit Imola und des guten Chianti, den Bartolomeo aus Florenz mitgebracht hatte, ging Machiavelli aus sich heraus. Er riß Witze und erzählte schlüpfrige Geschichten; sie waren ein wenig rüpelhaft, höchst unanständig und fröhlich unzüchtig. Er brachte Bartolomeo dermaßen zum Lachen, daß dem die Seiten wehtaten. Und alle drei waren sie ein wenig betrunken.

Die Ereignisse in Sinigaglia hatten in ganz Italien großes Aufsehen erregt, und eine Menge phantasievoller Leute erzählten die Geschichte auf verschiedene Weise. Bartolomeo wollte zu gerne von einem Augenzeugen die Tatsachen hören, und Machiavelli, der in angenehm gelöster Stimmung war, tat ihm gern den Gefallen.

Er hatte den betreffenden Bericht in mehreren Abschriften an die Signoria geschickt, teils wegen dessen Wichtigkeit, teils weil schon vorher mindestens eins seiner Schreiben nicht an seinen Bestimmungsort gelangt war. Er hatte die verschiedenen Ereignisse genau überdacht, er hatte Gelegenheit gehabt, von dem und jenem aus der Umgebung Il Valentinos Einzelheiten zu erfahren, und er hatte inzwischen viele Dinge entwirren könne, die ihm seinerzeit rätselhaft erschienen waren.

Er machte eine packende Geschichte daraus.

»Als Vitellozzo aus Città di Castello nach Sinigaglia aufbrach, sagte er seiner Familie und seinen Freunden Lebewohl, als wüßte er, es sei das letzte Mal. Seinen Freunden übertrug er die Sorge für sein Haus und dessen Zukunft, und seine Neffen ermahnte er, sich immer die Tugenden ihrer Vorfahren vor Augen zu halten.«

»Wenn er aber die Gefahr kannte, in die er sich begab, warum hat er die sicheren Mauern seiner Stadt verlassen?« fragte Bartolomeo.

»Wie kann sich der Mensch seinem Schicksal entziehen? Wir glauben, Menschen unserm Willen zu beugen, wir glauben, Ereignisse nach unseren Zwecken zu gestalten, wir kämpfen, wir schuften, wir schwitzen, doch am Ende sind wir nichts als der Spielball des Schicksals. Als die Feldhauptleute festgenommen waren und Pagolo Orsini sich über die Niedertracht des Herzogs beklagte, da machte ihm Vitellozzo nur den einzigen Vorwurf: ›Ihr seht nun, wie sehr Ihr unrecht gehabt und welches Unheil Ihr durch Eure Torheit über meine Freunde und über mich gebracht habt.‹«

»Er war ein Schurke und hat seinen Tod verdient«, sagte Bartolomeo. »Ich habe ihm einmal ein paar Pferde verkauft, und er hat sie mir nie bezahlt. Als ich mein Geld verlangte, ließ er mir sagen, ich solle nach Città di Castello kommen und es mir holen. Da habe ich lieber den Verlust eingesteckt.«

»Sehr gescheit von Euch.«

Machiavelli fragte sich, was wohl die Gedanken dieses völlig rücksichtslosen Mannes gewesen sein mochten, als er, alt, erschöpft und krank, die Stunden zwischen seiner Verhaftung und dem Augenblick durchlebte, da ihm, Rücken an Rücken mit Oliverotto auf einen Stuhl gebunden, Michelottos grausame Hände das Leben entwürgten. Michelotto war ein angenehmer Geselle im Umgang, trank gerne mit einem eine Flasche Wein und erzählte einen zotigen Witz oder zwei, spielte fremdartige, spanische Weisen auf der Gitarre und sang stundenlang die wilden, traurigen Lieder seiner Heimat. Es war dann schwer zu glauben, daß dies der brutale Mörder war, als den man ihn kannte. Welche schauerliche Befriedigung mochte es ihm wohl gewähren, diese Schandtaten mit eigenen Händen zu begehen? Machiavelli lächelte bei dem Gedanken, daß der Herzog eines Tages auch mit Michelotto fertig sein und ihn mit ebensowenig Bedauern töten lassen würde wie vordem seinen Vertrauten und getreuen Statthalter Ramiro de Lorqua.

»Ein seltsamer Mann«, murmelte er. »Vielleicht ein großer Mann.«

»Vom wem sprecht Ihr?« fragte Bartolomeo.

»Vom Herzog natürlich. Von wem sonst könnte ich sprechen? Er hat sich von seinen Feinden durch ein so vollkommenes Doppelspiel befreit, daß der Zuschauer nur staunen und bewundern kann. Die Maler mit ihren Farben und Pinseln nehmen den Mund voll über die Kunstwerke, die sie schaffen, doch was sind die im Vergleich mit einem Kunstwerk, das geschaffen wird mit lebendigen Menschen als Farben und mit List und Lügen als Pinseln? Der Herzog ist ein Mann der Tat und des Impulses; man hätte ihm nie die umsichtige Geduld zugetraut, die notwendig war, um seinen schönen Plan erfolgreich zu Ende zu führen. Vier Monate lang hat er sie über seine Absichten herumraten lassen; er bediente sich ihrer Befürchtungen, er nützte ihre Eifersüchteleien, er verwirrte sie durch seine Ränke, er narrte sie mit falschen Versprechungen; mit unendlichem Geschick säte er Zwietracht unter die Rebellen, so daß sie Bentivoglio in Bologna und Baglioni in Perugia im Stiche ließen. Ihr wißt, wie schlecht dies dem Baglioni bekommen hat; der Bentivoglio wird auch noch an die Reihe kommen. Er war freundlich und heiter oder ernst und drohend, ganz wie es sein Plan im Augenblick erforderte, und schließlich gingen sie in eine Falle. Es war ein Meisterstück des Truges, und es verdient, der Nachwelt überliefert zu werden, um der Genauigkeit der Vorbereitung und der Vollkommenheit der Ausführung willen.«

Bartolomeo, dieser schwatzhafte Mensch, wollte etwas sagen, aber Machiavelli war noch nicht zu Ende.

»Er hat Italien von den kleinen Tyrannen befreit, dieser Geißel des Landes. Was wird er nun tun? Andere vor ihm schienen von Gott erwählt zu sein, Italien zu befreien, und dann wurden sie mitten im Gefecht vom Glück verlassen.«

Er stand unvermittelt auf. Er hatte genug von der Gesellschaft und wollte sich nicht die Plattheiten Bartolomeos anhören. Er dankte ihm für die Bewirtung und ging, von dem getreuen Piero begleitet, zurück in seine Herberge.

34

Sowie Bartolomeo am nächsten Tage seine Geschäfte erledigt hatte, machte er sich über Perugia auf den Heimweg. Später ritt Machiavelli mit Piero und seinen Knechten und einigen Herren aus dem Gefolge des Herzogs dem neuen florentinischen Gesandten entgegen. Nachdem Giacomo Salviati – so hieß er nämlich – seine Reitkleider mit der würdigen Tracht eines Florentiners von Rang vertauscht hatte, ließ er sich von Machiavelli ins Schloß geleiten, um dort sein Beglaubigungsschreiben zu überreichen. Machiavelli wollte so rasch wie möglich nach Florenz zurück; vor seiner Abreise mußte er jedoch den Gesandten bei den verschiedenen Persönlichkeiten einführen, deren Bekanntschaft für ihn notwendig war. Für nichts war nicht viel zu holen am Hofe des Herzogs, und Machiavelli mußte seinem Nachfolger auseinandersetzen, welche Gefälligkeiten der oder jener leisten konnte und wieviel er dafür bekam. Er mußte ihn auch über die Verläßlichkeit des einen oder die Unverläßlichkeit des andern unterrichten. Giacomo Salviati hatte zwar die Berichte Machiavellis an die Signoria gelesen, doch Machiavelli hatte vieles nicht niederschreiben wollen wegen der beständigen Gefahr, daß die Briefe aufgefangen würden; er mußte nun lange Stunden darauf verwenden, mündlich eine Reihe von Tatsachen zu berichten, die für den Gesandten wichtig waren.

Es vergingen daher sechs Tage, bevor er sich auf den Heimweg machen konnte. Es war eine lange Reise, und die Straßen waren schlecht und nicht allzu sicher; er entschloß sich also, zeitig aufzubrechen, um vor Einbruch der Nacht möglichst weit zu kommen. Bei Morgengrauen war er schon aufgestanden, und er brauchte nicht lange zum Anziehen. Die Satteltaschen, bereits am Abend gepackt, wurden von den Knechten hinuntergeschafft; nach ein paar Minuten kam die Dame des Hauses, um ihm zu melden, daß alles für die Abreise bereit sei.

»Ist Piero bei den Pferden?«

»Nein, Messere.«

»Wo ist er denn?«

»Er ist ausgegangen.«

»Ausgegangen? Wohin? Wozu? Lästiger Bursche, weiß er denn noch nicht, daß ich es hasse, warten zu müssen? Schickt einen meiner Knechte, ihn zu suchen, und beeilt Euch.«

Kaum hatte sie die Türe hinter sich geschlossen, als sie wieder geöffnet wurde und Piero eintrat.

Machiavelli sah ihn verblüfft an: Piero trug nicht seine schäbigen Reitkleider, sondern die rote und gelbe Uniform der herzoglichen Soldaten. Er hatte ein spitzbübisches Lächeln auf den Lippen, das jedoch nicht gar so sicher wirkte.

»Ich komme, Euch Lebewohl zu sagen, Messer Niccolo. Ich bin in die Armee des Herzogs eingetreten.«

»Ich habe mir nicht vorgestellt, daß du diese farbenprächtige Tracht nur zum Spaß angelegt hast.«

»Seid mir nicht böse, Messere. In den drei Monaten, die ich mit Euch war, habe ich etwas gesehen von der Welt. Ich war Zeuge großer Taten und habe mit den Männern gesprochen, die daran beteiligt waren. Ich bin kräftig und jung und gesund. Ich mag nicht nach Florenz zurückkehren und den Rest meines Lebens damit verbringen, in der Zweiten Staatskanzlei mit einer Feder zu kritzeln. Dafür bin ich nicht gemacht. Ich will leben.«

Machiavelli sah ihn nachdenklich an. Die Andeutung eines Lächelns umspielte seinen messerscharfen Mund.

»Warum hast du mir nicht gesagt, was du vorhattest?«

»Ich dachte, Ihr würdet mich daran hindern.«

»Ich hätte es für meine Pflicht gehalten, dich darauf aufmerksam zu machen, daß das Soldatenleben hart, gefährlich und schlecht bezahlt ist. Der Soldat hat das Risiko und der Kommandant den Ruhm. Der Soldat leidet Hunger und Durst und ist der Wut der Elemente ausgesetzt. Wenn er in Gefangenschaft gerät, wird er vom Feind sogar der Kleider beraubt. Wenn er verwundet wird, läßt man ihn sterben; erholt er sich und ist kampfunfähig, dann bleibt ihm nichts übrig, als auf der Straße sein Brot zu erbetteln. Er verbringt sein Leben unter groben, rohen und zügellosen Menschen, zu Schanden seiner Sitten und zum Schaden seiner Seele. Ich hätte es für meine Pflicht gehalten, dich darauf aufmerksam zu machen, daß du in der Staatskanzlei der Republik eine angesehene und zugleich sichere Stelle einnehmen würdest, wo du dir durch Fleiß und durch Unterwürfigkeit trotz der Launen deiner Vorgesetzten ein Gehalt verdienen könntest, gerade hoch genug, um dich am Leben zu erhalten; wo du dann, nach vielen treuen Diensten, wenn du geschickt und ein wenig gewissenlos bist und viel Glück hast, auf Beförderung rechnen magst, falls nicht zufällig der Schwager oder angeheiratete Neffe einer einflußreichen Persönlichkeit selbst gerade eine Stelle haben will. Hätte ich so meine Pflicht getan, dann hätte ich weiter nichts unternommen, um dich von deinem Vorhaben abzuhalten.«

Piero lachte erleichtert auf; denn obschon er an Machiavelli hing und ihn bewunderte, hatte er doch ziemlich Angst vor ihm.

»Dann seid Ihr mir also nicht böse?«

»Nein, mein lieber Junge. Du hast mir gut gedient, und ich habe dich als ehrlichen, treuen und eifrigen Burschen kennengelernt. Dem Herzog lächelt das Glück, und ich kann es dir nicht zum Vorwurf machen, daß du ihm folgen willst.«

»Ihr werdet meine Mutter und Onkel Biagio beschwichtigen?«

»Deiner Mutter wird das Herz brechen. Sie wird sich einbilden, ich hätte dich auf Abwege geführt, und mich dafür tadeln; doch Biagio ist ein vernünftiger Mann und wird sein Bestes tun, um sie zu trösten. Und nun, mein guter Junge, muß ich gehen.« Er umarmte ihn und küßte ihn auf beide Wangen; dabei bemerkte er jedoch das Hemd, das Piero trug. Er zog den reichbestickten Kragen hervor.

»Wo hast du dieses Hemd her?«

Piero errötete bis unter die Haarwurzeln.

»Nina hat es mir geschenkt.«

»Nina?«

»Monna Aurelias Magd.«

Machiavelli erkannte das feine Linnen, das er Bartolomeo aus Florenz mitgebracht hatte, und starrte mit gerunzelter Stirne auf die schöne Handarbeit. Dann blickte er Piero in die Augen. Schweißperlen standen auf dessen Stirn.

»Monna Aurelia hatte mehr Stoff, als sie für Messer Bartolomeo brauchte, und schenkte Nina die Reste.«

»Und hat Nina diese schöne Stickerei selbst gemacht?«

»Ja.«

Das war eine ungeschickte Lüge.

»Wie viele Hemden hat sie dir geschenkt?«

»Nur zwei. Für mehr war nicht genug Stoff da.«

»Das ist ja vollauf genug. Du kannst immer das eine tragen, wenn das andere gewaschen wird. Du hast Glück, junger Mann. Wenn ich mit Weibern schlafe, machen sie mir keine Geschenke, sondern erwarten von mir, daß ich ihnen Geschenke mache.«

»Ich hab's nur getan, um Euch gefällig zu sein, Messer Niccolo«, sagte Piero mit einem entwaffnenden Lächeln. »Ihr habt mir doch gesagt, ich soll mich an sie heranmachen.«

Machiavelli wußte sehr wohl, daß es Aurelia nicht im Traum eingefallen wäre, ihrer Magd mehrere Ellen teuren Linnens zu schenken; er wußte auch, daß die Magd niemals dieses verzwickte Muster hätte sticken können; Monna Caterina selbst hatte ihm gesagt, daß nur Aurelia so heikle Handarbeiten ausführen konnte. Es war Aurelia, die dem Jungen die Hemden geschenkt hatte. Aber warum? Weil er ein Vetter dritten Grades ihres Gatten war? Unsinn. Die Wahrheit, die widrige Wahrheit starrte ihm ins Gesicht. In der Nacht des Stelldicheins, als Machiavelli zum Herzog gerufen wurde, hatte Piero nicht mit der Magd geschlafen, sondern mit der Herrin. Es war nicht dem wundertätigen Eingreifen des San Vitale zuzuschreiben, daß Bartolomeos Frau jetzt ein Kind bekam, sondern der sehr natürlichen Mitwirkung des jungen Mannes, der da vor ihm stand. Darum also hatte Monna Caterina zu lächerlichen Ausflüchten gegriffen, statt eine neue Vereinbarung zwischen ihm und Aurelia zu treffen; darum hatte Aurelia jeden weiteren Verkehr mit ihm abgelehnt. Machiavelli geriet in blinde Wut. Sie hatten ihn schön zum Narren gehalten, diese beiden verworfenen Weiber und der Junge, dessen er sich angenommen hatte. Er trat einen Schritt zurück, um ihn sich einmal gut anzusehen.

Machiavelli hatte niemals großen Wert auf männliche Schönheit gelegt; er hielt sie für unwichtig, verglichen mit den gefälligen Manieren, der gewandten Unterhaltung und dem kühnen Vorgehen, durch die er alle Frauen bekommen hatte, die er wollte, und obwohl ihm aufgefallen war, daß Piero gut aussah, hatte er sich nie die Mühe genommen, ihn genauer anzuschauen. Er maß ihn jetzt mit zornigem Blick. Piero war groß und gut gewachsen, er hatte breite Schultern, schlanke Hüften und wohlgeformte Beine. Die Uniform brachte seine Gestalt gut zur Geltung. Er hatte lockige, braune Haare, die seinen Kopf wie eine enge Kappe bedeckten; er hatte große, runde braune Augen unter schöngezeichneten Brauen, eine olivenfarbene Haut, glatt und weich, wie ein Mädchen; er hatte eine kleine gerade Nase, einen roten, sinnlichen Mund und dicht anliegende Ohren. Er hatte einen kühnen, offenen, ehrlichen und gewinnenden Gesichtsausdruck.

›Ja‹, dachte Machiavelli. ›Er hat die Schönheit, die eine alberne Frau reizen kann. Wie konnte ich das übersehen? Ich hätte vorsichtiger sein sollen.‹

Er verwünschte sich wegen seiner Dummheit. Wie hätte er aber auf den Gedanken kommen können, daß Aurelia sich auch nur einen Augenblick lang mit einem Gelbschnabel abgeben werde, der zwar der Vetter ihres Mannes, aber doch nicht mehr war als ein Laufbursche, der noch vor kurzem die Schulbank gedrückt hatte? Machiavelli hatte ihn dazu verwendet, Botengänge zu machen, hierhin und dorthin, wie er es ihm befahl. Wenn er ihn mit einer Nachsicht behandelt hatte, die er jetzt bereute, so hatte er das getan, weil Biagio sein Onkel war. Piero war nicht dumm, aber er hatte nicht die vollendeten Manieren, die man sich durch das Leben in der großen Welt aneignete; da er wenig zu sagen wußte, verhielt er sich meist still, wenn ältere Leute zugegen waren. Machiavelli wußte sehr wohl, daß er selbst sich darauf verstand, mit Frauen umzugehen; er hatte niemals verfehlt, dort zu bezaubern, wo Bezaubern sein Ziel war, und er bildete sich ein, daß ihm kaum jemand etwas in der Kunst und Wissenschaft der Galanterie vormachen könne. Piero war nichts weiter als ein unreifer Bursche. Welcher vernünftige Mensch hätte wohl annehmen können, daß Aurelia diesem Jungen auch nur einen Blick ihrer schönen Augen schenken würde, wenn ihr ein weltkluger, schlagfertiger Mann von Ansehen zu Füßen lag? Es war ungeheuerlich!

Piero ertrug den langen, forschenden Blick seines Herrn mit Fassung. Er hatte sich von seiner Verwirrung erholt, und sein vorsichtiges Verhalten ließ vermuten, daß er sich nun besser vorsah.

»Ich habe großes Glück gehabt«, bemerkte er kühl, doch so, als hätte er irgendwie Anspruch darauf. »Der Page des Grafen Lodovico Alvisi ist auf dem Marsch von Sinigaglia erkrankt und mußte nach Rom zurück. Und der Graf hat statt seiner mich in Dienst genommen.«

Dieser Graf Lodovico, ein vertrauter Freund Il Valentinos, war einer der römischen Herren in der Reiterei des Herzogs.

»Wie hast du das zustandegebracht?«

»Messer Bartolomeo sprach mit dem herzoglichen Schatzmeister über mich, und der hat es angeordnet.«

Machiavelli zog ein wenig die Brauen hoch. Nicht nur, daß dieser Junge Bartolomeo die Gattin verführt hatte, er hatte ihn auch dazu benützt, eine vielbegehrte Stelle bei einem der Günstlinge des Herzogs zu erlangen. Wäre Machiavelli selbst davon nicht so betroffen gewesen, er hätte das Ganze komisch gefunden.

»Das Glück lächelt der Kühnheit und der Jugend«, sagte er. »Du wirst es gewiß weit bringen. Dennoch möchte ich dir ein paar Ratschläge geben. Hüte dich davor, so wie ich in den Ruf zu kommen, geistreich zu sein; sonst wird dich niemand für vernünftig halten. Aber achte auf die Launen der Menschen und passe dich ihnen an; lache mit ihnen, wenn sie lustig sind, und zieh ein langes Gesicht, wenn sie ernst sind. Es ist sinnlos, weise zu sein unter Dummköpfen und närrisch unter Weisen; du mußt zu jedem in seiner eigenen Sprache sprechen. Sei höflich; es kostet wenig und hilft viel. Gefällig zu sein und gleichzeitig zeigen zu können, daß man gefällig ist, heißt doppelt gefällig sein. Zu tun, wie dir beliebt, ist zwecklos, wenn du dich damit nicht anderen beliebt machst. Und vergiß nicht: du machst dich beliebter, wenn du ihre Laster unterstützt, als wenn du sie in ihren Tugenden bestärkst. Sei niemals mit einem Freund so vertraut, daß er dir einst schaden könnte, falls er dein Feind würde, und geh niemals so übel mit deinem Feinde um, daß er nie dein Freund werden könnte. Sei achtsam in deiner Rede. Es ist immer noch Zeit, ein Wort hinzuzusetzen, doch nie, eins zurückzunehmen. Wahrheit ist die gefährlichste Waffe, die der Mensch gebrauchen kann; er muß sie also vorsichtig gebrauchen. Ich habe jahrelang nie gesagt, was ich glaubte, und nie geglaubt, was ich sagte, und wenn es heute manchmal geschieht, daß ich die Wahrheit sage, dann verberge ich sie unter so vielen Lügen, daß sie nur schwer zu finden ist.«

Aber während diese simplen Lehrsprüche und alten Gemeinplätze Machiavelli glatt vom Munde gingen, waren seine Gedanken mit etwas viel Wichtigerem beschäftigt, und er hörte sich selbst kaum zu. Denn er wußte, daß ein Mann im öffentlichen Leben bestechlich, unfähig, grausam, rachgierig, wankelmütig, eigensüchtig, schwach und dumm sein durfte und dabei doch zu den höchsten Ehrenstellen im Staate gelangen konnte; doch wenn er sich lächerlich machte, war er erledigt. Verleumdungen konnte er von sich weisen, Beschimpfungen verachten; doch gegen Lächerlichkeit war er wehrlos. Mochte es noch so sonderbar erscheinen: das Absolute hatte keinen Sinn für Humor, und Lächerlichkeit war das Werkzeug des Teufels, um den strebenden Menschen in seinem harten Ringen nach Vollkommenheit zu hindern. Machiavelli schätzte die Achtung seiner Mitbürger und auch die Aufmerksamkeit, die die Leiter der Republik seiner Meinung zollten. Er verließ sich auf sein eigenes Urteil und trachtete danach, mit wichtigen Geschäften betraut zu werden. Er war zu scharfsinnig, um nicht zu erkennen, daß er bei dieser mißlungenen Liebschaft mit Aurelia eine lächerliche Figur gemacht hatte. Wenn sich die Geschichte in Florenz herumspräche, würde er zum Gegenstand des Spottes, zum wehrlosen Opfer roher Scherze und grausamer Anspielungen. Ein kalter

Schauer lief ihm über den Rücken, wenn er sich die Schmähschriften und Epigramme vorstellte, zu denen sein unseliges Abenteuer den boshaften Witz der Florentiner herausfordern würde. Selbst sein Freund Biagio, die simple Zielscheibe seiner Scherze, würde die Gelegenheit begrüßen, ihm eine Menge alter Schulden heimzuzahlen. Er mußte Piero den Mund stopfen, sonst wäre er verloren. Er legte ihm also freundlich die Hand auf die Schulter und lächelte; doch seine Augen, die in diejenigen Pieros blickten, diese hellen, beweglichen, kleinen Augen, waren kalt und hart.

»Nur noch eines möchte ich dir sagen, lieber Junge. Fortuna ist launisch und unstet. Sie mag dir zu Macht, Reichtum und Ehren verhelfen, sie kann dich aber auch mit Knechtschaft, Armut und Schande schlagen. Auch der Herzog ist nur Fortunas Spielball, und mit einer Drehung ihres Rädchens kann sie ihn ins Verderben stürzen. Dann wirst du Freunde in Florenz brauchen. Es wäre unklug, dir Menschen zu Feinden zu machen, die dir im Unglück beistehen können. Die Republik ist argwöhnisch gegen alle, die ihre Dienste verlassen, um in die Dienste derer zu treten, denen sie nicht traut. Ein paar Worte, in das richtige Ohr geflüstert, könnten leicht zur Beschlagnahme deines Vermögens führen; deine Mutter würde aus ihrem Haus gejagt werden und müßte der unfreiwilligen Barmherzigkeit ihrer Verwandten zur Last fallen. Die Republik hat einen langen Arm; falls es ihr paßte, fiele es ihr gar nicht schwer, einen notleidenden Gascogner zu finden, der dir für ein paar Dukaten einen Dolch in den Rücken stieße. Dem Herzog könnte ein Schreiben in die Hände gespielt werden, worin stünde, du seist ein Spion der Stadt Florenz, und auf der Folter würde man dich zwingen, zu gestehen, daß es wahr ist, und würde dich hängen wie einen gemeinen Dieb. Es wäre sehr betrüblich für deine Mutter. Um deiner selbst willen also, und weil dir dein Leben lieb ist, empfehle ich dir, zu schweigen. Es ist nicht klug, alles zu sagen, was man weiß.«

Machiavelli, den Blick in Pieros braune, klare Augen gesenkt, sah, daß der ihn verstanden hatte.

»Seid unbesorgt, Messere. Ich werde verschwiegen sein wie das Grab.«

Machiavelli lachte flüchtig.

»Ich habe dich nie für einen Dummkopf gehalten.«

Obzwar sein Geld dann gerade noch bis Florenz reichen würde, hielt Machiavelli dies für einen richtigen Augenblick, sogar übermäßig freigebig zu sein; er zog also seinen Geldsack hervor und gab Piero fünf Dukaten als Abschiedsgeschenk.

»Du hast mir gut und treu gedient«, sagte er. »Es wird mir ein Vergnügen sein, Biagio einen guten Bericht zu geben über deinen Eifer in meinem Dienst und im Interesse der Republik.«

Er küßte ihn herzlich, und sie gingen Hand in Hand die Treppe hinunter. Piero hielt dem Pferd den Kopf, während Machiavelli aufsaß. Er ging an seiner Seite, bis sie zum Stadttor kamen, und dort schieden sie.

35

Machiavelli gab seinem Pferd die Sporen, und es ging in leichten Galopp über. Die beiden Knechte folgten dicht hinter ihm. Er war verteufelt schlecht gelaunt. Es ließ sich nicht leugnen – sie hatten ihn zum Narren gehalten, Fra Timoteo, Aurelia, ihre Mutter und Piero; er wußte nicht, auf wen von ihnen er am zornigsten war. Und das Schlimmste war, er hatte keine Ahnung, wie er mit ihnen abrechnen könnte; sie hatten auf seine Kosten eine Menge Spaß gehabt, und es gab keine Möglichkeit, sie das büßen zu lassen. Natürlich war Aurelia eine Gans; listenreich wie alle Frauen, doch eine Gans; sonst hätte sie nicht einen glattwangigen hübschen Jungen einem Manne in den besten Jahren vorgezogen, einem in Geschäften erfahrenen Manne, den seine Regierung mit wichtigen Verhandlungen betraut hatte. Kein halbwegs vernünftiger Mensch konnte leugnen, daß ein Vergleich durchaus zu seinen Gunsten ausfiel. Niemand konnte ihn abstoßend finden; Marietta hatte ihm immer gesagt, sie liebe die Art, wie sein Haar wuchs; es sei wie schwarzer Samt, sagte sie. Gott sei Dank, daß er Marietta hatte. Das war eine Frau, der man vertrauen konnte; man konnte sie ein halbes Jahr allein lassen und gewiß sein, sie werde weder rechts noch links schauen. Freilich war sie in der letzten Zeit ein wenig lästig gewesen; immerfort beklagte sie sich durch Biagio, daß er noch nicht zurückkäme, daß er nicht schreibe, daß er sie ohne Geld gelassen habe. Nun, man mußte bei Frauen in diesem Zustand auf solche Launen gefaßt sein. Er war jetzt drei und einen halben Monat fort; sie wurde wohl schon ganz dick, und er fragte sich, wann sie entbunden werde. Sie hatten sich bereits entschlossen, den Jungen Bernardo zu nennen, nach seinem seligen Vater. Und wenn Marietta sich über seine lange Abwesenheit beschwerte, so tat sie das, weil sie ihn liebte, das arme Geschöpf; es war gut, zu ihr zurückzukommen. Das war der Vorteil einer Ehefrau: sie war immer da, wenn man sie brauchte. Natürlich war sie nicht eine Schönheit wie Aurelia, aber sie war tugendhaft, und das war mehr, als man von Monna Caterinas Tochter behaupten konnte. Hätte er doch nur daran gedacht, ihr etwas mitzubringen! Aber das war ihm bis jetzt gar nicht eingefallen, und nun hatte er einfach nicht mehr das Geld dazu.

Hätte er nur nicht so viel für Aurelia ausgegeben! Für den Schal und die Handschuhe und das Rosenöl – und für die goldene Kette, nein, nicht golden, nur vergoldet, die er Monna Caterina geschenkt hatte. Hätte die nur einen Funken Anstand, sie hätte ihm die Kette zurückgegeben; sie wäre gerade das Richtige für Marietta gewesen und hätte ihr gefallen. Aber gaben Frauen jemals Geschenke zurück, die man ihnen gemacht hatte?

Eine alte Kupplerin, das war sie, und nicht einmal eine ehrliche. Sie wußte ganz genau, daß die Kette der Preis war, den er ihr bezahlte, damit sie die Sache für ihn einrichte; wenn sie die Ware nicht lieferte, war das mindeste, was sie tun konnte, den Kaufpreis zurückzugeben. Aber sie war eine abgetakelte, alte Schlampe; er hatte das auf den ersten Blick gesehen. Sie hatte eine schmutzige Befriedigung daran gefunden, anderen zu den Ausschweifungen zu verhelfen, denen sie selbst nicht mehr frönen konnte. Er war bereit, um einen Dukaten zu wetten, daß sie selber Piero und Aurelia ins Schlafzimmer geleitet hatte. Die mußten nicht schlecht gelacht haben, als sie die Kapaunen und das Gebäck aßen, die er ihnen durch Piero geschickt hatte, und seinen Wein tranken, während er im strömenden Regen draußen vor der Tür stand. Wäre Bartolomeo nicht der Tölpel gewesen, der er war, er hätte wissen müssen, daß es heller Wahnsinn war, die Treue seiner Gattin der Obhut eines solchen Weibes zu überlassen.

Einen Augenblick lang wandten sich Machiavellis Gedanken diesem dicken, dummen Menschen zu. Dessen Schuld war es im Grund, daß das alles geschehen war.

›Wenn er sie ordentlich behütet hätte‹, sagte sich Machiavelli, ›wäre es mir nie eingefallen, daß da etwas zu machen wäre, und ich hätte es nicht versucht.‹

Bartolomeo war schuld an dem Ganzen. Doch was für ein Narr war er selbst gewesen, ihr diesen teuren Schal zu schikken, als Entschuldigung, weil die Verabredung nicht eingehalten hatte. Und durch niemand anderen als Piero hatte er ihn geschickt, an dem Morgen, als ihm selbst so elend und seine Stimme nur noch ein Krächzen gewesen war; damit sie ihn nur ja noch vor der Rückkehr Bartolomeos erhielte. Wie sie gekichert haben mußten! Und hatte Piero die Gelegenheit ergriffen, sie wieder...

Ein feines Paar! Er traute ihnen alles zu.

Und was ihn am meisten erbitterte: er hatte Aurelia nicht nur mit Geschenken überschüttet, er hatte auch seine besten

Geschichtchen erzählt, um sie zu unterhalten; er hatte seine schönsten Lieder gesungen, um sie zu berücken, hatte ihr geschmeichelt, kurz, hatte alles getan, was ein Mann nur tun konnte, um sich bei einer Frau beliebt zu machen, und dann – dann kam dieser verfluchte Junge und bekam gratis, nur weil er achtzehn war und hübsch aussah, wofür er, Machiavelli selbst, einen Monat an Zeit und viel mehr Geld aufgewandt hatte, als er sich erlauben durfte. Er hätte gerne gewußt, wie Piero es angestellt hatte. Vielleicht war es Monna Caterina gewesen, die in ihrer Furcht, Bartolomeo könnte seine Neffen adoptieren, den Vorschlag gemacht hatte. Machiavelli malte sich ihre Worte aus.

›Nun, was fangen wir jetzt an? Wir können nicht die ganze Nacht auf ihn warten. Schade, die gute Gelegenheit zu versäumen. An deiner Stelle, Aurelia, würde ich mir's nicht erst lange überlegen. Schau dir Piero doch an mit seinem süßen Gesicht und seinem lockigen Haar; er sieht aus wie der Adonis auf dem Gemälde im Rathaus. Ich weiß, wenn ich zu wählen hätte zwischen ihm und diesem Herrn Niccolo mit seiner fahlen Haut und seiner langen Nase und seinen Knopfäuglein – na, da ist überhaupt kein Vergleich möglich, meine Liebe! Und ich glaube wohl, er wird viel besser können, was du willst, als dieser spindeldürre Sekretär.‹

Ein schlechtes Weib. Ein böses Weib. Und warum sie lieber diesen Jungen zum Vater für den Sohn ihrer Tochter haben wollte als einen klugen Mann von Welt, das würde er nie begreifen.

Aber vielleicht war es kaum nötig gewesen, daß Monna Caterina ihnen zuredete. Der Junge sah allerdings so unschuldig aus, sogar ein wenig schüchtern – doch der Schein war trügerisch. Er besaß wohl eine recht gute Verstellungsgabe; denn er hatte sich nie im geringsten verraten, daß zwischen ihm und Aurelia etwas vorgefallen war. Ein kaltblütiger, ausgekochter Lügner, das war er. Ein einziges Mal nur hatte er Verwirrung gezeigt: als Machiavelli das Hemd bemerkte. Aber wie schnell hatte er sich wieder gefaßt, und mit welcher Frechheit hatte er den unausgesprochenen Vorwürfen seines Herrn die Stirne geboten! Er war wahrhaftig keck genug, Aurelia ganz einfach auf den Mund geküßt zu haben und, als er fand, daß sie nichts dagegen hatte, ihr mit der Hand in das ausgeschnittene Leibchen zwischen die Brüste gefahren zu sein. Was dann weiter geschehen war, konnte sich jeder vorstellen, und Machiavellis zornige Phantasie verfolgte die beiden in Bartolomeos Schlafzimmer und bis ins Bett.

»Die Undankbarkeit dieses Jungen!« murmelte er.

Er hatte ihn einfach aus Gutmütigkeit auf diese Reise mitgenommen, er hatte alles für ihn getan, er hatte ihn wichtigen Persönlichkeiten vorgestellt, er hatte sein Bestes getan, ihn zu formen, ihm zu zeigen, wie man sich benimmt, kurz, ihn zu einem Menschen mit Schliff zu machen; er hatte nicht mit Witz und Weisheit geknausert, um ihn zu lehren, was die Welt zusammenhält, wie man sich Freunde erwirbt, wie man Menschen beeinflußt. Und das war sein Lohn – daß dieser Gelbschnabel ihm sein Mädchen vor der Nase wegschnappte.

›Wenigstens habe ich ihm einen schönen Schrecken eingejagt!‹

Aber eines wußte Machiavelli: hatte man seinem Wohltäter einen gemeinen Streich gespielt, so war der halbe Spaß dahin, wenn man seinen Freunden nichts davon erzählen konnte. Darin fand er nun einen gewissen Trost.

Doch aller Zorn, den er gegen Aurelia, Piero, Monna Caterina und Bartolomeo empfand, war nichts, verglichen mit seiner Wut auf Fra Timoteo. Der war der verräterische Schuft, der seinen ganzen schönen Plan zunichte gemacht hatte.

»Gute Aussichten hat der jetzt, die Fastenpredigt in Florenz zu halten!« zischte Machiavelli.

Er hatte freilich nie die Absicht gehabt, den Mönch für diese Aufgabe vorzuschlagen, doch es bereitete ihm eine Genugtuung, sich vorzustellen, daß, hätte er wirklich die Absicht gehabt, er sie nun fallenließe. Der Kerl war ein

Schurke. Kein Wunder, daß das Christentum seinen Einfluß auf das Volk verlor; daß die Menschen böse, zügellos und verderbt wurden, wenn es unter den berufsmäßig Frommen keine Ehrlichkeit und keinen Sinn für Recht und Unrecht mehr gab. Genarrt, genarrt – alle hatten sie ihn genarrt, aber keiner von ihnen so ungeheuerlich wie dieser schurkische Mönch.

Sie machten bei einem Wirtshaus an der Straße halt, um zu essen. Das Essen war schlecht, aber der Wein war trinkbar, und Machiavelli trank hübsch viel davon, so daß ihm, als er sich dann wieder in den Sattel schwang, die Welt etwas weniger düster erschien. Sie ritten an Bauern vorbei, die eine Kuh am Halfter führten oder sich von einem schwerbepackten Esel tragen ließen; sie begegneten Reisenden zu Fuß und zu Pferd. Eine Zeitlang erwog Machiavelli, wie weit wohl der Herzog an diesem Streich beteiligt gewesen sein mochte; wenn es ein Scherz war, dann hatte er ihn für sich behalten, wie er auch seine Pläne für sich behielt; wenn er aber mit seiner Absicht zusammenhing, Machiavelli in seine Macht zu bekommen, wußte er nun, daß diese Absicht fehlgeschlagen war. Dann kehrten Machiavellis Gedanken zu Aurelia zurück. Es hatte keinen Sinn, um Geschehenes zu trauern. Vor vier Monaten hatte er sie noch gar nicht gekannt; es war dumm, sich einer Frau wegen aufzuregen, die er nur ein halbes dutzendmal gesehen und mit der er nicht mehr als ein halbes Dutzend Sätze gesprochen hatte. Er war nicht der erste Mann, den eine Frau ermutigt und dann, wenn es soweit war, unsanft fallengelassen hatte. So etwas nahm ein weiser Mann philosophisch auf. Glücklicherweise lag es im Vorteil aller, die die Tatsachen kannten, den Mund zu halten. Es war sicherlich eine Demütigung, so genarrt worden zu sein, doch man kann immer eine Demütigung herunterschlucken, von der sonst niemand weiß. Es kam darauf an, die ganze Geschichte als Außenstehender zu betrachten, als wäre sie einem andern widerfahren; und das wollte er von nun an tun.

Plötzlich zog er mit einem Ausruf scharf die Zügel an, und sein Pferd blieb so jäh stehen, daß er im Sattel nach vorn geworfen wurde. Seine Knechte kamen vorgeritten.

»Ist etwas los, Messere?«

»Nichts. Nichts.«

Er ritt weiter. Ein plötzlicher Einfall hatte seinen Ausruf und die unwillkürliche Bewegung verursacht. Zuerst meinte er, er müßte sich übergeben, dann aber erkannte er, daß es eine Inspiration gewesen war. Ihm war der Gedanke gekommen, daß in seinem Erlebnis der Keim zu einem Theaterstück lag. So könnte er sich an denen rächen, die ihn genarrt und betrogen hatten; er würde sie lächerlich und verächtlich machen. Seine schlechte Laune schwand; während er weiterritt und seine Phantasie eifrig an der Arbeit war, strahlte sein Gesicht vor boshaftem Entzücken.

Den Schauplatz der Handlung wollte er nach Florenz verlegen, weil er dachte, daß sich seine Erfindungsgabe in den bekannten Straßen besser zurechtfände. Die Personen der Handlung hatte er bereits; er brauchte nur gewisse Eigenschaften stärker hervorzuheben, um die Gestalten bühnenwirksamer zu machen. Bartolomeo zum Beispiel würde noch dümmer und leichtgläubiger sein müssen als in Wirklichkeit, und Aurelia geistreicher und gefügiger. Die Rolle des Kupplers hatte er bereits mit Piero besetzt; der würde die Intrige einfädeln, durch die der Held zum Ziel käme. Einen feinen Tunichtgut wollte er aus ihm machen! Die Umrisse des Stückes standen ihm klar vor Augen. Er selbst würde der Held sein, und sogleich fiel ihm auch ein Name für den ein: Callimaco. Er war ein Florentiner, schön, jung, reich, der einige Jahre in Paris verbracht hatte – das gäbe Machiavelli Gelegenheit, ein paar bissige Bemerkungen über die Franzosen einzuflechten, die er weder liebte noch achtete. Und nach Florenz zurückgekehrt, würde der Held Aurelia erblicken und sich sterblich in sie verlieben. Wie sollte er sie nennen? Lucrezia! Machiavelli lachte hämisch auf, als er beschloß, ihr den

Namen der Römerin zu geben, die in ihrer Sittenstrenge sich erdolcht hatte, nachdem sie von Tarquinius geschändet worden war. Das Stück würde natürlich gut ausgehen und Callimaco eine Liebesnacht in den Armen seiner Angebeteten verbringen.

Die Sonne schien von einem blauen Himmel, auf den Feldern lag noch Schnee, doch die Straße unter den Hufen der Pferde war fest, und Machiavelli war gut geschützt gegen die Unbilden der Witterung und erheitert durch das lebhafte Spiel seiner Phantasie. Er fühlte sich seltsam erhoben. Bisher hatte er nur den Entwurf im Kopf; die Wirklichkeit war zu zahm für seine Zwecke, und er war sich bewußt, daß er sich eine komische Verwicklung ausdenken mußte, die ihm eine zusammenhängende Handlung ergäbe, an der er seine Szenen aufreihen könnte. Wonach er suchte, das war irgendein grotesker Einfall, der das Publikum zum Lachen brächte und nicht nur die Lösung des Knotens wie selbstverständlich herbeiführen, sondern auch ermöglichen würde, die Einfalt Aurelias, die Dummheit Bartolomeos, die Schurkerei Pieros, die Lüsternheit Monna Caterinas und die Niedertracht Fra Timoteos aufzuzeigen. Der Mönch nämlich sollte eine wichtige Person in dem Stück sein. Machiavelli rieb sich im Geiste die Hände, als er daran dachte, wie er ihn im wahren Lichte zeigen würde, mit seiner Habsucht, seiner Skrupellosigkeit, seiner Arglist und Heuchelei. Er würde allen Personen andere Namen geben, diesem Fra Timoteo aber wollte er den richtigen Namen belassen, damit jedermann wüßte, was für ein falscher und schlechter Mensch er war.

Doch der Einfall, der seine Marionetten in Bewegung gesetzt hätte, kam ihm nicht. Es mußte etwas Unerwartetes, ja etwas Empörendes sein, denn er wollte ja eine Komödie schreiben, und zwar etwas so Komisches, daß die Zuschauer vor Staunen den Mund aufsperren und dann in brüllendes Gelächter ausbrechen würden. Er kannte seinen Plautus und Terenz und durchblätterte sie in Gedanken, um zu sehen, ob er nicht in einem ihrer Stücke auf eine geniale Idee stieße, die seinem Zwecke dienen könnte. Aber nichts fiel ihm ein. Er vermochte seinen Geist um so schwerer auf diese Frage gerichtet zu halten, als ihm seine Gedanken, ob er wollte oder nicht, einzelne Szenen vorgaukelten, lustige Stellen des Dialogs und lächerliche Situationen. Die Zeit verging ihm so schnell, daß er ganz überrascht war, als sie in dem Ort eintrafen, wo sie die Nacht verbringen wollten.

»Zum Teufel mit der Liebe«, murmelte er, als er vom Pferd stieg. »Was ist die Liebe gegen die Kunst!«

36

Der Ort hieß Castiglione Aretino, und es gab hier einen Gasthof, der jedenfalls nicht schlechter aussah als die Gasthöfe, in denen er seit seiner Abreise aus Florenz geschlafen hatte. Durch die Bewegung in frischer Luft und seine frei schweifende Phantasie hatte er einen gesunden Appetit bekommen; als erstes bestellte er also das Abendessen. Dann wusch er sich die Füße, was er als reinlicher Mensch alle vier oder fünf Tage zu tun pflegte. Nachdem er sie sich getrocknet hatte, schrieb er einen kurzen Brief an die Signoria, den er sofort mit einem Kurier abschickte. Der Gasthof war voll; doch der Wirt sagte ihm, er werde schon noch Platz finden in dem großen Bett, in dem er selbst mit seiner Frau schlafe. Machiavelli sah sich die Frau geschwind an und erklärte, er werde es sich gerne auf ein paar Schaffellen in der Küche bequem machen. Dann machte er sich an ein reichliches Makkaronigericht.

›Was ist die Liebe, verglichen mit der Kunst?‹ sagte er sich abermals. ›Liebe vergeht, aber Kunst besteht. Liebe ist bloß ein Kniff der Natur, um uns zu veranlassen, diese abscheuliche Welt mit Kreaturen zu bevölkern, die vom Tag ihrer Geburt bis zum Tag ihres Todes Hunger und Durst, Krankheit und Sorge, Neid, Haß und Bosheit ausgesetzt sind. Diese

Makkaroni sind besser gekocht, als ich erwartet hatte, und die Sauce ist üppig und schmackhaft; dazu noch Hühnerleber und Gänseklein! Die Erschaffung des Menschen war nicht einmal ein tragischer Irrtum; sie war ein groteskes Mißgeschick. Was ist ihre Rechtfertigung? Die Kunst, vermutlich. Lucrez, Horaz, Catull, Dante und Petrarca. Und vielleicht hätten sie nie den Antrieb verspürt, ihre göttlichen Werke zu schreiben, wäre ihr Leben nicht voll von Plage und Sorge gewesen; denn zweifellos – hätte ich mit Aurelia geschlafen, ich wäre nie auf den Gedanken gekommen, eine Komödie zu schreiben. Im richtigen Licht betrachtet, hat sich also alles zum Besten gewandt. Ich habe billigen Schmuck verloren und dafür ein Juwel gefunden, das einer Königskrone würdig ist.‹

Diese Betrachtungen und das gute Essen stellten Machiavellis gewohnte Liebenswürdigkeit wieder her. Er spielte Karten mit einem Mönch, der von einem Kloster zu einem anderen unterwegs war, und verlor mit guter Miene einen geringen Betrag. Dann ließ er sich auf die Schaffelle nieder, schlief sogleich ein und erwachte erst bei Morgengrauen.

Die Sonne war kaum aufgegangen, als er sich schon wieder auf den Weg machte; es sah nach einem schönen Tag aus, und er war gut gelaunt. Es war angenehm, sich vorzustellen, daß er in ein paar Stunden wieder in seinem eigenen Haus sein werde; er hoffte, Marietta werde nur zu froh sein, ihn wieder zu haben, und ihm daher keine Vorwürfe machen, weil er sie vernachlässigt hatte. Nach dem Abendessen würde Biagio herüberkommen, der liebe, gute Biagio. Und morgen würde er Piero Soderini und die Herren von der Signoria aufsuchen und dann bei seinen Freunden vorbeigehen. Oh, wie schön, wieder in Florenz zu sein, jeden Tag in die Staatskanzlei zu gehen, durch die Straßen zu schlendern, die ihm seit Kindheit vertraut waren, wo er fast jeden, der ihm entgegenkam, wenigstens vom Sehen kannte.

›Willkommen daheim, Messere!‹ so der eine, und ›Sieh da, Niccolo, wo kommst du denn her?‹ ein anderer. ›Du bist gewiß mit deinen Taschen voll Geld zurückgekommen‹, ließe sich ein dritter vernehmen, und ›Wann ist denn das freudige Ereignis?‹ ein Freund seiner Mutter.

Wieder daheim. In Florenz. Daheim.

Und dort war auch La Carolina, die jetzt auf dem trockenen saß, weil der Kardinal, der sie ausgehalten hatte, zu reich gewesen war, um eines natürlichen Todes zu sterben. Die war ein Prachtsweib, hatte ein kluges Mundwerk, und ein Gespräch mit ihr war ein Genuß, und manchmal konnte man ihr abschmeicheln, wofür andere gerne bereit waren, gutes Geld zu bezahlen.

Wie reizend doch die Landschaft der Toskana war! In einem Monat würden die Mandelbäume blühen.

Er begann wieder an seine Komödie zu denken, die ihm ununterbrochen im Kopf herumging. Das gab ihm ein Gefühl von Glück und Jugend und Frohsinn, als hätte er auf leeren Magen Wein getrunken. Er wiederholte sich die zynischen Reden, die er Fra Timoteo in den Mund legen wollte. Plötzlich hielt er an. Die Knechte ritten heran, ob er etwas brauche, und sahen zu ihrem Staunen, daß er sich vor lautlosem Lachen schüttelte. Als er ihrer Mienen gewahr wurde, lachte er nur noch mehr. Und dann gab er dem Pferd die Sporen und jagte wie der Teufel die Straße entlang, bis das arme Tier, solchen Überschwang nicht gewohnt, wieder in den gewohnten Trott verfiel. Der Einfall war ihm gekommen, der Einfall, nach dem er sich das Hirn verrenkt hatte; ganz plötzlich, er hätte nicht zu sagen vermocht, wie oder warum oder woher; und es war genau der Einfall, den er brauchte: zotig, ungewöhnlich und komisch. Es war geradezu ein Wunder. Jedermann wußte, daß leichtgläubige Frauen Alraunenwurzeln kauften, um Empfängnis zu fördern. Das war ein weitverbreiteter Aberglaube, und es waren viele unanständige Geschichten über deren Gebrauch im Umlauf. Nun, er würde Bartolomeo – er hatte ihm bereits den Namen Messer Nicia gegeben – einreden, seine Frau werde empfangen, wenn sie einen Trank aus

Alraunenwurzeln einnähme; allerdings müßte der erste Mann, mit dem sie danach schliefe, sterben. Wie konnte man ihn dazu überreden? Ganz leicht. Er, Callimaco, wollte sich als Arzt verkleiden, der in Paris studiert hatte, und ihr diese Kur verschreiben. Es war klar, daß Messer Nicia zaudern würde, sein eigenes Leben zu opfern, um Vater zu werden; man müßte also einen Freund auftreiben, der eine Nacht lang seine Stellung einnähme. Dieser Fremde wäre, wieder in einer anderen Verkleidung, nämlich Callimaco, das heißt, Machiavelli.

Nun, da er die Handlung gefunden hatte, ergab sich die Szenenfolge sozusagen von selbst. Sie ordneten sich wie die einzelnen Teile eines Zusammensetzspieles. Es war, als schriebe sich das Stück von selbst, und er, Machiavelli, wäre nur der Famulus. War er schon aufgeregt gewesen, als er den Gedanken gehabt hatte, aus seinem unglücklichen Erlebnis eine Komödie zu machen, so war er es jetzt doppelt. Das Ganze lag vor seinem geistigen Auge wie ein Garten mit Terrassen und Brunnen, schattigen Hainen und freundlichen Lauben. Als sie haltmachten, um zu Mittag zu essen, war er in die Charaktere seines Stückes so vertieft, daß er auf das Essen gar nicht achtete, und als sie wieder aufbrachen, merkte er nicht, wie viele Meilen sie zurücklegten. Sie näherten sich Florenz, und die Landschaft war ihm jetzt vertraut und lieb wie die Gasse, in der er geboren war – doch er hatte jetzt keine Augen für sie. Die Sonne, schon längst über den Zenit hinaus, sank auf ihrem Weg nach Westen dem Horizont zu, doch er achtete auch darauf nicht. Er lebte in einer Welt des Scheins, vor der die wirkliche Welt verblaßte. Er fühlte sich über sich selbst erhoben. Er *war* Callimaco, jung, schön, reich, kühn und fröhlich; und die Leidenschaft, in der er für Lucrezia entbrannt war, loderte mit so wilder Flamme, daß sich daneben die Begierde Machiavellis nach Aurelia armselig und blaß ausnahm. Diese war nur ein Schatten, jene die Substanz. Ohne es zu wissen, genoß Machiavelli in diesen Augenblicken das höchste Glück, dessen der Mensch teilhaftig werden kann: das Glück des Erschaffens.

»Seht doch, Messere!« rief sein Knecht Antonio und hielt auf gleicher Höhe mit ihm. »Florenz!«

Machiavelli blickte auf. In der Ferne sah er gegen den abendlichen Winterhimmel den Dom, die stolze, von Brunelleschi erbaute Kuppel. Er hielt sein Pferd an. Dort lag sie, die Stadt, die er mehr liebte als seine Seele. Es waren nicht leere Worte gewesen, die er damals zu Il Valentino gesprochen hatte. Florenz, die Stadt der Blumen, mit ihrem Glockenturm und Baptisterium, den Kirchen und Palästen, den Gärten, den gewundenen Straßen, der alten Brücke, über die er jeden Tag zum Palazzo ging, und mit seinem Haus, seinem Bruder Toto, Marietta, seinen Freunden; die Stadt, in der er jeden Stein kannte, die Stadt mit ihrer großen Geschichte, seine Geburtsstadt und die seiner Ahnen, Florenz, die Stadt Dantes und Boccaccios, die Stadt, die Jahrhunderte hindurch für ihre Freiheit gekämpft hatte, Florenz, die vielgeliebte Stadt der Blumen.

Tränen kamen ihm in die Augen und liefen ihm die Wangen hinab. Er biß die Zähne aufeinander, um das Schluchzen zu unterdrücken, das ihn schüttelte. Sie war nun machtlos, diese Stadt, beherrscht von Männern, die ihren Mut verloren hatten und bestechlich waren. Und ihre Bürger, die einst so schnell bereit waren, sich gegen alle zu erheben, die ihre Freiheit bedrohten, sie hatten nun nichts im Sinn als Kaufen und Verkaufen. Die Freiheit von Florenz hing heute nur von der Gnade des Königs von Frankreich ab, dem sie unwürdigen Tribut zahlte; ihr einziger Schutz waren ungetreue Söldner! Wie sollte diese Stadt dem Angriff des tollkühnen Mannes Widerstand leisten, der sie für so ungefährlich hielt, daß er sich gar nicht die Mühe nahm, seine argen Pläne zu verhehlen? Florenz war dem Untergang geweiht. Vielleicht würde sie gar nicht den Waffen des Cesare Borgia erliegen: aber wenn nicht seinen, dann denen eines andern. Vielleicht nicht dieses oder nächstes Jahr, jedoch noch bevor die Männer, die heute in mittleren Jahren standen, Greise wären.

»Zum Teufel mit der Kunst!« sagte Machiavelli. »Was ist die Kunst gegen die Freiheit? Menschen, die die Freiheit verlieren, verlieren alles.«

»Wenn wir vor Dunkelheit in die Stadt kommen wollen, müssen wir uns beeilen, Messere«, mahnte Antonio.

Mit einem Achselzucken straffte Machiavelli die Zügel, und sein müdes Pferd trottete weiter.

Epilog

Vier Jahre waren vergangen, und in dieser Zeit war viel geschehen. Alexander VI. war gestorben. Il Valentino hatte für alle Möglichkeiten vorgesorgt, die nach dem Tode seines Vaters eintreten könnten, aber er hatte nicht vorausgesehen, daß er selbst dann an der Schwelle des Todes stehen würde. Obwohl er so schwer krank war, daß ihn nur seine starke Konstitution vor dem Tode rettete, gelang es ihm, bei der Papstwahl einen Kardinal, Pius III., durchzusetzen, den er nicht zu fürchten brauchte; aber die kleinen Herrscher, die er bekämpft und verjagt hatte, ergriffen die Gelegenheit, ihre Gebiete wiederzuerlangen, und er konnte nichts unternehmen, um sie daran zu hindern. Guidobaldo di Montefeltro kehrte nach Urbino zurück, die Vitelli gewannen Città di Castello wieder, und Gian Paolo Baglioni eroberte Perugia. Nur die Romagna blieb Cesare treu. Dann starb auch Pius III., ein alter, kranker Mann, und Giuliano della Rovere, ein erbitterter Gegner der Borgia, bestieg den Stuhl Petri unter dem Namen Julius II. Um auch die Stimmen der Kardinäle zu erhalten, über die Il Valentino gebot, versprach Giuliano, ihn wieder zum Generalhauptmann der Kirche zu ernennen und dessen Macht über seine Staaten zu bestätigen. Cesare glaubte, daß andere ihre Versprechen eher hielten als er selber. Damit erlag er einem verhängnisvollen Irrtum. Julius II. war rachsüchtig, schlau, skrupellos und brutal. Er fand bald einen Vorwand, den Herzog verhaften zu lassen, und zwang ihn, die Städte der Romagna auszuliefern, die seine Unterführer noch für ihn hielten; nachdem er dies erreicht hatte, ließ er ihn nach Neapel entkommen. Hier wurde Cesare nach kurzer Zeit auf Befehl König Ferdinands wieder in den Kerker geworfen und alsbald nach Spanien geschafft. Er wurde zuerst in eine Festung in Murcia und anschließend zur besseren Sicherheit nach Medina del Campo, im innersten Altkastilien, gebracht. Es sah so aus, als wäre Italien endlich und endgültig den Abenteurer losgeworden, dessen grenzenloser Ehrgeiz seinen Frieden so lange gestört hatte.

Doch einige Monate später wurde das Land durch die Nachricht aufgeschreckt, Il Valentino sei aus der Festung entkommen und hätte, als Kaufmann verkleidet, nach einer gefahrvollen Reise Pamplona erreicht, die Hauptstadt seines Schwagers, des Königs von Navarra. Diese Nachricht ermutigte seine Anhänger, und in den Orten der Romagna kam es zu wilden Freudenkundgebungen. Die kleinen Fürsten Italiens zitterten in ihren Städten. Der König von Navarra führte gerade einen Krieg gegen die Adeligen und ernannte Cesare Borgia zum Oberbefehlshaber seiner Streitmacht.

In diesen vier Jahren hatte Machiavelli viel Arbeit gehabt. Er war mit verschiedenen Missionen betraut worden; er hatte die schwierige Aufgabe erhalten, in Florenz eine Miliz aufzustellen, damit die Stadt nicht völlig von Söldnern abhinge; und wenn er nicht anders beschäftigt war, leitete er die Geschäfte der Zweiten Staatskanzlei. Schon immer hatte er eine schwache Verdauung gehabt; die Reisen zu Pferde, in der Sommerhitze, in Kälte, Wind, Regen und Schnee des Winters, die maßlosen Unbequemlichkeiten der Herbergen, das schlechte Essen zu unregelmäßigen Stunden hatten ihn erschöpft, und im Februar – dem Februar des Jahres des Herrn 1507 – erkrankte er schwer. Er wurde zur Ader gelassen und purgiert und nahm seine bevorzugte Arznei, eine Pille eigener Herstellung, die er für ein Allheilmittel hielt. Er war überzeugt, daß er seine Genesung dieser Arznei und nicht den Ärzten verdankte. Seine Krankheit und deren Behandlung hatten ihn jedoch so geschwächt, daß ihm die Signoria einen Monat Erholungsurlaub gewährte. Er begab sich auf sein kleines Gut bei San Casciano, ungefähr drei Meilen von Florenz, und gewann dort rasch seine Gesundheit wieder.

Der Frühling war in diesem Jahre früh gekommen, und das Land mit seinen knospenden Bäumen und bunten Blumen, mit dem frischen grünen Gras und dem üppig sprießenden Korn war eine Augenweide. Die toskanische Landschaft besaß für Machiavelli etwas Freundliches, innig Entzückendes, das nicht so sehr die Sinne wie den Geist ansprach. Sie hatte nichts von der Erhabenheit der Alpen oder der Majestät des Meeres; sie war ein anmutiges, frohes und schmuckes Stück Erde für Menschen, die Witz, geistvolle Gespräche, hübsche Frauen und gutes Essen liebten. Die Toskana erinnerte nicht so sehr an die prächtigen feierlichen Canti Dantes wie an die leichtherzigen Gedichte des Lorenzo de'Medici.

Eines Morgens im März begab sich Machiavelli, der mit der Sonne aufgestanden war, in ein Wäldchen auf seinem Besitz, wo er schlagen ließ. Hier wandelte er umher, besichtigte die Arbeit des Vortages und plauderte mit den Holzfällern, setzte sich dann an das Ufer eines Baches und zog das Buch aus der Tasche, das er mitgebracht hatte. Es war ein Ovid, und mit einem Lächeln auf den dünnen Lippen las er die liebenswürdigen, beschwingten Verse, in denen der Dichter seine Liebschaften schildert. Dabei erinnerte er sich seiner eigenen und dachte eine Weile mit Vergnügen an sie.

»Wie viel besser ist es doch, zu sündigen und zu bereuen«, murmelte er, »als zu bereuen, nicht gesündigt zu haben.«

Später schlenderte er die Straße entlang bis zum Wirtshaus und unterhielt sich mit den Vorübergehenden; denn er war

ein geselliger Mensch und bereit, wenn er nicht gute Gesellschaft finden konnte, mit schlechter vorliebzunehmen. Als
sein Hunger ihm meldete, es müsse gegen Mittag sein, wandte
er seine Schritte heimwärts und setzte sich mit Frau und Kindern zu dem bescheidenen Mahl, das ihnen ihr Boden lieferte.
Nach dem Essen ging er zurück ins Wirtshaus. Dort waren
der Wirt, der Metzger, der Müller und der Schmied versammelt. Er begann, mit ihnen Karten zu spielen; es war ein
geräuschvolles, zänkisches Spiel. Schon wegen eines geringen
Betrages gerieten sie in Leidenschaft, schrien, schleuderten
einander Beleidigungen über den Tisch zu und bedrohten sich
mit den Fäusten. Machiavelli schrie und ballte die Faust so gut
wie nur einer. Der Abend kam, und er ging heim. Marietta,
zum drittenmal schwanger, war im Begriff, den beiden kleinen Jungen ihr Abendbrot zu geben.

»Ich habe schon gedacht, du kommst überhaupt nicht
mehr«, sagte sie.

»Wir haben Karten gespielt.«

»Mit wem?«

»Mit den gleichen wie immer: dem Müller, dem Metzger
und Batista.«

»Ein Gesindel.«

»Sie bewahren meinen Verstand vor dem Verschimmeln.
Wenn man es richtig ansieht, sind sie nicht dümmer als die
Staatsminister und im allgemeinen auch keine größeren
Schurken.«

Er nahm seinen ältesten Sohn, Bernardo, der jetzt bald vier
Jahre alt war, auf die Knie und begann ihn zu füttern.

»Laß deine Suppe nicht kalt werden«, sagte Marietta.

Sie aßen in der Küche, mit der Magd und dem Knecht. Als
Machiavelli mit der Suppe fertig war, brachte ihm die Magd
ein halbes Dutzend gebratene Lerchen auf einem Holzspieß.
Er war überrascht und freute sich, denn gewöhnlich bestand
das Abendessen nur aus einem Teller Suppe und Salat.

»Woher sind denn die?«

»Giovanni hat sie gefangen, und ich dachte, du würdest sie gern zum Abendessen haben.«

»Sind sie alle für mich?«

»Ja.«

»Du bist eine gute Frau, Marietta.«

»Ich bin nicht fünf Jahre mit dir verheiratet gewesen, ohne herauszufinden, daß der Weg zu deinem Herzen durch den Magen führt«, erwiderte sie trocken.

»Für diese treffende Beobachtung sollst du auch eine Lerche haben, meine Liebe«, sagte er, nahm einen der winzigen Vögel in die Hand und steckte ihn ihr, ungeachtet ihres Widerspruchs, in den Mund.

»Sie fliegen voller Verzückung zum Himmel auf, die Herzen berstend vor Gesang; und dann fängt sie ein müßiger kleiner Junge, und sie werden gebraten und verspeist. So wird auch der Mensch, trotz seiner hochfliegenden Ideale, trotz seiner Visionen geistiger Schönheit, trotz seiner Sehnsucht nach dem Unendlichen, schließlich vom eigensinnigen Schicksal gefangen und dient keinem andern Zweck, als die Würmer zu nähren.«

»Iß sie auf, solange sie warm sind, Liebster! Reden kannst du auch nachher.«

Machiavelli lachte. Er zog noch eine Lerche vom Spieß, und während er sie mit seinen starken Zähnen zermalmte, blickte er voll Zuneigung auf Marietta. Sie war wirklich eine gute Frau; sie war sparsam und verträglich. Wenn er auf eine seiner Reisen ging, war sie immer traurig, und wenn er zurückkam, war sie froh. Er fragte sich, ob sie wohl wußte, daß er ihr untreu war. Wußte sie es, so hatte sie das noch niemals auch nur angedeutet, was nur bewies, daß sie vernünftig und gutmütig war. Er hätte weit herum suchen können und doch keine bessere gefunden. Er war sehr zufrieden mit seiner Frau.

Als sie mit dem Essen fertig waren und die Magd abzuwaschen begann, brachte Marietta die Kinder zu Bett. Machiavelli ging hinauf, um die schmutzigen, lehmverklebten Kleider abzulegen, die er den ganzen Tag getragen hatte, und zog seine – wie er sie gerne nannte – königliche Hoftracht an; denn er pflegte den Abend damit zu verbringen, im Arbeitszimmer seine Lieblingsschriftsteller zu lesen. Er war noch nicht angekleidet, als er vor dem Haus einen Reiter vernahm und gleich darauf eine bekannte Stimme die Magd nach ihm fragen hörte. Es war Biagio, und Machiavelli wunderte sich, was ihn noch so spät aus der Stadt hergeführt hatte.

»Niccolo«, rief Biagio von unten, »ich habe eine Neuigkeit für dich!«

»Warte einen Augenblick! Ich komme hinunter, sobald ich fertig bin.«

Da es gegen Ende des Tages schon ein wenig kühl war, warf er noch seinen schwarzen Damastumhang über den Leibrock und öffnete die Türe. Biagio wartete am Fuße der Treppe.

»Il Valentino ist tot.«

»Woher weißt du es?«

»Ein Kurier ist heute aus Pamplona gekommen. Ich dachte, du würdest es gern schnell erfahren, darum bin ich hergeritten.«

»Komm ins Arbeitszimmer!«

Sie setzten sich, Machiavelli an seinen Schreibtisch und Biagio in einen geschnitzten Stuhl, der aus Mariettas Mitgift stammte. Biagio berichtete ihm die Tatsachen, wie er sie erfahren hatte. Cesare Borgia hatte sein Hauptquartier in einem Dorf am Ebro aufgeschlagen und beabsichtigte, die Burg des Grafen von Lerin anzugreifen, des mächtigsten der aufständischen Adeligen. Am zwölften März, in den frühen Morgenstunden, war es zu einem Geplänkel zwischen den Leuten Cesares und denen des Grafen gekommen. Cesare Borgia war noch in seinem Quartier, als Alarm geschlagen wurde; er legte die Rüstung an, stieg zu Pferd und griff in das Gefecht ein. Die Aufständischen wandten sich zur Flucht, und Cesare, ohne sich umzusehen, ob die Seinen sich ihm anschlössen, verfolgte die Feinde bis in eine tiefe Schlucht. Und dort, umzingelt, allein und aus dem Sattel geworfen, kämpfte er verzweifelt, bis er getötet wurde. Am nächsten Tag fanden der König und seine Leute den nackten Leichnam – denn die Aufständischen hatten ihn der Rüstung und der Kleider beraubt –, und der König bedeckte mit dem eigenen Mantel seine Blöße.

Machiavelli hörte Biagio aufmerksam zu, sagte aber nichts, als der geendet hatte.

»Es ist gut, daß er tot ist«, meinte Biagio nach einer Weile.

»Er hatte seine Länder, sein Geld und sein Heer verloren, und doch hat ihn ganz Italien immer noch gefürchtet.«

»Er war ein schrecklicher Mensch.«

»Verschlossen und undurchdringlich, treulos, grausam und skrupellos, aber auch fähig und tatkräftig, maßvoll und selbstbeherrscht. Er ließ sich durch nichts von seinen Vorsätzen abbringen. Er liebte die Frauen, doch er ließ sie nur seinem Vergnügen dienen und niemals Einfluß auf ihn gewinnen. Er schuf sich eine Heeresmacht, die ihm ergeben war und ihm vertraute. Er hat sich selbst niemals geschont. Auf dem Marsch konnten ihm weder Kälte noch Hunger etwas anhaben, und die Stärke seines Körpers machte ihn unempfindlich gegen Ermüdung. Im Kampf war er tapfer und wagemutig und teilte alle Gefahren mit dem geringsten seiner Soldaten. Er beherrschte die Kunst des Friedens so gut wie die des Krieges. Er wählte sich seine höchsten Beamten und Bevollmächtigten mit scharfem Blick, aber er war darauf bedacht, daß sie von seinem Wohlwollen abhängig blieben. Er tat alles, was ein weiser und kluger Mann nur tun kann, um seine Macht zu befestigen, und wenn seine Handlungsweise ihm nicht Erfolg brachte, so war es nicht seine Schuld, sondern die Schuld einer außerordentlichen und ungeheuren Bosheit des Geschicks. Mit seinem hohen Geist und seinen erhabenen Zielen konnte er nicht anders handeln. Seine Pläne wurden nur durch den Tod Alexanders vi. und durch seine eigene

Krankheit vereitelt; wäre er gesund gewesen, hätte er alle Schwierigkeiten überwunden.«

»Er erlitt die gerechte Strafe für seine Verbrechen«, sagte Biagio.

Machiavelli zuckte die Achseln.

»Wäre er am Leben geblieben und weiter vom Glück begünstigt worden, dann hätte er vielleicht die Barbaren aus unserem unglücklichen Lande verjagt und ihm Frieden und Wohlstand geschenkt. Dann hätten die Menschen vergessen, durch welche Verbrechen er zur Macht gelangt war, und er wäre als ein großer und guter Mann in die Geschichte eingegangen. Wen kümmert es heute noch, daß Alexander von Mazedonien grausam und undankbar war? Wer denkt daran, daß Julius Cäsar hinterlistig war? In dieser Welt kommt es nur darauf an, Macht zu erringen und zu halten; die Mittel, die man dazu verwendet hat, werden dann als ehrenwert angesehen und von allen bewundert werden. Wenn Cesare Borgia heute als Schurke gilt, so nur, weil er keinen Erfolg hatte. Eines Tages werde ich ein Buch über ihn schreiben und darüber, was ich aus der Beobachtung seiner Handlungen gelernt habe.«

»Mein lieber Niccolo, du bist ein so unpraktischer Mensch! Glaubst du, daß jemand es lesen wird? Durch ein solches Buch wirst du nicht Unsterblichkeit erlangen.«

»Nach der strebe ich gar nicht«, sagte Machiavelli lachend.

Biagio blickte mißtrauisch auf ein dickes Manuskript, das auf dem Schreibtisch seines Freundes lag.

»Was hast du denn da?«

Machiavelli lächelte ihn entwaffnend an.

»Ich hatte hier nicht viel zu tun und wollte mir die Zeit vertreiben, und so habe ich eine Komödie geschrieben. Möchtest du, daß ich sie dir vorlese?«

»Eine Komödie?« sagte Biagio zweifelnd. »Ich nehme an, sie verfolgt politische Ziele.«

»Keineswegs. Sie will nur unterhalten.«

»Ach Niccolo, wann wirst du dich endlich ernstnehmen? Die Kritiker werden über dich herfallen wie eine Meute von Hunden.«

»Ich wüßte nicht, warum. Kein Mensch kann annehmen, daß Apulejus seinen ›Goldenen Esel‹ oder Petronius das ›Satyrikon‹ mit anderer Absicht verfaßt hat, als zu unterhalten!«

»Das sind Klassiker. Ein großer Unterschied!«

»Du meinst, daß unterhaltsame Werke wie leichte Frauen mit dem Alter achtbar werden? Ich habe mich oft gefragt, warum die Kritiker einen Witz erst dann verstehen, wenn der Spaß sich längst verflüchtigt hat. Sie haben noch nicht entdeckt, daß Humor von der Wirklichkeit lebt.«

»Du hast immer behauptet, nicht Kürze, sondern Zotigkeit sei die Seele des Witzes. Hast du deine Ansicht geändert?«

»Durchaus nicht. Was könnte wohl aktueller sein als eine Zote? Glaube mir, mein lieber Biagio, wenn die Menschen einmal aufhören, sich dafür zu interessieren, werden sie auch alles Interesse für die Fortpflanzung des eigenen Geschlechts verloren haben, und das wäre dann das Ende des unglücklichsten Experiments unseres Schöpfers.«

»Lies mir dein Stück vor, Niccolo! Du weißt, ich kann es nicht leiden, wenn du so etwas sagst.«

Mit einem Lächeln griff Machiavelli nach dem Manuskript und begann zu lesen.

»Eine Straße in Florenz.«

Doch dann erfaßte ihn das leise Unbehagen des Autors, der zum erstenmal einem Freund etwas vorliest und nicht ganz sicher ist, ob es gefallen wird. Er unterbrach sich.

»Das ist nur die erste Fassung. Ich werde bestimmt noch eine Menge daran ändern, sobald ich es noch einmal durchgehe.«

Unentschlossen blätterte er in dem Manuskript. Das Schreiben des Stückes hatte ihm Spaß gemacht, aber es war dabei einiges geschehen, womit er nicht gerechnet hatte. Die

Personen hatten ein selbständiges Leben angenommen und sich ein gutes Stück von ihren Vorbildern entfernt. Lucrezia zwar blieb genauso schattenhaft, wie Aurelia gewesen war, und es war ihm nicht gelungen, ihr festere Gestalt zu verleihen. Durch die Verwicklungen der Handlung war er gezwungen gewesen, sie zu einer tugendhaften Frau zu machen, die von ihrer Mutter und ihrem Beichtvater verleitet wurde, sich in etwas zu fügen, das ihr Gewissen mißbilligte. Piero hingegen, den er Ligurio nannte, spielte eine viel größere Rolle, als er ihm zugedacht hatte. Ligurio war es, der den Vorschlag machte, auf den der dumme Gatte hereinfiel; er war es, der Lucrezias Mutter und den Mönch dafür gewann; er war es, kurz und gut, der die Intrige einfädelte und glücklich zu Ende brachte. Er war listenreich und voller Einfälle, von flinkem Verstand und sympathischer Grundsatzlosigkeit. Machiavelli fand es sehr leicht, sich in den Spitzbuben hineinzudenken; am Ende aber entdeckte er, daß in dem schlauen Intriganten mindestens ebensoviel von ihm selbst stak, wie in dem liebeskranken Verehrer, der der Held des Stückes war.

Er dachte, wie sonderbar es sei, daß er in ein und demselben Stück in zwei Rollen verkörpert sein sollte. Er blickte auf und fragte Biagio:

»Hast du übrigens in letzter Zeit etwas von deinem Neffen Piero gehört?«

»Wahrhaftig, ja. Ich wollte es dir schon erzählen, aber vor Aufregung über Il Valentinos Tod habe ich es ganz vergessen. Er heiratet nächstens.«

»Wirklich? Eine gute Heirat?«

»Ja, er heiratet Geld. Du erinnerst dich doch dieses Bartolomeo Martelli in Imola? Er war irgendwie mit mir verwandt.«

Machiavelli nickte.

»Als sich Imola gegen den Herzog erhob, hielt Bartolomeo es für besser, sich in Sicherheit zu bringen, bis man sehen könnte, wie sich die Dinge weiter entwickelten. Siehst du, er war einer von den Hauptanhängern des Herzogs und fürchtete, man werde ihn dafür büßen lassen. Er ging in die Türkei, wo er eine Niederlassung besaß. Die päpstlichen Truppen rückten jedoch in die Stadt ein, bevor es wirklich zu Unruhen kam, und das Glück wollte es, daß Piero bei diesen Truppen war. Er war anscheinend bei einigen einflußreichen Persönlichkeiten beliebt, die beim Papst Gehör hatten, und so gelang es ihm, Bartolomeos Besitz zu behüten. Bartolomeo aber wurde verbannt, und neulich ist die Nachricht eingetroffen, daß er in Smyrna gestorben ist. Und nun heiratet Piero die Witwe.«

»Ganz wie es sich gehört«, rief Machiavelli aus.

»Man sagt, sie ist jung und hübsch; sie brauchte offenbar einen Mann als Schutz, und Piero ist nicht auf den Kopf gefallen.«

»Auch ich hatte diesen Eindruck von ihm.«

»Ein einziges Haar ist in der Suppe. Bartolomeo hatte einen kleinen Jungen, drei oder vier Jahre alt, glaube ich, und das wird die Aussichten der Kinder nicht gerade verbessern, die Piero vielleicht einmal haben wird.«

»Ich glaube, du kannst dich darauf verlassen, daß er den Kleinen so lieb haben wird, als wäre er sein eigenes Kind«, bemerkte Machiavelli trocken.

Er wandte sich wieder seinem Manuskript zu und lächelte mit einer gewissen Selbstzufriedenheit. Es war nicht zu leugnen, daß ihm Fra Timoteo gelungen war. Er hatte seine Feder in Galle getaucht und beim Schreiben oft boshaft in sich hineingelacht. Er hatte in diese Gestalt den ganzen Haß und die ganze Verachtung hineingelegt, die er für Mönche empfand, welche sich von der Gutgläubigkeit der Unwissenden mästeten. Mit dieser Gestalt würde das Stück stehen oder fallen. Er begann von neuem vorzulesen:

»*Eine Straße in Florenz.*«

Er hielt inne und blickte auf.

»Was ist los?« fragte Biagio.

»Du sagst, Cesare Borgia erlitt die gerechte Strafe für seine Verbrechen. Er wurde vernichtet, aber nicht durch seine Untaten, sondern durch Umstände, über die er keine Macht hatte. Seine Schlechtigkeit war ein unwesentlicher Zufall. Wenn in dieser Welt der Sünden und Sorgen die Tugend zuweilen über das Laster triumphiert, dann nicht, weil sie tugendhaft ist, sondern weil sie die besseren und größeren Kanonen hat; wenn Ehrlichkeit über Betrug siegt, dann nicht, weil sie ehrlich ist, sondern weil sie über ein stärkeres, besser geführtes Heer verfügt; und wenn das Gute das Böse überwindet, dann nicht, weil es gut ist, sondern weil es einen gutgespickten Säckel besitzt. Es ist von Vorteil, das Recht auf unserer Seite zu wissen, doch es ist Wahnsinn, zu vergessen, daß uns Recht nicht hilft, wenn wir nicht auch Macht besitzen. Wir müssen glauben, daß Gott großmütige Menschen liebt; aber wir haben keinen Beweis dafür, daß Er Toren vor den Folgen ihrer Torheit bewahrt.«

Er seufzte und begann zum drittenmal:

»Eine Straße in Florenz.«

W. Somerset Maugham
im Diogenes Verlag

»Ein glänzender Beobachter. Menschen und Umwelt gewinnen bei ihm höchste Präsenz.« *D. H. Lawrence*

Die Leidenschaft
des Missionars
›Regen‹. Erzählung. Aus dem Englischen von Ilse Krämer

Meistererzählungen
Ausgewählt von Gerd Haffmans. Deutsch von Kurt Wagenseil, Tina Haffmans und Mimi Zoff

Zehn Romane und
ihre Autoren
Deutsch von Matthias Fienbork

Die halbe Wahrheit
Keine Autobiographie. Deutsch von Matthias Fienbork

Gesammelte Erzählungen
in 10 Bänden
Deutsch von Felix Gasbarra, Marta Hackel, Ilse Krämer, Helene Mayer, Claudia und Wolfgang Mertz, Eva Schönfeld, Wulf Teichmann, Friedrich Torberg, Kurt Wagenseil, Mimi Zoff u. a.

Honolulu

Das glückliche Paar

Vor der Party

Die Macht der Umstände

Lord Mountdrago

Das ewig Menschliche

Ashenden oder
Der britische Geheimagent

Entlegene Welten

Winter-Kreuzfahrt

Fata Morgana

Das gesammelte Romanwerk
in bisher 13 Einzelbänden:
Der Menschen Hörigkeit
Roman. Erstmals vollständig in deutscher Sprache. Deutsch von Mimi Zoff und Susanne Feigl

Rosie und die Künstler
Roman. Deutsch von Hans Kauders und Claudia Schmölders

Silbermond und Kupfer-
münze
Roman. Deutsch von Susanne Feigl

Auf Messers Schneide
Roman. Deutsch von N. O. Scarpi

Theater
Ein Schauspieler-Roman. Deutsch von Renate Seiller und Ute Haffmans

Damals und heute
Ein Machiavelli-Roman. Deutsch von Hans Flesch und Ann Mottier

Der Magier
Ein parapsychologischer Roman Deutsch von Melanie Steinmetz und Ute Haffmans

Oben in der Villa
Ein kriminalistischer Liebesroman. Deutsch von William G. Frank und Ann Mottier

Mrs. Craddock
Roman. Deutsch von Elisabeth Schnack

Südsee-Romanze
Roman. Deutsch von Mimi Zoff

Liza von Lambeth
Ein Liebesroman. Deutsch von Irene Muehlon

Don Fernando
oder Eine Reise in die spanische Kulturgeschichte. Deutsch von Matthias Fienbork

Der bunte Schleier
Roman. Deutsch von Anna Kellner und Irmgard Andrae

Evelyn Waugh
im Diogenes Verlag

»Ein Schriftsteller von Evelyns Rang hinterläßt uns Besitztümer, die uns zu Entdeckungen einladen: hier zeigt sich uns plötzlich ein Ausblick, den wir übersehen hatten, da warten Pfade, daß wir sie im rechten Augenblick betreten, denn der Leser wie der Autor ändert sich.« *Graham Greene*

Evelyn Waugh (1903–1966) lebte, wenn er nicht gerade auf einer seiner vielen Reisen war, als freier Schriftsteller in London. 1930 konvertierte er zum Katholizismus.

Auf der schiefen Ebene
Roman. Aus dem Englischen von Ulrike Simon

Lust und Laster
Roman. Deutsch von Ulrike Simon

Tod in Hollywood
Eine anglo-amerikanische Tragödie. Deutsch von Peter Gan

Der Knüller
Roman. Deutsch von Elisabeth Schnack

Charles Ryders Tage vor Brideshead
Erzählungen. Deutsch von Otto Bayer

Wer zuerst kommt, mahlt zuerst
Erzählungen. Deutsch von Otto Bayer

Eine Handvoll Staub
Roman. Deutsch von Matthias Fienbork

Schwarzes Unheil
Roman. Deutsch von Irmgard Andrae. Mit einem Frontispiz und acht Zeichnungen des Autors

Gilbert Pinfolds Höllenfahrt
Ein Genrebild. Deutsch von Irmgard Andrae

Mit Glanz und Gloria
Roman. Deutsch von Matthias Fienbork

Helena
Roman. Deutsch von Peter Gan

George Orwell
im Diogenes Verlag

»George Orwell, Prophet der Schreckenswelt von *1984*, vielzitierter Autor auch der grimmigen Fabel *Farm der Tiere*, ist heute der meistgelesene englische Schriftsteller des 20. Jahrhunderts. Und mit später Bewunderung wird inzwischen auch jener einst so mißachtete, jener andere Orwell zur Kenntnis genommen, der in Romanen, Reportagen und vielen Essays Zeugnis ablegt von seiner Zeit, von den Dreißigern und Vierzigern, in denen sich Europas Gesicht verändert hat.« *Der Spiegel, Hamburg*

Farm der Tiere
Ein Märchen. Aus dem Englischen von Michael Walter. Mit einem Vorwort von Ulrich Wickert, Orwells Essay ›Die Pressefreiheit‹, seinem Vorwort zur ukrainischen Ausgabe, fünf Briefen des Autors und dem Kapitel ›Animal Farm‹ aus Michael Sheldens Orwell-Biographie.
Illustrationen von F. K. Waechter.
Die Taschenbuchausgabe bleibt weiterhin lieferbar.

Im Innern des Wals
Erzählungen und Essays. Deutsch von Felix Gasbarra und Peter Naujack

Mein Katalonien
Bericht über den Spanischen Bürgerkrieg. Deutsch von Wolfgang Rieger

Rache ist sauer
Essays. Deutsch von Felix Gasbarra, Peter Naujack und Claudia Schmölders

Erledigt in Paris und London
Bericht. Deutsch von Helga und Alexander Schmitz

Auftauchen, um Luft zu holen
Roman. Deutsch von Helmut M. Braem

Tage in Burma
Roman. Deutsch von Susanna Rademacher

Der Weg nach Wigan Pier
Deutsch und mit einem Nachwort von Manfred Papst

Die Wonnen der Aspidistra
Roman. Deutsch von Nikolaus Stingl

Eine Pfarrerstochter
Roman. Deutsch von Hanna Neves

Meistererzählungen
Ausgewählt von Christian Strich

Gerechtigkeit und Freiheit
Gedanken über Selbstverwirklichung nebst dem Essay ›Kreativität und Lebensqualität‹. Zusammengestellt von Fritz Senn. Deutsch von Felix Gasbarra und Tina Richter. Mit sieben Zeichnungen von Tomi Ungerer

George Woodcock
Der Hellseher
George Orwells Werk und Wirken. Deutsch von Matthias Fienbork

Michael Shelden
George Orwell
Eine Biographie. Deutsch von Matthias Fienbork

Muriel Spark
im Diogenes Verlag

»Diese Mischung von spannender Unterhaltung und ernsteren Erörterungen, die an Graham Greene erinnert, gelingt nur wenigen Autoren.« *FAZ*

Memento Mori
Roman. Aus dem Englischen von Peter Naujack

Junggesellen
Roman. Deutsch von Elisabeth Schnack

Die Ballade von Peckham Rye
Roman. Deutsch von Elisabeth Schnack

Robinson
Roman. Deutsch von Elizabeth Gilbert

Die Tröster
Roman. Deutsch von Peter Naujack

Vorsätzlich Herumlungern
Roman. Deutsch von Hanna Neves

Die Blütezeit der Miss Jean Brodie
Roman. Deutsch von Peter Naujack

Das einzige Problem
Roman. Deutsch von Otto Bayer

Mädchen mit begrenzten Möglichkeiten
Roman. Deutsch von Kyra Stromberg

Das Mandelbaumtor
Roman. Deutsch von Hans Wollschläger

Päng päng, du bist tot
und andere Geschichten. Deutsch von Matthias Fienbork

Hoheitsrechte
Roman. Deutsch von Mechtild Sandberg

»Ich bin Mrs. Hawkins«
Roman. Deutsch von Otto Bayer

Bitte nicht stören
Roman. Deutsch von Otto Bayer

»Töte mich!«
Roman. Deutsch von Matthias Fienbork

Das Treibhaus am East River
Roman. Deutsch von Otto Bayer

Symposion
Roman. Deutsch von Otto Bayer

Übernahme
Roman. Deutsch von Mechthild Sandberg

In den Augen der Öffentlichkeit
Roman. Deutsch von Christian Ferber

Die Äbtissin von Crewe
Roman. Deutsch von Gisela Petersen

Curriculum Vitae
Selbstportrait der Künstlerin als junge Frau. Deutsch von Otto Bayer. Mit einem Bildteil

Träume und Wirklichkeit
Roman. Deutsch von Hans-Christian Oeser

Meistererzählungen
Deutsch von Peter Naujack und Elisabeth Schnack
(vormals: *Portobello Road* und andere Erzählungen)

Edna O'Brien
im Diogenes Verlag

Das Mädchen mit den grünen Augen
Roman. Aus dem Englischen von Margaret Carroux

»Edna O'Brien läßt Kate die Romanze erzählen, aufrichtig im Schmerz und nicht ohne finsteren Humor. Mag die Autorin auch für die schlichten Beter, Raufbolde und Säufer ihrer Heimat wenig übrig haben – einige Halbkünstler und Viertelintellektuelle scheinen ihr noch lästiger zu sein.« *Der Spiegel, Hamburg*

»So alltäglich die Thematik ist, die Art, wie Edna O'-Brien ihren Stoff anbietet, ist so ungemein aufrichtig, so fröhlich und tieftraurig, ohne daß die Gefühle der Erzählerin in Sentimentalität abglitten. Sie bleibt immer nüchtern und realistisch. Die Personen sind voller Leben: sie stellen sich dem Leser mit ihrer Sehnsucht, ihren Träumen, ihren Ängsten und ihrem Mut.« *Westdeutscher Rundfunk, Köln*

»Es ist erstaunlich, zu welch frühem Zeitpunkt eine ausgerechnet irische Autorin bereits bewußt und fast überdeutlich den Sex als des Pudels Kern dargestellt hat.« *Süddeutscher Rundfunk, Stuttgart*

Plötzlich im schönsten Frieden
Roman. Deutsch von Margaret Carroux

Plötzlich im schönsten Frieden ist das dramatische Porträt einer Frau, die sich für liebesunfähig hält; ein Roman aus Enthusiasmus, Melancholie und von einer Komik, die aus der detailgenauen Kenntnis der Alltäglichkeit kommt. Plötzlich im schönsten Frieden erfährt die ängstliche Willa die Leidenschaft, bricht Patsy aus dem Trott ihrer Ehe aus. Plötzlich im schönsten Frieden entsteht das Psychogramm einer Frau, die auszog, die Liebe zu lernen.

Kleine Diogenes Taschenbücher

»Literarische und philosophische Kostbarkeiten.«
Kölner Stadt-Anzeiger

»Diogenes düst mit seinen Kleinen Taschenbüchern quer durch
die Weltliteratur und setzt auf das Buch als Gebrauchsgegenstand
und damit auf die Popularisierung einer stillen Art des Vergnügens
in einer dröhnend lauten Welt. Wir ziehen mit.«
Eva Elisabeth Fischer / Süddeutsche Zeitung, München